U0152705

高效执行
4原则 2.0

[美]克里斯·麦克切斯尼 Chris McChesney　肖恩·柯维 Sean Covey

吉姆·霍林 Jim Huling 斯科特·西勒 Scott Thele

贝弗利·沃克 Beverly Walker 著

THE 4 DISCIPLINES
OF EXECUTION
ACHIEVING YOUR WILDLY IMPORTANT GOALS

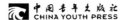
中国青年出版社
CHINA YOUTH PRESS

图书在版编目（CIP）数据

高效执行4原则2.0 /（美）克里斯·麦克切斯尼等著；张尧然，杨颖玥译.
—北京：中国青年出版社，2023.3

书名原文：The 4 Disciplines of Execution

ISBN 978-7-5153-6670-8

Ⅰ.①高… Ⅱ.①克… ②张… ③杨… Ⅲ.①企业管理—组织管理学 Ⅳ.①F272.9

中国版本图书馆CIP数据核字（2022）第094018号

高效执行4原则2.0

作　　者：［美］克里斯·麦克切斯尼　肖恩·柯维　吉姆·霍林
　　　　　斯科特·西勒　贝弗利·沃克
译　　者：张尧然　杨颖玥
审　　校：王　平
责任编辑：周　红　肖　佳
美术编辑：杜雨萃
出　　版：中国青年出版社
发　　行：北京中青文文化传媒有限公司
电　　话：010-65511272 / 65516873
公司网址：www.cyb.com.cn
购书网址：zqwts.tmall.com
印　　刷：大厂回族自治县益利印刷有限公司
版　　次：2013年2月第1版
　　　　　2023年3月第2版
印　　次：2023年3月第32次
开　　本：787×1092　　1/16
字　　数：296千字
印　　张：19.5
京权图字：01-2012-2015
书　　号：ISBN 978-7-5153-6670-8
定　　价：69.90元

好评如潮

一个领导者可以从两个最重要的方面影响结果：一是具体的战略规划，二是战略的执行能力。战略的制定更多依赖于领导者，但执行需要所有人的配合和努力，涉及的人越多，难度就越大。《高效执行4原则2.0》除了讲执行力的理论研究，还有大量的公司实例，这4个有关执行力的原则和工具推荐给你。

——刘润

润米咨询创始人

从2016年起，华住引入4DX（高效执行4原则，简称4DX），6年来的实践已经深入一线门店，成为管理者阶段性成果转化的有力工具。我们的店长训练营也变成了双证认证，第一张是学习合格证，第二张就是4DX实践合格证。4DX助力华住领跑酒店行业。对那些希望领跑行业的领导者，我推荐大家学习并实践《高效执行4原则2.0》。

——王晨

华住酒店集团高级副总裁

在我为战略执行不力感到困惑时，朋友给我推荐了高效执行4原则，它让我们始终聚焦至关重要目标，通过紧盯引领性指标，让至关重要目标始终处于可控状态。高效执行4原则不仅给我们带来了结果，更重要的是统一了管理思维和语言，让我们的"执行文化、结果文化"更加落地。我愿意将《高效执行4原则2.0》推荐给有执行困惑的朋友。

——林利民

红壹佰照明董事长

机缘巧合，我比较早接触了4DX这门课程。20年来，有幸在汽车物流、创意、投资、互联网与电商、保险等5家迥然不同的企业引入并身体力行。所有的团队都很受益，充满激情且业绩几乎每年都超过30%地增长。实践证明这是一套超越不同的行业、商业模式、企业阶段和体制的极简而又有力的思维模型。值得每一位管理者放在案边，时时揣摩与思考。

——金麒

上汽保险CEO

"把深刻的管理学原理化为易于理解和执行的工具"是高效执行4原则最大的特点。它是我多年来帮助团队构建共同语言和价值观又同时提升绩效的核心理论和工具体系。我很荣幸有机会把这套方法和工具介绍给更多有志于打造更具竞争力的团队的管理者们，相信定有裨益。

——刘明

诺华集团肿瘤业务中国区前副总裁

卓越结果最终依赖高效执行。在新冠疫情常态化下，原先熟悉的营销方式难以成功，需要我们思考新方法，并关注执行效果，建立新标杆。《高效执行4原则2.0》从理论到实践，恰到好处地将聚焦目标、路径与方法迭代、激发团队士气和相互担责结合在一起，使打造VUCA（变幻莫测、不确定性的）环境下卓越绩效和全能团队成为可能。

——赵嵩

史赛克（北京）神经血管业务部高级部门总监

《高效执行4原则2.0》不是拿来学的理论，而是拿来用的实践。过去5年中，美善品从只有一个默默无闻的德国产品，在中国发展成为一个品类的代言者，每年250%的增长，庞大的组织，飞速的扩张，背后依赖的就是上下同欲、高效执行的共同语言。高效执行4原则看起来是一个关于做事的管理原则，实则是凝聚人心的绝佳利器。任何一个追求聪明又健康的组织，都有必要花精力好好践行执行4原则。

——林琳

福维克中国顾问关系管理总监

无论人生规划还是事业目标，如果比作是过河，那没有桥和船就不能渡，不解决工具和方法问题，过河就是一句空话。《高效执行4原则2.0》在我们组织内的高潜人才培养项目中切实好用，简单、清晰、有效，就是连接我们的"桥和船"！

——李童

深圳格兰云天人力行政中心总经理

"知者行之始，行者知之成。"行动，是通往成功的必经之路，脱离行动的知是空知，同时脱离知的行也是盲动。《高效执行4原则2.0》是非常难得的一本好书，理论先行，聚焦执行落地，真正做到以终为始、知行合一。

——李霞

吉致汽车金融总裁及首席执行官

引进高效执行4原则学习，帮助我们新成立的业务部门制定清晰战略，聚焦至关重要目标，贯彻执行与反馈，激发团队自驱力，增强跨部门协同，形成了合力。在高效达成业务目标的同时，人才培养和领导力提升均取得重大进展。工作坊之后的持续跟进与辅导，让所学内容植入人心，学员自发地以"乘法领导者"方式影响企业内部更多的人。

——刘晓春

思爱普大中华区人力资源总监

3年前，我们尝试将高效执行4原则用在核心产品的市场准入、提升目标市场占有率等工作中。3年间，我们不仅很好地贯彻了"聚焦目标、找准抓手、记录过程、规律跟进"等基本原则，还在实践中探索出了一些适合自身特点的实用方法。通过3年的实战检验，高效执行4原则不仅让我们取得了超出预期的成果，还让我们的团队对完成未来的任务充满信心！我非常乐意将《高效执行4原则2.0》一书推荐给那些奋斗在销售一线的同仁们。

——汤沪东

协和麒麟（中国）制药有限公司学术推进部部长

对于发展追求既快又强的公司，一个非常关键的要素就是每一个作战团队都要很强。《高效执行4原则2.0》的突出特点是既有理论，更具实践；既讲工具和方法，又强调把握过程，而这些恰恰是领导团队有效性建设的成功关键！这是一本非常贴近业务实际的好书，更是一本可供前线团队学习的作战指南！

——蒋鸿旻

百丽国际集团人才发展总监

在经营管理实践中，企业中高层管理人员的领导力不足或员工队伍的执行力不足是两个相对独立且高频的话题，《高效执行4原则2.0》则很好地将两个话题联系起来。书中的观点和实践案例，为读者提供了可供借鉴和参考的思维方法和行动指南。在数字化技术触手可及的当下，从企业到项目团队，都可以很便利地借鉴和使用高效执行4原则，并从中受益。

—— 刘正周

广发证券培训中心总经理

我们是在完成"战略解码"形成战略目标共识之后，引入4DX帮助我们实现"战略落地"的。4DX极其简洁又极其深刻，实践的过程看似简单，实际上需要经历反复的思辨和痛苦的取舍，当你最终找到"至关重要目标"的那一刻，你会有"众里寻他千百度，蓦然回首，那人却在灯火阑珊处"的顿悟感。4DX带给我最大的启示是在管理中做"减法"，无论是应用于公司管理还是运用于复杂、长周期的项目管理，它都能够帮助领导者梳理出清晰的目标，紧紧抓住高回报率的工作，完成极具挑战性的任务。我心存感激地把4DX推荐给更多的领导者。

—— 李秋喆

青岛武船麦克德莫特总经理

麦朗公司是美国医疗界以执行力著称的公司。我一开始对4DX是否真的能够给我们在中国的团队带来实际促进持怀疑态度。经过历时半年的身体力行，4DX已成为我们执行力的代名词和指针。各级团队根据公司设立的至关重要目标（WIG），按照4DX倡导的可视化管理方法将其拆解为分项指标，自上而下地展开各级员工细分的工作目标和任务。这个过程里，感受到了这个工具的力量，让全员参与并聚焦至关重要目标，有步骤、有节奏地跟踪结果，公开、透明地落地每个重要节点，最终一起达成目标。

—— 汪旸

麦朗(上海)医疗器材亚洲区及全球采购总裁

独行快，众行远。高效执行4原则是一种全新的组织领导方法，指导在团队中建立相互担责的节奏，每个人对团队负责，带着引领性指标，全员参与到各项具体的工作中，克服日常事务的干扰，更好地实现上下同欲、团队高效。它是一套适用于任何组织的革命性操作系统。

——徐赣华

科勒中国商务副总裁

我们从2022年开始应用高效执行4原则的方法去推动我们的零售业务。它让我们把精力聚焦在业务最关键的点上，把任务落实到人，并启发了我们用最扼要的方式来跟踪成效。整个方案简单，但富有冲击力。我把《高效执行4原则2.0》推荐给有意愿把自己的业务推向新台阶的管理者。

——张世桥

弗兰卡家居解决方案亚洲区总裁

《高效执行4原则2.0》是一本耐看、耐用、经久不衰的执行力宝典。它让绩效提升有法可依，有章可循，有计可施。几年来我们深度践行高效执行4原则理论，始终以至关重要目标为指引，动态监控引领性指标，坚持星期五"担责会议"，最终收获了一支目标、行动、结果一致的高效能团队。《高效执行4原则2.0》对有意建设高能团队的领导者是不可错过的好书。

——范晋军

中国通信建设集团有限公司山西省通信服务分公司副总经理

全球蛙能让客户业绩倍增的秘密，就是这套高效执行4原则的执行力操作系统的落地。全球蛙坚持践行7年的高效执行4原则管理，得到的最大价值，就是团队始终能保持激情和活力，战略目标总能在高效执行中取得突破性成果，取得一个又一个的成功。因高效执行4原则的助力，我们数智化赋能的上万家门店线上零售业务均实现了突破性增长！强烈推荐《高效执行4原则2.0》一书，它是"确保战略目标成功"的绝佳操作指南，不容错过！

—— 原冰

山西全球蛙创始人及董事长

还在为战略落地不到位而烦恼？清楚做什么（what），但是不知道怎么做（How）？知道怎么做，但是没有时间做？强烈建议你学习并实践《高效执行4原则2.0》，帮助你聚焦并执行到位至关重要目标，让过程管理变得SMART（具体的、可衡量的、可达成的、相关的且有明确截止日期的），让跟进动作更有趣，参与感更强。灵北中国践行3年，从统一语言，到结合战略规划，从团队管理到个人提升，形成一套完善的管理工具，打造"上下一致，左右协同"的高绩效文化。

《高效执行4原则2.0》值得信赖，强烈推荐！

—— 王立伟

灵北中国人力资源及企业传播部总监

战略一词，因其宏观重要性，很幸运一开始就吸引了组织很多精力。而执行却没那么幸运，被认为是细枝末节的东西而被忽略。高效执行4原则非常贴近企业实际现状，教会管理者如何从庞大的目标图里面，找到至关重要目标，然后通过把目标转化成组织和个人的日常行为，推动组织目标达成，形成了目标—执行—结果的完整闭环。受益于高效执行4原则，我们组织内很多变革项目顺利完成。推荐给那些正在经历组织变革的团队，学习《高效执行4原则2.0》，你的问题，这里都有答案。

—— 丁艳东

某互联网百货行业组织人才发展负责人

有别于工业时代领导发号施令、控制下属的管理方式，高效执行4原则为我们提供了一种知识经济时代执行战略、完成目标的聪明方法。这种方法可以让团队成员齐心协力、全心全意围绕一个共同的目标而奋斗。这的确是一本了不起的著作！

——史蒂芬·柯维

畅销书《高效能人士的七个习惯》作者

本书不仅解释了高效执行4原则包含的内容，还详细介绍了如何实现。与我们分享了大量的公司实例，这些公司不是一次，而是一次又一次地做到持续高效执行。这本书非常值得每一位领导者认真阅读！

——克莱顿·克里斯坦森

哈佛商学院教授，"破坏性创新之父"

70%的战略失败归咎于执行不力，很少是因为缺少智慧和远见。高效执行4原则是用来执行你的战略目标的，它可以解决每一位领导者面临的首要问题——执行。

——拉姆·查兰

畅销书《领导梯队》《执行》作者

万豪酒店的立身之本是："关心自己的员工，员工才会关心你的客人。"本书为我们提供了另一个有力工具，使我们能够充分聚焦在最重要的工作——"客户体验"上。我非常乐意将这本书推荐给任何想要创造突破性成就的人。

——戴夫·格里森

万豪国际集团美洲区前总裁

实施书中的方法后，佐治亚州的工作取得了空前的成功。我们各个部门经过切身实践，在公共服务、质量提升和节约开支方面都取得了巨大的成功，充分证明了这些原则的有效性。任何一家想要达到世界一流水平的政府机构都有必要学习这些原则。

——桑尼·珀杜

美国佐治亚州前州长（2003—2011年在任）

本书关于确定目标和激发团队共鸣的做法对我们公司的各级工作都有很强的指导意义，很多工作团队都运用这套创新理论激发员工的工作热情，提高了大家的执行力和责任感。

——戴夫·狄龙

美国零售商巨头克罗格公司董事长兼首席执行官

每个人都带着无限潜能来到这个世界，都可以缔造奇迹，这世上没有什么比出色完成对自己最重要的事情更令人兴奋了。在本书中，作者为我们呈现了人类达成目标的关键原则和过程方法。

——穆罕默德·尤努斯

2006年诺贝尔和平奖得主

我们相信本书是走向发展与成功的秘诀。多年以来，我们一直纠结于如何聚焦公司员工的精力。我们先后使用过优先级表格、标准化工作评价体系以及其他很多方法，但最终还是爱上了本书关于"日常事务"和"至关重要目标"的理论体系。读毕，你将对工作乃至人生产生新的体会！

——丹尼·魏格曼

《财富》"最佳雇主100强"魏格曼公司总裁

你的战略没有问题，但是执行力有问题！本书将告诉你关于如何实现至关重要战略目标的每一个细节。这个简单有效的模型简单易懂，效果非凡。我将之应用于个人生活、家庭和公司事务中，都取得了极佳的效果！

——肯尼斯·切诺尔特

美国运通公司董事长兼首席执行官

我曾见过很多伟大的创意由于执行不力而失败。这本书的作者提出了一个可操作的指南，能够帮助我们战胜困难取得胜利。在阅读本书的时候，我反复思忖，很遗憾没有在十年前得到这么好的指导。

——特里·斯科特

美国海军十大首席士官之一

世界上最困难的事情之一，就是找到一些简单又有效的方法，使每一个员工都能借此帮助公司实现至关重要目标，高效执行4原则就提供了这样一个简单通用的方法。

——罗伯·马奇

贝恩咨询公司合伙人，《终极问题2.0》作者

这本书中包含的方法和操作过程，在我们的公司非常见效。它使我们能够将至关重要目标贯穿于团队所有成员的理想和信念，最终激发了员工的参与激情，提升了客户服务，加速了项目进度。以我们对员工们的持续调研来看，这个过程对于我们实现公司的整体目标非常关键。

——安德鲁·霍可利

爱普生公司董事长

可以用两个词来形容这本书：简约，天才！如果你想成功实现战略规划，使用书中的方法和过程就必然给你带来好处——将自身的努力聚焦在关键行为上定能成

功。另外，持续的担责机制可以极大地激发参与人员的热情。

——华尔特·李维

安治化工有限公司联席总裁兼联席首席执行官

"至关重要目标""引领性指标""激励性记分牌""相互担责的节奏"……本书准确传递出了每一个组织和每一位领导所需要的口号，同时提出了行为指导，这些原则可以帮助任何一个领导者把战略目标执行到完美状态。对于任何领导或组织来说，这本书都是最好的礼物。

——福朗斯·赫思本

福朗斯·赫思本领导力研究院董事长兼首席执行官，

美国重要领导力培养机构德鲁克基金会创始人

上佳之作！这本书中的原则可以极大地提升任何组织的实际执行力。

——罗格·摩根

零售产品集团董事长兼首席执行官

本书是非常出色的实践指南，它提供了适用于任何级别组织的简便易行的方法。尽管"未卜先知"这个词已经被用滥了，而且在实际中不太可能做到，但是4原则的确给我们创造出了一个光明的前景。

——马特·欧德罗伊德

帕特玛斯特公司董事长兼首席执行官

在35年的管理教育经历中，随着肩负的管理责任越来越重，我越来越深刻地认识到，任何大学教授领导力时的最大挑战都是如何执行。尽管本书始于理论，但此书对于教育界管理者的最大贡献还是它深刻聚焦于执行过程的本质。因此，这本书值得每位大学校长怀着对学校建设发展负责的态度来阅读学习。

——安吉洛·阿门提博士

加利福尼亚大学校长

军队领导人知道，人才是达成组织目标的中心和关键因素。本书的价值在于它将每个独立的人有机组织起来，共同去完成集体的目标。其中每一个人都有自己清晰的角色，人们将就他扮演的角色的好坏给予评价，当他取得成就的时候，也会得到人们的褒奖与祝贺。不论是海军派遣战斗机，还是显著改善公共教育系统质量，聚焦主要精力于至关重要目标都是取得成功的关键。

——约翰·斯坎兰

美国海军前首席财务执行官

本书实现了领导力从制定战略到具体执行的重大突破，它可以帮助每一个人取得成功。最重要的是，员工们将会全身心投入到工作中去。他们可以清醒地认识并体验到他们的努力在推动公司战略发展中的地位及效果，他们的工作将变得更有意义。任何使用了本书的团队，都将为他们取得的成就而感到骄傲。

——汤姆·哈弗德

惠而浦公司总经理

作为一个多年致力于践行卓越、成就组织的人，我强烈推荐本书！这真的是一本让团队达成心中目标的理想指南，值得每一个想要取得伟大成就的领导一读。

——安·罗德斯

印客人才咨询公司董事长，

曾任美国捷蓝航空公司执行副总裁，美国西南航空公司人力资源部经理，

《建立在价值的基础上》作者

本书不仅为我们提供了一个有关策略和执行的清晰描述，同时也教给了我们关于如何提高成功率的方法。这些方法能够保证我们把视线从日常事务中解脱出来，聚焦于至关重要目标，简单的记分牌也给我们提供了重要而及时的反馈信息。更重要的是，作者为我们提供了大量实例、建议和解决方案。

——乔尔·彼得森

捷蓝航空董事长，斯坦福大学商学院管理学客座教授，

彼得森研究院合伙创始人

本书可以让每一个一线员工在执行所在组织至关重要目标的行动中全身心投入。作为一个公共部门的领导，每当我手头的可用资源不足，或者人力服务需求增加时，我的第一反应就是将此书反复阅读，并从中寻求解决之道。

——贝弗利·沃克

美国佐治亚州前民政部门负责人

我第一次接触到高效执行4原则是在一次一线经理人大会上，这些经理们分别汇报了自己半年的工作成果，满屋子都是成功人士！在全公司采用了高效执行4原则之后，我们的员工即使在裁员时期也保持了对团队工作的高度投入，最终使得我们能够顺利达成商业拓展的目标。

——阿列克斯·阿扎尔

美国礼来有限责任公司董事长

本书中的原则基于这样一个系统：它大幅简化执行日常事务的复杂程度，从而使我们的事业得到可持续发展。感谢你们，富兰克林柯维公司的朋友们，是你们破

解了执行力的密码！

——胡安·伯尼发斯

危地马拉英特热集团首席执行官

对于一个领导来说，时刻保持对执行力的关注是最重要的工作之一，这本书为那些希望专注于自己至关重要目标的领导们提供了一个指南。无论是在欧洲或者其他任何地方，这本书都值得人们花时间读上一读，读者们也将从中受益匪浅。

——萨那·里德伯

德国林德集团AGA天然气公司北欧地区医疗部主管

鉴别一个商业理念有效性和价值的最好方法就是将之运用于实际，然后观察结果。我们有幸在布拉德斯科银行使用了本书作为达成公司战略目标的方法，取得的经验使我们坚信：只要坚持采用书中方法并将之运用成熟，付诸努力之后就必然能取得令人满意的结果——关键就在于要在过程中坚持这些原则。

——米格尔·莫雷诺

拉丁美洲对外贸易银行执行副总裁

在运用了高效执行4原则7个月之后，我所在的大区取得了以下成果：开支节约幅度从5.9%提升到26.1%，利润从3.7%提高到43.3%。最重要的是，员工们的工作敬业度和忠诚度也大幅提升。

——普·博客莫斯

万事达公司丹麦区经理

对我们来说，使用高效执行4原则的最大好处在于，它确实能帮助我们实现目标。书中的方法是非常出色的管理工具，它使得我们的7168名员工能够为了集体目标密切协作，每一个人都知道自己在公司中扮演的角色。我们还从中得到了其他一些额外的好处，比如经验交流的增加、团队凝聚力的提升，还有在不同领域展开的良性竞争循环，都为我们的公司创造了巨大的效益。

——里卡多·费南迪斯

危地马拉BI公司运营总监

所有的领导都应该读一读本书来帮助自己不断取得突破。在当前快节奏的全球化市场环境下，高效执行4原则的操作过程非常有竞争力。

——朱利奥·扎佛瑞

意大利水疗中心联合高级管理顾问

在我们公司实施本书中的方法之后，公司的协同文化得到了进一步的弘扬，现在公司的每一位员工都知道公司事务的优先程度，并在实际行动中加以落实。如今，我们对各个小团队的期望更加明确，公司上下的共同语言越来越多，员工们的努力贡献转化为公司的价值并得到了反馈，这使得他们更加投入其中。这套方法不只让我们在实现至关重要目标的过程中有大量的拥护者，也深刻改变了我们的管理方式，比如我们现在会在开会时讨论如何更好地聚焦目标，哪些才是更加重要的事情，等等。鉴于此，我强烈推荐将本书作为有效执行既定战略的领导力教程。

——路易斯·费尔南多·雷斯吉兰

危地马拉太古公司首席执行官

除了理论之外，本书提供的方法是执行战略的实用指南，它使我们的组织集中精力于对于实现目标来说真正重要的事情。在我们的业务遍布全球之际，这本书为组织的领导层在执行战略策划时避开最常见的陷阱奠定了基础。

——彼得罗·洛瑞博士

乔治·菲舍尔管道系统总裁

高效执行4原则在普罗格雷索集团的实施已经成为公司每一个人的宝贵经历。在这段时间里，董事会和高管层得以真正确定哪些是公司的至关重要目标，与此同时，明确了不同业务部门的职责，确保每个人都知道自己应该做什么。更重要的是，日复一日地践行了对实现公司战略目标真正有益的事情。对于我个人来说，这本书改变了我之前奔向人生目标的方法。现在，不论参加什么活动，我都强烈推荐或者直接应用本书的理念于制定目标和接下来的所有过程中。

——何塞·米格尔·托若拜特

危地马拉普罗格雷索集团总裁

在过去负责运营的20年里，我一直将如何命令下属执行我们的核心运营路线设为优先事务。在高效执行4原则的帮助下，我们有效地将执行这些路径制度化，同时使我们的至关重要目标更加透明清晰。这3个目标被遍布墨西哥的212家超市所分享。这些努力提高了团队协作和服务质量，最终提高了所有员工的工作质量。

——瓜达卢佩·莫拉莱斯

墨西哥及中美洲超市运营副总裁

在充满挑战和多变的商务环境中，高效执行4原则为我们提供了一种全新的管理方法，即通过区分优先级、明确奋斗目标和全体员工的紧密合作来提高整体的工作效率。

——延斯·埃里克·彼得森

丹麦东能源公司高级副总裁

Contents

目　录

第一部分

认识高效执行4原则

第二部分

高层领导者如何运用高效执行4原则

第三部分

一线团队领导者如何运用高效执行4原则

第二版　序言一

　　当我开始接触高效执行4原则的时候，我正面临着职业生涯中最大的挑战，作为新上任的公众服务部门负责人，我有2万名完全丧失了斗志的下属，由于儿童死亡和儿童意外事故等事件的发生，该部门一直处于媒体的密切关注之下。我是他们5年来的第六个领导。作为一个成年后一半以上的时间都在政府最艰难的领域工作的女性，我最初回避使用执行4原则。我对珀杜州长说："我来搞定……让我来做好我的工作。"然而，当我不太情愿地被带入执行4原则的世界后，我成了它最坚定的支持者之一。

　　如果你正面临着前所未有的困难挑战，那你需要这本书。在做那些看似不可能的事情的过程中，最难的部分似乎就是找到最佳"击球"点——你的至关重要目标（WIG）是什么，以及你可以做哪些具体的事情来实现它。在政府部门，没有灵丹妙药，你必须深入了解你的危机的核心。你必须找出最需要解决的问题，否则其他一切都不重要。你必须解决这个问题，同时对日常业务保持警觉性的监督，否则它们将成为你新的危机。

　　至于我的"崇高"愿景呢？我学到的是，在每个愿景、每个渴望的核心，是一场危机。如果你不知道孩子们为什么会死亡，你就无法拯救他们。如果你不明白为什么人们无家可归，你就无法防止无家可归。如果你不知道暴力和犯罪在哪里发生，谁参与其中，你就无法减少暴力和犯罪事件。如果你不知道孩子们在掌握哪种技能时感到很费劲，你就无法教他们阅读。

当我来到佐治亚州时，我面临的情况是：很多人死去，而我们却不知缘由。我们的公众服务机构没有兴趣谈论死亡。然而，严重的伤亡使我们无法成功地完成帮助人民的使命。这是一场我们既逃不掉也赢不了的战争。日复一日，我们既担心犯错，又害怕被责备。

这迫使作为领导者的我从我们内心的恐惧中提炼出一个至关重要目标："将可能导致我们照顾、监护和监督的人员死伤的事件数量减少50%。"看！现在它已经被大声地说出来了，我们可以公开承认并拥有这个目标。将这个目标说出来，虽然很可怕，却让我们有了去谈论如何实现它的自由——这为我们实现它打开了一扇窗。我们当时还不知道该做什么或如何去做，但我们知道，我们之所以每天到岗，就是为了保护弱势儿童和成年人免受不良事件的侵害。

我们的政府系统面临的许多看似棘手且难以攻克的问题无法解决，并不是因为人们工作不努力，而是因为人们对成功的含义没有达成共识。在政府中，我们有很多方法知道什么是错的——滞后性指标公开跟踪我们的每一步——但我们经常花太多时间担心公共措施，以至于我们没有时间去弄清楚为什么我们仍未取得进展，是什么阻止我们取得胜利。这就是最佳"击球"点——对重要事情的研究。

我们的顶层至关重要目标是减少我们照顾的人员的死亡和重伤事件，这一目标被转化为几十个团队层面的至关重要目标，这些目标将使我们取得成功。这些目标涉及方方面面，从加强精神病院的病人健康观察到减少全美最大的虐童案件积压之一。每一个团队都清楚了胜利意味着什么。只有在这一基础层面上，我们才能开始识别和跟踪实现成功的关键引领性指标。

我们不再等待充斥滞后性指标的报告来衡量我们是赢了还是输了——这些数据总是姗姗来迟，我们对其什么也做不了。我打了很多年垒球，我学到的一件事是，输掉一整场比赛比一局一局地忍受失败的痛苦程度更低。当你只用滞后性指标衡量成败时，就像只在比赛结束时才公布分数；到那时，改变你打比赛的方式已经太晚了。我了解到，作为一名领导者，我最重要的工作之一就是记分。在政府中，我们不习惯打赢比赛，但是如果你不知道分数，你就无法知道取得胜利需要什么。

在分数可见的情况下，我的高层管理团队、部门管理团队和所有一线团队每周都会举行20分钟的至关重要目标会议，会议聚焦于引领性指标和每周工作计划。这迫使领导者定期看到与倾听一线工作者，也为一线工作者提供了前所未有的机会来接触高层管理团队的想法和意见。

为什么这个过程会起作用？因为我们把它落地了。我们定期与那些做着艰难工作的人们，那些儿童福利和精神保健工作人员举行至关重要目标会议。当我们给了他们需要的东西时，他们感谢我们，并使我们的目标达成！我们的领导团队当然相信我们正在做的事情，但我们的一线工作者也同样真的相信！那些工作者，每天接触可能死去或有严重病患的人，他们迫切需要相信我们正在做的事情。他们需要知道他们正在改变世界。用一次高效执行4原则会议上一位先生的话说："你要等到我快退休的时候才给我们一些有用的东西吗？"

当事情具有挑战性时，我们习惯于从供应方着手——投入更多资金来解决问题，寻找下一个超级明星来解决问题，通过新法律和法规来强制推动变革。在应用高效执行4原则时，我们不这样做。相反，我们从需求方着手：那些致力于最紧迫问题的人。我们投入我们组织的能量，与那些熟知问题的人——那些日复一日在一线工作的人——一起解决问题。高效执行4原则所做的正是充分利用集体智慧和经验。它帮助领导者善用他们最强大的资产——员工。

贝弗利·沃克

佐治亚州公众服务部门负责人，伊利诺伊州儿童与家庭服务部主任

注：作为佐治亚州公众服务部门负责人和伊利诺伊州儿童与家庭服务部主任，贝弗利·沃克已将高效执行4原则应用于政府机构的工作推进中，以及从婴儿死亡到心理健康再到儿童识字这些艰巨的挑战中。她践行高效执行4原则的其他出色成果还包括使佐治亚州虐童案件减少了60%。目前，她正为美国政府高级官员就最具挑战性的问题提供建议。

第二版　序言二

　　我第一次接触高效执行4原则是在2016年夏天，当时刚离开工作了25年的电信行业不久，机缘巧合遇到了富兰克林柯维中国区总经理冯璟女士。她当时正在找战略落地解决方案顾问和业务负责人，她觉得我在外企和民企的业务背景挺合适，于是就给了我一本《高效能人士的执行4原则》(本书第一版中文版书名为《高效能人士的执行4原则》)的书，让我看完后给出一些反馈。

　　看完《高效能人士的执行4原则》这本书，我的第一个感受就是相见恨晚！回顾过往职业生涯中的不同时期，无论是把成熟产品在中国市场做大做深，还是针对涌现的新兴市场机会开发新产品快速占领市场，或是在市场需求不明确的情况下，探索和拓展未来业务支持公司转型；无论是当区域经理，还是总经理；无论是在外企还是民企，拿结果、带团队、建文化的过程中的成功或失败，经验或教训，都与书中的内容产生了强烈共鸣，并得到了总结和升华。

　　我的第二个感受，这是一本写得非常慷慨的书。作者用直白的语言，和盘托出了所有的逻辑和规则，特别是在企业中应用落地的流程和方法，甚至连工具表单都有，可谓知无不言。后来我才知道，在国内很多企业家学习的圈子里面，《高效能人士的执行4原则》被直接推荐给企业家作为战略落地宝典。企业家读书后，给员工买一批书在企业里自己做起来的不在少数。当然自己做到一半来找我们继续咨询和辅导的也不乏其人。

看完书，我对冯总说：这个方法很强大，这个事儿我愿意干，而且这事儿一定能干成！自此我开始了用"高效执行4原则"帮助企业和团队进行战略落地，达成至关重要目标的旅程。

从2016年到现在，富兰克林柯维用"高效执行4原则"做过的项目，研讨和培训过的企业已超过200家，这也成为《高效能人士的七个习惯》之后富兰克林柯维第二大解决方案。借此《高效执行4原则2.0》（本书升级第二版的中文版书名为《高效执行4原则2.0》）出版之际，我想作为实战的顾问，分享一些个人感受，供读者学习和应用参考。

首先，《高效执行4原则2.0》不是拿来学的，而是拿来用的（借用客户的推荐语）。在应用的过程中，无论是业务领导还是顾问，相信原则并相信团队能应用这些原则解决问题或找到自己的答案。这是我的一个最大体会。

记得我刚做顾问时的一次研讨，我和客户团队经过反复讨论，对到底确认哪个课题烧脑到晚上7点多，但就是卡住了，怎么也做不下去了，我焦躁得直冒汗。当时总经理站起来说："先到这儿吧，咱们去吃饭！今天这些课题过去几年一直没讨论清楚，今天讲不清楚也正常，大家根据方法回去思考一下，明天再来。"果然，第二天我们利用方法论重新梳理了课题，产出了结果。

我也经历过当一家公司的设计部门设定了降低成本的目标后，运营总监走过来笑着对我说："你是怎么做到的？我们过去两年一直在推这件事情，但是设计部门总是各种有理由做不了。"我回答道："可能就是高效执行4原则流程创造的共识，共创和参与的氛围带来的承诺吧。"

关于执行4原则的应用，有更让人惊喜的故事。一次在北京做项目，晚上散步时突然有个人拉住我说："老师，我上次参加你分享的执行4原则研讨会，回去后自己按理论在团队内尝试着做，3个月后就看到了效果。"正好第二天他也在同一个酒店参加会议，我就特别邀请他为我这次的学员做了半小时的实践分享，效果特别好。

其次，另一个深刻的体会，是"高效执行4原则"（简称4DX）在企业的引入和实践，能为企业解决培训和业务"两张皮"现象提供新的视角和选择。业务领导往往注重结果，当业务遇到挑战时，人的能力是永远的话题。从人才和学习发展的角度更是无以复加地强调，事情都是人做的，人好了，事情才会好。听起来逻辑似乎是对上了，但实际工作中如何将培训内容和业务逻辑结合上，对于培训的期望值和满意度是一个很大的挑战。在项目辅导中经常遇到团队领导问这样的问题："老师，在至关重要目标会上，团队作出的承诺不相关怎么办？他们对目标有疑议怎么办？团队成员不承诺怎么办？"这些可能都是没有标准答案的，但我会问他们："领导者的个人品质、专业、领导力，甚至颜值，在什么场景下发挥作用呢？"

这几年，特别是新冠疫情以来，我们很高兴地看到，很多既有业务敏感性，又有人才和学习发展专业洞察的企业领导者和人力资源领域的专家们（书中的推荐语者就是代表），利用"高效执行4原则"联结业务和团队的特点，创建和实施了很多上接使命愿景和战略，下达业务结果，中间联结能力学习的实践项目，并在这些项目中收获了不只是方法和能力，还有业务目标的达成，更创造了独特的企业文化，实现了企业生机焕发，蓬勃发展。

最后，《高效执行4原则2.0》同样是一本慷慨的书。相较第一版，增加了高管如何运用高效执行4原则和在项目中应用高效执行4原则的内容。此外，本书值得仔细品味的，还有国内21家企业领导的热情推荐和5个企业实践成功的真实案例。感谢这些践行者给我们带来的无私分享，希望我们的努力能为读者带来更多的价值，更加希望企业和团队在《高效执行4原则2.0》和富兰克林柯维的帮助下，收获更多的卓越成果。

王 平

富兰克林柯维中国执行力解决方案负责人

第一版 序言

本书不只为我们提供了进行战略性组织变革的理论。作者不仅解释了高效执行包含的内容，还详细介绍了如何实现。他们与我们分享了大量的公司实例，这些公司不是一次，而是一次又一次地做到高效执行。这本书非常值得每一位领导者认真阅读！

——克莱顿·克里斯坦森

作为英特尔公司（Intel）的创始人之一，领导英特尔发展壮大的前首席执行官和董事长安迪·格鲁夫曾经给我上了人生的重要一课。

有一次，他要听几位下属关于赛扬处理器市场推广的工作汇报，我当时作为咨询顾问参加了会议。颠覆性创新理论发现了英特尔面临的一个威胁。AMD和赛瑞克斯公司已经在低端微处理器市场抢占了大量的市场份额，将更低成本的芯片卖给生产入门级电脑的公司。这两家公司获得了相当大的市场份额，然后开始向更高端市场进军。英特尔需要作出反应。

会议中途休息的时候，格鲁夫问我："我该怎么做呢？"

我认真地回答说，他需要成立一个独立业务部门，这个部门有不同的营运费用结构和销售队伍。

格鲁夫用他一贯的生硬语气说："你真是个天真的学者！我问你怎么做，你却告诉我应该做什么。"他接着说，"我知道自己需要做什么，只是不知道怎么做。"

我当时窘得恨不得找个地缝钻进去，格鲁夫说得对，我确实是个天真的学者，刚才的回答只能证明我不清楚"做什么"和"怎么做"的区别。

当我回到哈佛之后，我曾想要改变自己的研究方向，去发展一套"怎么做"的理论体系，但后来还是放弃了，因为我确实不知道自己怎样才能创新出这么一套理论来。

我的研究重点仍一如既往地集中在商业中需要"做什么"上，我们称之为"战略"。这方面的相关研究已经多如牛毛了，大部分战略研究者、顾问或者作者们提供给我们的都是关于战略问题的静态呈现——技术、公司或者市场的快照。这些快照呈现了那些成功的公司在某个特定时间点的特点和做法，而不是那些苦苦挣扎的公司，或是优秀管理人员当时的特点和做法。他们宣称，如果想要做得和那些最好的公司一样的话，你就应该复制最优秀的公司和高管的做法。

我和我的同事避开了做静态拍照的工作。相反，我们是制作战略的"电影"。但这不是你在电影院里看到的电影。我们在哈佛做的不同寻常的电影是"理论"。它们描述了什么导致事情发生以及为什么。这些理论构成了电影的"情节"。不同于电影院里影片中充满悬疑、让人惊讶的情节，我们的电影的情节是完全可预测的。你可以替换我们电影的演员——不同的人、公司、行业——就能再次看电影。你可以选择电影中这些角色的行为。因为这些电影的情节都建立在因果关系理论的基础上，这些行为的结果是完全可以预测的。

你觉得无聊？对于那些想要寻找娱乐的人可能是。但经理人必须知道他们的战略——他们工作中的"做什么"——是对还是错，需要尽可能的确定性。因为理论是情节，如果你想，你可以回放电影，重复地看过去，以便理解什么导致什么以及为什么。这类电影的另一个特点是你可以在未来发生之前看到未来。你可以依据你所处的不同情况，改变计划，看会发生什么。

毫不夸张地说，我们关于战略、创新和增长方面的研究帮助经理人在事业上取得了更多的成就。

　　然而，关于在变革时期如何管理一家公司，一直很少被研究，直到本书的出版。

　　关于"怎么做"，之所以这么久才出现好的研究，是因为它需要不同规模的研究。关于战略——"做什么"——的因果关系理论，来自于对一家公司的深入研究，正如我的研究。相反，战略性变革的"怎么做"持续地出现在每一家公司。形成关于"怎么做"的理论，你不能在一家公司研究这一现象一次。你无法拍出"怎么做"的快照。你需要反复地、持续多年地在很多公司研究细节。这一工作的规模就是为什么我和其他学者忽略了对战略性变革"怎么做"的研究。我们无法做这项研究。它需要视野、洞察力。像富兰克林柯维这样规模的公司可以完成这项研究。

　　这不是那种拼凑杂糅一些成功公司的经典案例的书，它的内容真正蕴含了如何实现高效执行的真知灼见。这也是我为此书感到振奋的原因。作者呈现给我们的不是一帧帧关于执行的"快照"而是连续的"电影"，我们可以回放并反复学习，作为领导者的你可以将你的公司、员工作为演员放入电影中，你可以在未来到来之前看到你的未来。本书源于作者长期以来对很多公司采用新的"怎么做"的深入研究。

　　我希望所有读者都能和我一样喜欢这本书。

克莱顿·克里斯坦森

哈佛商学院教授，《创新者的窘境》等畅销书作者

Introduction

关于本书

2009年，当我们提笔撰写本书第一版时，我们已经在1000多个不同的组织中实践了高效执行4原则长达8年。到2012年出版时，我们已经将实践高效执行4原则（高效执行4原则，简称4DX）的组织数增加到了1500多个。如今的第二版则是在实践高效执行4原则的组织数为4000个的基础上出版的。

一部作品常常会不断完善发展。我们真希望在2012年出版的就是这本第二版的书，可惜当时我们还不具备现在的认知。我们非常感谢世界各地的读者（来自此书16种语言版本）的反馈。与你们的合作不仅使我们能够完善这些原则，而且大大简化了我们应用原则的方法。

我们早期从读者身上学到的最有影响的事情之一是，他们不仅读了书，还执行了这些原则，他们是实干家。这看似不足为奇，但在商业书中并不常见，因为商业书传统上只是供人阅读，而不是用于实践的。

我们的读者很少会说："我读了《高效执行4原则》。"更多时候，他们会说："我们在践行高效执行4原则！"看到个人和组织正在积极地遵循我们的指导，我们就有了更大的责任去为读者提供更准确且清楚的内容。这就是第二版出版的驱动力之一。

这些年来，我们经常需要说，"我能理解为什么你认为这就是我们所说的，但这并不是我们真正要表达的。"到2017年，我们已经进行了太多这样的对话，知道了我们可以在哪里以及如何显著地改进这本书的内容。

第二版包含超过30%的新内容，旨在为读者带来新的想法、更清晰的指导，以及消除在以下三个主要方面的困惑：

● 高层领导者应用执行4原则的方式与一线团队的领导者不同：原则是一样的，但应用方式是不同的。我们在第一版中提到了这一点，但内容略显单薄。第二版围绕这一点，有整整一部分（包括5个新章节）会专门讨论高层领导者如何在组织中应用执行4原则。

● 知道在哪里应用执行4原则和知道如何应用它一样重要。虽然第一版在这点上提供了宝贵的指导，但我们现在有了更好的案例、更清晰的说明和全新的知识来帮助领导者知道执行4原则在哪里（以及如何）应用最有效。

● 实施执行4原则可以改变你的成果，而持续实施执行4原则可以改变你的组织。我们与多年持续实施执行4原则——有些实施时间长达十多年——的领导者合作，这让我们多了一个优势。取得成果是成就的一个层次，而长期持续并改进成果是更高层次的成就。我们认为，关于持续实施执行4原则的新实践和新见解，就凭这一点，就有理由出版此书第二版，因为它们对领导者的价值，不仅在于实现至关重要目标，还在于最终创造一种执行的文化。

战略与执行

要取得成绩，领导者可以影响两个重要方面：一是战略（或计划），二是执行这一战略的能力。

现在请你先停下来问自己第一个问题：

上述的两个方面，哪一个更难？是制定一项战略，还是执行好一项战略？

全世界每一个受访的领导者都会无比肯定地回答："执行更难！"现在，你可以问自己第二个问题：

如果你有MBA学位或者上过商业课程，哪一项你学得更多，战略还是执行？

当我们向受访者提问时，他们的回答也是异口同声，不过，这一次他们的回答是"战略"。这也许并不奇怪，领导们感到最难的领域，恰恰是他们学得最少的方面。

在接触了全世界各行各业，包括学校和政府机关的领导者和团队之后，我们发现：一旦你决定做一件事，你最大的挑战就是——让员工以你期待的卓越水准来执行它。

为什么执行如此困难呢？如果战略是清晰的，并且作为领导者的你也在推动它，团队难道不会自然而然地积极达成这一战略吗？答案是否定的，可能你在实际经验中也曾多次遇到这样的情况。

你现在读的这本书，包含了我们所学到的最可行且最有影响力的洞察。通过它，你将学到一整套行之有效的原则，这些原则已经被全球众多领导者和成千上万的一线员工所实践，帮助他们取得了非凡的成就。

PART 1

第一部分

认识高效执行4原则

Learning 4DX

第 1 章

执行的真正问题

万豪酒店（Marriott）

万豪国际集团总部附近，位于复兴公园的斯巴达堡万豪酒店，想要提升绩效。总经理布莱恩·希尔格和他的团队以及酒店的所有者一起完成了第一部分的工作：投资2000万美元对客房和大堂进行精装修，更新改造餐厅，以期得到客人们更高的评价。结果却出乎意料——尽管酒店看起来很棒，客人们的评价依旧没有达到期望值。于是，他们开始着手第二部分的工作：确保每位员工都在他们最优先考虑的目标——客人体验上改善自己的工作表现。

一年之后，布莱恩·希尔格和他的团队终于骄傲地迎来了酒店成立30年来创纪录的客人满意度打分。用布莱恩·希尔格的话来说，"以前我害怕每周五出来的新的客人满意度分数，但是现在，每周五早上起床时我都很兴奋"。

康卡斯特公司（Comcast）

利安·塔尔博特是康卡斯特公司的新任高级副总裁，负责大芝加哥地区。大芝加哥地区是康卡斯特公司最大的运营区域之一，但在公司内部的业绩排名中，该地区在十多个地区中排名倒数第一。

用利安的话来说，"在过去的9年里，尽管更换了数位领导，但在康卡斯特公司用来衡量业绩的几乎所有指标中，该地区始终处于倒数位置。这不是一个快乐的地方，有才华的人不想冒险搬到芝加哥地区，因为他们认为这会对他们的职业生涯产生负面影响。而且由于该地区的重要性，我们也得到了相当程度的关注——我们称之为'爱'，但这给我们增加了额外的压力。我们需要一个能够出色执行的、有原则的计划，我们现在就需要它。"

在短短不到两年的时间里，大芝加哥地区在康卡斯特公司内部的业绩排名就从最后一名升至第一名。利安表示，"除了取得这些运营成果外，执行4原则对团队的影响也是巨大的。该地区被《芝加哥论坛报》评为'百强工作场所'。当我们刚开始我们的旅程时，我真的没有想到所有这些进展会发生得这么快。"

加拿大自然资源公司（CNRL）

加拿大自然资源公司在加拿大阿尔伯塔省北部的"地平线油砂矿"的生产设施上投资了大约200亿美元，但没有达到生产预期。尽管投资了数百亿美元，该项目的沥青生产部门的设备利用率仍未超过72%。沥青生产部副总裁凯西·麦克旺知道他们需要快速行动，尤其是考虑到低于100%的每个百分点都意味着每年1570万美元的收入损失。他知道问题不是因为缺乏努力：他的团队夜以继日地工作，以保持设备和复杂的炼油设施的正常运行。该部门的主任工程师科林·萨瓦斯蒂安克描述了一天结束后坐在办公室里，头晕目眩，回想起"我今天做了什么"时，每个人都有的沮丧。他知道自己在努力工作，但最终，似乎什么也没做成。

实施执行4原则不到一年，凯西和他的团队就使工厂以接近100%的设备利用率高效运行着。尽管由此得到的盈利能让公司收购一个主要的竞争对手，但凯西说："这个团队让我最自豪的事是它让我看到了负责人和管理者是如何培养和形成负责及主人翁精神的企业文化。"

这些来自布莱恩（万豪酒店）、利安（康卡斯特公司）和凯西（加拿大自然资源公司）的故事听起来可能很不同，但是对于这些领导者来说，他们面对的挑战本质上是相同的，解决之道亦然。

如果你正在执行一项需要其他人不断改变行为习惯才能成功的战略，那么，你正面临前所未有的领导力挑战。采用高效执行4原则，你并非在试验一个有趣的理论，而是在实施一套经过验证、每次都能成功应对这一挑战的实践。

真正的挑战

改变一种文化意味着改变对话。为了改变对话，人们需要新的词汇，尤其是那些能带来成功的有关行为的词汇。

——利兹·怀斯曼

不论你称呼它为一项战略，还是一个目标，抑或是改进的努力，作为一个领导者，为推动团队或组织前进所采取的措施可以归结为两大类：第一类主要需要你大笔一挥；第二类是突破，需要行为的改变。

大笔一挥，是指仅通过发号施令（即只要有钱或有权）就能达成的目标。如果你有资金与权力，你就可以实现。它可能是一项重大投资，一项薪酬制度的改革，人员角色和责任的调整，增加雇员，或者是开展一项新的广告宣传活动。尽管施行这些战略可能需要筹划、共识、勇气、智慧和资金，但你知道，最终它会实现。

需要改变行为的突破则有很大不同。你不可能只通过命令就让它们发生，因为行为的改变需要人——通常是很多人——高度参与到一种新的或不同的方法中去创造成果。如果你曾经尝试过改变他人，就会知道这有多难了。一个人要改变自己就够困难的了，更何况要去改变其他很多人！

例如，你是否曾试图劝说销售团队在跟顾客打交道时更具咨询性质，或让工程团队与市场营销团队在产品设计上协同工作，或说服客服中心团队接受一个全新的软件程序？你不能仅仅通过一封邮件宣布："从明天起，我们希望每个人都能更具咨询性！"事实上，你可能是在尝试改变那些数十年来已根深蒂固的做法。即使当每个人都意识到旧方法不可能改变业绩，让人们作出改变依然很难。即使是那些看起来是大笔一挥的措施，常常也会演变成需要持久改变行为。

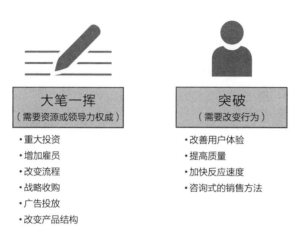

大笔一挥	突破
（需要资源或领导力权威）	（需要改变行为）
·重大投资	·改善用户体验
·增加雇员	·提高质量
·改变流程	·加快反应速度
·战略收购	·咨询式的销售方法
·广告投放	
·改变产品结构	

推动组织向前发展的战略有以上两种

我们的同事吉姆·斯图尔特将这种挑战总结为："为了实现一个你从未实现的目标，你必须做之前从未做过的事情。"如果需要人们去做一些之前没有做过的事情，你就是在使用突破的战略。当然，这并不容易。

几乎每个领导者都感受到了这一挑战带来的痛苦和沮丧。你是否曾在上班路上嘟囔："看在老天的份上，我们就不能做成这一件事吗？"如果是这样，你可能会记得因无法改变他人而无法达成目标的感受。你并不是唯一一个。

全球性管理咨询公司贝恩公司（Bain & Company）在一项关于组织变革的关键研究中发现："大约65%的行动方案，需要员工行为的显著改变，这也是经理们常常忽视或没有提前计划的。"

尽管这个问题如此重要，领导们却很少意识到这一点，你听不到哪个领导说"我希望我更善于推动需要人们改变行为的战略"。你更可能听到领导者说："我希望我不需要面对像汤姆、保罗、苏这样的员工！"

领导者很自然地认为员工就是问题所在。毕竟正是他们没有完成我们想要完成的工作。但是如果你真这么想，你就错了！问题不在员工。

质量管理大师爱德华兹·戴明曾这样说："不论何时，在大多数时间按照某种特定方式做事的大多数人并非问题的关键所在。问题是系统内在固有的。"作为一个领导者，你需要对这个系统负责。尽管可能某个员工是一个很大的问题，但如果你发现自己经常把问题归咎于员工的话，那么你就有必要重新审视一下形势了。

在开始研究这一挑战时，我们首先希望搞懂的是：究竟是什么导致了低效的执行？我们对员工进行了全球范围的调查，审视了几百家公司和政府部门。在我们研究的早期阶段，我们发现问题几乎无处不在。

一个导致执行不力的重要原因是目标不明确，员工根本不理解他们的目标是什么。事实上，通过最初的调查，我们发现，大约只有七分之一的员工能说出一个组织最重要的目标。只有15%的员工能说出他们领导提出的3个最重要目标中的一个。剩下的85%的员工只能说出他们自己认为的目标，而这往往和领导心中的目标相去甚远。具体来说，员工离组织高层越远，对组织目标的认知就越不清晰。这只是我们发现的问题的开端。

对目标缺乏热情是另一个大问题。即使是知道目标的那些人，也缺乏实现它的热情。只有51%的人表示他们对实现团队的目标充满激情，剩下的几乎一半人则完全是走过场。

明确责任也是个问题。调查结果令人大跌眼镜，高达81%的受访者表示，自己不需要为组织目标的进展承担责任。并且这些目标没有被转化为具体的行动。87%的人都不清楚要达成目标，自己需要做些什么。难怪执行力会如此低下了。

总的来说，这些员工们不清楚目标是什么，对实现目标没有热情，不知道围绕这些目标自己该做些什么，也不需要对此负责。

以上仅仅是对执行力低下最显而易见的解释。在更深的层面，还存在缺乏信任、不合理的薪酬制度、糟糕的人才发展规划和错误的决策等这些问题。

我们的第一直觉就是想说："把每一件事处理好！处理好所有问题，你就能执行你的战略了。"然而这是在建议他们完成不可能完成的任务。

随着我们开展进一步的研究，我们发现了一个导致执行力低下的更为根本的原因。上文中我们提到的所有问题——目标不清晰，缺乏激情，缺乏合作，责任不明确，都会加剧执行战略的难度。但实际上，它们扰乱了我们的视线，使我们偏离了更深刻的问题。大家都听说过这样一句老话"鱼最后才发现水"，这句话非常好地总结了我们的研究。我们最终发现低效执行的最根本问题其实近在眼前。我们之所以没有发现，只是因为它无处不在，隐藏在众目睽睽之下。

真正的敌人——日常事务

执行力的真正敌人是你的日常事务！我们称之为"旋风"。

仅仅是保持日常工作的正常运行，就需要耗费你大量的精力。讽刺的是，也正是这些事情，使你执行任何新任务变得困难重重，它们使你失去焦点，而聚焦是你推动团队前进所必需的。

领导们很少去分辨哪些事情是日常事务，哪些事情是战略目标。因为一个组织要生存下来，这两者都需要。然而，它们明显是不同的，更重要的是，它们会不停地争夺时间、资源、精力和注意力。谁会胜出？答案就不用我们来告诉你了，你懂的。

日常事务通常都很紧急，它们每一天每一秒都在不断催促着你和那些为你工作的人。你制定的目标很重要，但是一旦紧急和重要的事情发生冲突，前者往往就会取胜。一旦你意识到这种冲突，你就会发现，对于任何想要去推行新战略的团队来说，这种冲突无处不在。

请你回顾一下自己的经历，想一想是否也曾有过重要的措施，起步顺利但接着就终止了？是怎么终止的呢？是被偶然的重大突发事件打断了，还是湮没在日常事务里，随着时间悄无声息地终止呢？我们问了无数领导者这个问题，他们的答案都是："慢慢地终止！"这就像你在箱底发现了一件已经褪色的T恤衫一样，会惊讶地叫道：“天哪！这到底是怎么回事！”它就这样终止，而你甚至没有为它举行葬礼。

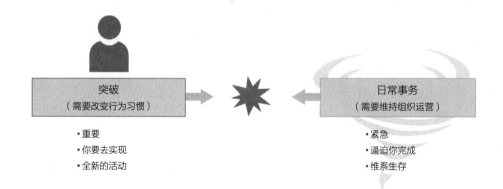

战胜日常事务烦扰，达到高效执行力，不仅要克服它们导致的分神，还要摆脱"一直都是这样做"的惯性思维。我们并不是说日常事务是坏事，它们是维持组织正常运转的必要行为，是不能搁置不管的。如果忽略了紧急的事情，你的组织今天就可能会垮掉，但是如果忽略了最重要的事情，你的组织就会在明天垮掉。换言之，如果你和你的团队只是简单地专注于日常事务，你们就无法取得新的进展，因为所有精力都被用于打理好这些日常事务了。

挑战就在于此，如何在日常事务的包围下去执行你最重要的目标。

不同的领导者对于日常事务有不同的体验。一家全球顶尖的家装零售商的高管表示："并没有什么像恶龙一样的重大事情突然袭击我们，让我们无法聚焦重要目标。而是有很多琐碎的小事情像苍蝇一样嗡嗡不停。每一天，我们的视线里都充满了这样的琐事。当我们回过头来总结过去半年的工作时，半年前想要达成的重要目标一个都没有做到。"

当你试图向下属解释一个新目标或新战略时，你几乎肯定会发现你们正在面对日常旋风。你还记得这样的对话场景吗？你的头脑很清晰地聚焦于目标，你用简单易懂的语言解释这一目标。当你说话的时候，对方却在慢慢退出房间，同时不断点头，让你放心，其实他是想回到所谓"真正的工作"中去，也就是日常旋风中去。

这个下属是在全身心地投入你所说的新目标吗？显然没有。他在试图妨碍你的目标或者无视你的权威吗？不是。他只是想继续做他的日常工作。

为了更好地说明，我们的一个同事分享了这样一个故事。他说：

> 我曾经在当地高中的社区委员会担任主席。该委员会制定了提高考试成绩的目标。我的工作是让学校的老师认识这一目标，所以我与一些关键的老师约了会面，来解释我们在做的事情，开始行动起来。

> 最一开始我感到很困惑，他们似乎没有听我说话，后来我才明白原因。在一位老师的小办公桌上堆着看似有一千份的文件，而这仅仅是她在一天之内收到的作文，她需要完成批改工作。另外，她还要开家长会，还要为第二天备课。在我喋喋不休地向她解释的时候，她一脸无助的样子，但实际上她压根儿就没认真听。她脑子里塞满了各种工作，已经没有剩余的空间留给我了，我并不怪她。

现在让我们对之前所讲的内容做一下总结。第一，如果你想要获得成果，就必须采用需要改变行为的"突破"战略。第二，当你采用"突破"战略时，就要准备好与日常事务作斗争。这是一个重量级的对手，在很多组织中都无法战胜它。

我们必须强调的是，高效执行4原则并非是为了帮你处理日常事务而设计的，也不是为帮你实施"大笔一挥"的行动而设计的。高效执行4原则是在你最关键的目标——至关重要目标上取得突破性成果的方法。

因为执行从根本上来说是对人性的挑战，需要新的或不同的行为来产生更好的结果，所以你可以首先通过观察人们最本能的反应——抗拒改变，来更好地理解高效执行4原则的影响力。

当采用全新的和不同的行为来实现突破时，你大致可以把员工分为三类。第一类是那些快速参与的人。他们是你的早期采纳者——那些积极拥抱和示范新行为以创造更好结果的人。他们也是你团队中最乐于接受新想法、尝试新方法、通常最致力于获胜的成员。我们把这类人归为"榜样"。

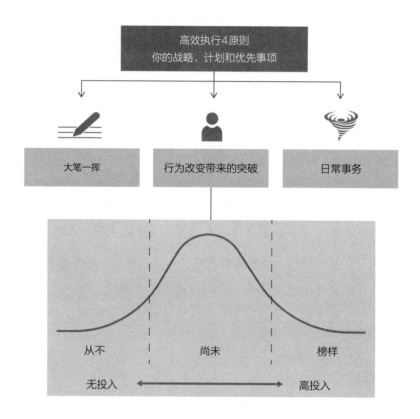

还有一类人（通常是团队中占更大比例的人）可能看起来完全支持这一"突破"战略，但实际上他们只接受最小程度上的必要改变。他们只是做了足够多看起来支持你的事情，而没有真正投入。我们把这类人归为"尚未"，因为他们还没有完全投入。

最后，不幸的是，团队中有一部分人永远不会接受突破性成果所要求的改变。我们把这类人归为"从不"。在大多数情况下，这类人永远不会接受，更不用说拥抱那些迫使他们走出舒适圈的改变。

在一流的组织和苦苦挣扎的组织中，都有"榜样"这类人。他们是组织中的卓越员工，而且他们通常是卓越成果的源泉。他们的高绩效之所以有价值，不仅因为它产生了成果，还因为它证实了在更大范围内取得突破性成果的可能性。榜样越多，你团队的绩效水平就越高。

但榜样的存在同时也是另一个更严重的问题的光明面。几乎每一个组织都有过显著的绩效变化，绩效有时高，有时低，这主要由"尚未"和"从不"这两类人导致的。这两类人所占百分比越大，组织的绩效表现就越不稳定。

这两种动态因素——榜样和绩效差异，均存在于表现最好和最差的组织中。区分最佳和最差表现者的是其各自曲线的形状。最佳表现者的曲线更靠右和陡峭。尽管有的领导者必须接受他们总会面对一条曲线，但也不是只能接受。从这个意义上来说，纯粹接受的领导者放弃了提升执行力，而将自己局限于只能通过改变战略来改进结果。高效执行4原则的目的就是尽量将曲线向右向上推动，以实现突破。

高效执行4原则

《卧底经济学》作者蒂姆·哈福德曾经说过："你给我任何一个成功的复杂系统，都能证明它是一个经过反复试验和演进的系统。"就高效执行4原则而言，他无疑是正确的，它受益于经过充分研究的想法，但它是在反复试验中完善的。

在我们和哈里斯互动调查公司（Harris Interactive）的初步研究中，我们对全球17个不同行业的近1.3万人进行了调查，并对500多个不同的公司进行了内部评估。在此基础上，我们又对大约30万的领导者及其团队成员进行了调查。这一研究是有价值的，它是高效执行4原则的地基，并引导我们得出早期的结论。但是最宝贵的真知灼见并非来自研究，而是来自基于此书第一版发行时在全球1500个组织的实践和第二版发行时在3000多个组织的实践。这些实践帮助我们形成了高效执行4原则和具体的方法，我们知道它们是有效的，它们适用于任何国家和地区的任何行业。

这里有一个好消息，一个坏消息。好消息是：在对付日常事务时，要实现突破性成果是有法则的。坏消息是：一旦你违反这些法则，马上就会得到恶果。

尽管一眼望去，这4条原则可能都很简单，但实际上并非如此，它们将深刻地改变你达成目标的方法。不论你是一个项目协调员，领导一个小型销售团队，还是世界500强公司的首席执行官，一旦你采纳了它们，就将永久变革原来的领导方式。我们相信它们是如何推动团队和组织发展的重大突破。

现在我们先简要了解一下这4条原则。

原则1　聚焦至关重要目标

基本上，一个人想要做的越多，他最终能完成的越少。这是我们所有人都遵循的一个不可逃避的原则。然而大多数领导都忽视了这一点，因为那些聪明而又雄心勃勃的领导们不想做得更少，他们总想要多做些事。拒绝一个好主意很不容易，更不用说那些很棒的主意！但是，各种好主意总是会不断涌现，它们迟早会超出你和你团队的执行能力范畴，这也就是为什么你面临的第一个挑战就是聚焦于至关重要目标。

聚焦是自然法则。分散的阳光不能够生火，然而一旦你用放大镜将它们聚焦，几秒钟之内就可以将纸片点燃。类似的道理也适用于人类，一旦人们能够将精力集中起来应对一个挑战，就很少有他们战胜不了的挑战。

原则1"聚焦至关重要目标"要求你改变以往的领导方式，使你的团队聚焦在更少的事务上，从而实现得更多。在执行原则1的时候，你首先选择一个最需要实现突破性成果的目标，而不是想要去显著改变一切。我们称其为"至关重要目标"（Wildly Important Goal，简称WIG），目的是让团队清楚地知道这个目标非常重要，并且应给予特别的关注。

如果你试图同时执行多个新目标，每个目标都需要高度的投入才能实现，那么结果将不可避免地让你感到沮丧。即使每个目标都是合理的，日常事务也会让你以有限的能力执行新目标，尤其是那些需要改变人们行为的目标。试图将有限的能力分散到多个目标上是执行失败的最常见原因。

"聚焦"这个词最常用于以下两种方式，这两种方式对原则1来讲都至关重要。第一种方式是当我们谈论缩小我们的聚焦点时，意思是将我们关注的事物限制在一个至关重要目标上。第二种是当我们谈论聚焦于一个目标时，这种聚焦的方式类似你调整相机的镜头，直到拍摄对象变得清晰。两者同样重要。至关重要目标必须是单一的，并且是需要完全聚焦的。做到这点，不仅需要选择你想取得突破性成果的具体领域（你的至关重要目标），而且需要通过定义起点线（你当前的绩效水平）、终点线（你希望达到的绩效水平）和至关重要目标的截止日期（必须达到该水平的日期）来聚焦这一目标。

例如，不能将至关重要目标定义为"提高订阅收入"，而是将其定义为"到12月31日，将新订阅的收入从350万美元增加到450万美元"。定义至关重要目标的过程不应被简单地理解为"今年设定目标的过程"。至关重要目标代表的是一个突破性成果，并只能通过特殊处理（对待）才能实现。原则1是聚焦原则，离开了聚焦，你可能得不到自己想要的结果。聚焦是第一步，但也只是开始。

原则2　贯彻引领性指标

这是一条有着杠杆作用的原则。它基于这样一个简单的原则：并非所有行动都是平等的，有些行动比其他的更能帮助你达成目标。如果你想要取得突破性成果，那么你就需要识别并采取这些行动。

不论你在采取什么样的措施，你的进展以及成功将基于两种衡量指标：滞后性指标（lag measures）和引领性指标（lead measures）。

滞后性指标，是至关重要目标的跟踪性指标，或是作为个人你难以施加显著影响的指标。对于这些指标，大家往往会花费很多时间去烦恼，例如销售收入、利润、市场份额、产品质量、客户满意度等都属于滞后性指标。这意味着：当你得到这些结果的时候，导致这些结果的表现已经成为过去。你之所以会烦恼，是因为当你得到滞后性指标，你无法再修正了，它已经成为历史了。

引领性指标，和前者有很大不同，是指那些你的团队为实现目标必须做的、最有影响力的行为（或行动）的指标。从本质上来讲，它们是能驱动滞后性指标成功的新的行为，不论这些行为是简单的，比如面包店向每一位顾客赠送一小片试尝品，还是复杂的，比如在喷气式发动机的设计中采用标准化方法。

一个好的引领性指标有以下两个基本特点：第一，它对于实现目标具有预见性；第二，团队成员可以影响这些指标。为了更好地理解这两个特点，我们以减肥为例。滞后性指标就是，具体要减多少斤。而两个引领性指标则可能是每天摄取的食物热量值不超过多少，以及每周要进行多长时间的运动。这些引领性指标之所以可以成为预兆，是因为只要坚持按照它们去做了，你就可以大致预测到下周的体重会有多少（滞后性指标）。

注意不要将这里的"引领性指标"与常用词"可预见性指标"相混淆。例如，降雨量可能是农作物生长的可预见性指标，但它不是团队能影响的因素，这是两者之间的关键区别。两者都可以预测结果，但引领性指标必须是团队可以影响的。因此，引领性指标就是对至关重要目标背后的最关键行为进行跟踪。

进行预防性维护的次数可以是减少机器停机时间这一至关重要目标（或滞后性指标）的引领性指标。减少缺货数量可以是增加同店销售额这一至关重要目标的引领性指标。呼叫中心主管进行一对一辅导的次数可以是改善客户服务这一至关重要目标的引领性指标。贯彻引领性指标是高效执行的一个鲜为人知的小秘诀。

绝大多数领导者，包括很多拥有丰富经验的领导者，太关注滞后性指标了，以至于他们觉得聚焦引领性指标这一原则违反直觉。

不要误解。滞后性指标从根本上说是你试图实现的最重要的事情。但是，引领性指标，正如其名，是引领你实现滞后性指标的指标。一旦你确定了引领性指标，它们将成为你实现目标的关键。

原则3　坚持激励性记分牌

在实行记分的时候，人们的表现往往会大不一样。如果你对此表示怀疑的话，看看那些玩游戏的年轻人吧。一旦开始记分，他们的状态就会大不相同。我们还可以把这句话说得更加精确，那就是：当人们自己记分时，他们的表现就会大不相同，这和是不是领导在给他们记分关系不大。

原则3以关于投入度的原则为基础。表现最好的人是全情投入的，而投入度最高的人是知道自己分数的人，或者说知道自己是输是赢的人。这个道理也很简单，打保龄球最一开始可能好玩，但是如果你看不到保龄球瓶倒下的话，你很快就会变得无聊，哪怕你真的很喜欢打保龄球。

如果你已经按照原则1聚焦于你的至关重要目标，并且按照原则2确定了能带领你达到目标的引领性指标，你具备了成功的基本因素。但到目前为止，你也仅仅是有了"一个不错的胜率"，要想成功，你还需要一个激动人心的量化记分牌。

可以带来最高投入度的记分牌常常更像是运动员记分牌，而不像复杂的记分牌，领导者通常喜欢设计复杂的记分牌。我们的记分牌必须简单，简单到每个团队成员一眼便可以看出自己是领先还是落后！为什么这点很重要？因为如果记分牌不清晰的话，那些人就会在日常事务的烦扰中放弃你想让他们进行的比赛。如果你的团队不了解自己是赢是输的话，他们很可能就会输。

原则4 建立相互担责的节奏

原则4是执行力真正发生的环节，就像我们前文所说，前3条原则设置好了比赛，但在你运用原则4之前，你的团队并没有在比赛中。原则4基于相互担责的原则：也就是说，除非每一个人都持续地相互担责，否则我们的目标总会在日常事务中日渐瓦解。

相互担责的节奏，是指任何拥有至关重要目标的团队定期且有节奏地召开会议。这些会议每周至少都要召开一次，时间最好不超过20到30分钟。在这段时间里，团队成员彼此都对产生结果负责，尽管仍然有日常事务。

为什么相互担责的节奏如此重要呢？

来看看我们合作过的一个人的经历。他和他十几岁的女儿达成了这样的协议：女儿每周六早上为家里洗一次车，然后她就可以使用这辆车。在这种情况下，他每周六都会见他女儿，确保车洗干净了。

他们在开始的几周里都在周六会面，一切顺利，但是之后他有一次需要到外地两周。当他回来后，他发现车没有清洗，于是他问女儿为什么没有做好她的工作。

她女儿回答道："哦！我们还要坚持那个协议吗？"

这个责任制的崩溃，只用了短短两周的时间。如果说这是一个一对一的情况，那么想一想，一个组织或者团队里发生类似事情是不是多得多呢！其中的奥妙就在于规律。每个团队成员都必须能够定期和有节奏地相互担责。每一周，整个团队都要逐个回答一个简单的问题："除了日常事务以外，我在下周可以做哪些对记分牌有重大影响的一到两个最重要事务？"然后逐一汇报自己是否完成了上周作出的承诺，记分牌上引领性指标执行得如何，滞后性指标的变化如何，以及下周的承诺，所有这些只需要每个人花费几分钟的时间即可。

作为一个领导者，你如何和你的团队发起高效执行4原则的行动并不如你如何和你的团队一起践行高效执行4原则重要。团队必须认识到这不仅是一场可以获胜的比赛，也是一场高风险的比赛。这首先取决于作为领导者的你如何对待这个会议。当领导者能够做到定期召开这个会议，它就传达出这是一场高风险比赛的信息。这是至关重要的，因为每天有许多其他的优先事项会比你的至关重要目标看起来更紧急。然而，原则4真正的秘密在于，除了定期开会之外，每个团队成员作出自己的承诺。团队成员常常希望别人告诉他们要做什么。但是，如果他们作出自己的承诺，他们的主动性就得到了增强。相比服从命令来说，人们对于自己作出的承诺会更加投入。更重要的是，对团队伙伴们作出承诺，而不仅是对上司作出承诺，这就使得承诺的重点已经从工作内容扩展到了人际关系，不仅是对绩效成果的承诺，而是对团队的承诺。

由于团队每周都会有新的目标，原则4让团队可以制订每周的执行计划，来应对无法在年度计划中预料到的挑战和机遇。这样，计划就能随着业务的变化不断变化。结果是？团队成员可以避免受到不断变化的日常事务的影响，将精力投入到至关重要目标上。

当你的团队通过努力，开始看到一个重大目标的滞后性指标提升，他们就知道自己成功了。没有什么比胜利更能激发团队的士气和参与度了。

所有人都渴望成功，他们也希望以一种有意义的方式为成功作出贡献。然而，太多的组织缺乏这些原则，缺乏出色地执行关键任务所需要的有意识的、持续的制度。一次执行失败可能会带来巨大的经济损失，然而这并非唯一的影响。对于那些想要尽自己最大努力，并成为胜利团队的一员的人，他们的士气将受到打击。相反，如果团队成员知道他们的目标，并下定决心一定要达成目标，没有什么比在这样一个团队里工作更能鼓舞人心了。

高效执行4原则之所以会起作用，就是因为它们是基于原则而非实践。实践是情境化、主观的，并常常演进，但原则是永恒的，其正确性也是不言而喻的，它们适用于任何场合。它们是如万有引力一样的自然规律，不论你是否理解、是否同意都没关系，它们始终适用。

正如有支配人类行为的原则，也有支配团队如何执行的原则。我们确信，执行的原则是：聚焦、引领、投入和担责。除此之外，还有其他执行力原则吗？当然有。但这4个原则及其顺序有什么特别的吗？绝对是有的。我们没有发明它们，并且我们承认理解它们并非难事。真正的挑战在于，领导者们需要寻找方法来践行这些原则，尤其是在日常事务缠身的时候。

本书的内容安排

《高效执行4原则2.0》可以划分为三大部分，帮你逐步深入了解这些原则及其在任何团队或组织中的应用。

第一部分"认识高效执行4原则"，旨在帮助读者对4原则有全面深入的了解。这一部分解释了为什么这些看似简单的理念如此难以实践，同时也说明了为什么这4原则是任何领导者要达到伟大目标的关键所在。每个领导者，如果可能的话，每个人都应该阅读与理解这些内容。

第二部分"高层领导者如何运用高效执行4原则",用于解决跨团队或整个组织实践高效执行4原则时所涉及的更高层次的挑战。这一部分还包括示范和长期保持高绩效水平的具体实践。每一位高层领导者都应该仔细研究这一部分,并在实施高效执行4原则时遵循这些指导方针。这一部分的内容主要来自我们20多年来的培训经验和向全球一些卓越高管学习的收获。此外,一线团队的领导者也会发现这一部分很有价值,不仅可以帮他们理解其领导者的关注点和工作方向,也可以帮他们为将来成为高层领导者做准备。

第三部分"一线团队领导者如何运用高效执行4原则",这一部分为一线团队的领导者提供了实施高效执行4原则的详细步骤指导,每个原则都有单独的一章,旨在指导一线团队的领导者在团队中完整地运用这套方法。高层领导者可能会发现,本部分的主要目的是帮助一线团队实际操作,因此,他们自己并不一定需要阅读所有的细节。

多数管理类图书介绍了很多有用的思想和理论,却轻于实践。在本书中,我们非常重视实践,并且会告诉你应该怎样具体实践这些原则,包括大量的细节、小提示、值得注意的地方和必做事项,等等。我们将分享我们所知道的一切,希望你能够喜欢这种新的编排方式。

开始阅读之前……

在正式开始深入学习高效执行4原则之前,我们有必要先提醒读者三件事。

第一,高效执行4原则说起来容易做起来难。虽然这些原则听上去非常简单,但是真正执行起来,却需要艰苦卓绝的努力。千万不要被这一简单所误导。高效执行4原则之所以强大,部分原因是因为它简单易懂。但成功实践高效执行4原则需要长期的巨大努力,而且需要长时间的投入。如果你的目标不是你必须实现的,你可能不会作出持续的投入。坚持运用高效执行4原则的话,你的回报将不只是达到这个目标，而且会让组织具备实现下一个、再下一个目标的能力。

第二，高效执行4原则是有悖于直觉的。这4条原则的每一条，都是思维范式的转变，甚至会和你的直觉相抵触。就本能来说，人们总是会想要追求更多的目标，然而你追求的越多，能出色达成的就越少。如果你想达成一个特定的目标，那么，不要盯着这个目标本身，而是要盯准能够驱动实现这个目标的引领性指标。在运用高效执行4原则的时候，至少是最一开始，你做的事情乍一看似乎不合理，甚至会违背自己的直觉，但是，我们在此强调，高效执行4原则是多年来大量的实践经验和假设检验的结果，你在本书中所学到的一切都经过了全面的审查。好消息是，一旦你有了高效执行4原则的实践经验，那些一开始看似不自然的原则将会令你感觉更舒服，也会变得更有效。

第三，高效执行4原则是一整套操作体系。高效执行4原则是有机结合在一起的整体，而非几个独立的选项。尽管其中每一条原则都有其价值，但是它们最强的威力来自按顺序的协同作用。每一条原则都为下一条打基础，离开其中任意一条都会使它们的效果大打折扣。可以将高效执行4原则比喻成计算机的操作系统，一旦安装好了，就可以使用它运行你的任何战略计划，前提是你必须安装完整的操作系统。当我们进入后面的章节中时，其原因将变得清晰。

第**2**章

原则1：聚焦至关重要目标

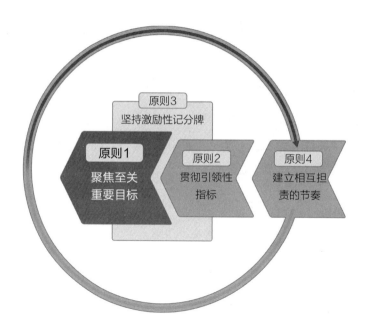

　　我们的第一条原则：将你最大的努力聚焦于一件最能让你取得成果的事情。执行始于聚焦。没有聚焦，其他3个原则都帮不了你。但你运用原则1的方式会因你是一线团队领导者还是高层领导者而不同。这种差别是极其重要的，并且我们会在书中一直强调这种差别，因为我们要始终弄清楚我们应该做什么，也应该弄清楚该由谁去做这件事。本章开篇会先从一线团队领导者的视角探讨原则1，之后再从高层领导者的视角探讨。

　　要想在每件事上都做得出色，既困难又需要大量的资源——事实上，这是不必要的，甚至是不健康的。相反，拥有高效运营模式的公司，坚持只在那些对实现战略目标至关重要的少数技能上表现出色。

——玛西娅·布连科、埃里克·加顿和卢多维察·莫图拉

针对一线团队领导者的原则1

　　为什么几乎所有的领导者都在聚焦目标上苦苦挣扎？这不是因为他们认为不需要聚焦。我们每周都和全球成百上千的领导者打交道，几乎毫不例外，他们都承认自己需要更加聚焦。然而，尽管他们有聚焦的需求，但因为有太多优先事项，这最终将他们的团队拖向了很多不同的目标。在这一点上，我们希望读者能够明白，不能有效聚焦，你并非个例，这是很多领导者的通病。

　　我们还希望你能明白，在原则1中提到聚焦，并不是要你缩减日常事务的规模和复杂程度（尽管随着时间推移，持续实现你的至关重要目标能产生这个效果）。日常事务包含所有维持日常业务正常运营所需的紧急活动，例如你需要做完的项目、达到的指标和完成的基准指标。所以，这些事务会一直存在，它们几乎会一直占用你的团队大部分的时间和精力。

　　原则1需要你明确一个目标，将其与你的日常事务区分开来，并且聚焦这个目标，同时用原则2、3和4来达成这个目标。"至关重要目标"这一名称就表明了这一区分。你的至关重要目标是一个如此重要的成果，以至于如果你的团队不尽最大努力、表现没有高于日常水平，是不可能实现的。这是你应用高效执行4原则的一个目标。

　　当你确定了你的至关重要目标，之后你需要将你的团队的工作分为两个不同的部分来看待。第一个部分包括了团队日常工作中要完成的所有事情（也就是他们的日常事务）。这部分事项很多，可能需要占用你团队80%的时间和精力。第二个部分

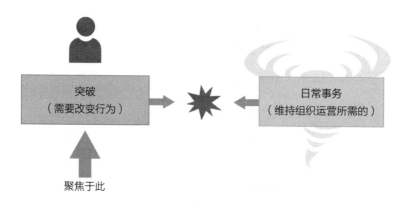

就是至关重要目标——一个具体的成果，它代表了你希望实现的最有意义的突破。理想化地说，应该将团队剩余的20%的时间、精力用于实现至关重要目标。

你的至关重要目标应是具体且可测量的，如：

"年底前结账速度从4分45秒降低到3分30秒。"

"7月31日前新订阅量从每月15个增加到每月22个。"

"3月1日前机器停机次数从每天1.4次减少到每天0.5次。"

"12月31日前预算指标完成率从58%提高到63%。"

你的至关重要目标可以是新的目标，即你的团队之前从未尝试过的目标。但更多情况下，这个目标是你日常事务中的一部分，现在它的重要性和需要达到的成就需要上升到一个新的水平。

无论你的至关重要目标是否来自你的日常事务，你真正的目标不仅在于要实现它，还在于要使这个新的绩效水平成为你的团队工作过程中稳定持续的一部分。本质上，一旦至关重要目标实现了，它会回归到你的日常事务中，成为你每天要做的一些事情，但是到达了一个新的高度。一旦这个目标达成，你的日常事务也会发生改变，它会从根本上成为更高绩效的日常事务。最终，它使你的团队在更强有力的基础上追寻下一个至关重要目标。

如果你和大多数我们合作过的领导者一样，你会发现自己很难聚焦在一个至关重要目标上。

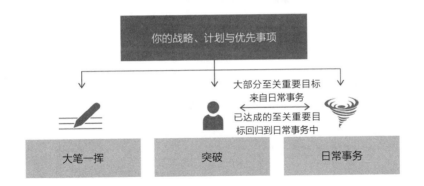

以下这些简单的方法会有所帮助。

首先从团队的角度思考。团队里的每个人都应该只关注一个至关重要目标。例如，如果你领导的营销团队由一个广告团队、一个社交媒体团队和一个开发潜在客户团队组成，那么每个团队可能都有自己独特的至关重要目标。这看起来像是3个至关重要目标，但从团队的角度来看，团队里的每个人都只是专注于一个目标。

不要选择一个包含你全部工作量的至关重要目标。这听起来似乎你缩小了聚焦点（伙伴们，我们只有一个至关重要目标："增加收入"），但你并没有。你应该让你的至关重要目标和你正常的工作结果区分开。不要将至关重要目标设定为"增加收入"，而是将高效执行4原则运用至整体结果中更具体的部分，例如"增加东南亚地区中型制造业公司的收入"。

在见证了6万多个团队运用高效执行4原则后，我们最终了解到，如果你想要获得最大化的结果，你必须聚焦于日常事务之外的一个新的重要目标上。我们明白你可能擅长多任务处理，因此你也相信你的团队可以同时完成许多目标（需采取新的和不同的行为）。但事实并非如此。科学可以证明这一点。人类的大脑在任何时刻都只能聚焦于一件事物。我们中的大多数人甚至不能做好开车的同时打电话（哪怕不用手），更不用说同时兼顾多个重要的商业目标了。

根据斯坦福大学社会心理学家克里夫·纳斯的研究，在我们多任务处理的文化中，"用于扫描、略读和多任务处理的神经回路在扩展和加强，而用于需要持续集中注意力的阅读和深度思考的神经回路在减弱或被侵蚀"。

结果就是："习惯同时做多件事的人，可能会牺牲了在主要事务上的表现。"

当你要求你的团队以同等的优先级同时聚焦于多个目标时，这些局限性同样适用。他们聚焦的目标越多，他们能完成的就越少。这就是为什么设定一个至关重要目标是如此有效。

按这种方式思考一下。一个机场可能会同时有一百多架飞机在起飞、着陆，或者滑行，显然每一架飞机都重要，尤其是你乘坐的那一架，但是对于空管员来说，每个时刻只有一架飞机是至关重要的，那就是正在降落的那一架。

空管员知道雷达上显示的所有飞机，对它们保持跟踪，但是此时，他要将全部才华和专业能力聚焦在一架飞机上。如果不能安全平稳地引导这架飞机着陆的话，他做的其他任何事情都是徒劳。他一次让一架飞机着陆。

至关重要目标就类似于此。至关重要目标就是，在周而复始的日常生活的优先事务之外，你必须出色完成的事情。为了成功达成，你必须愿意作出艰难的选择，将雷达上很多重要的目标与你的至关重要目标分开。然后，你就要全神贯注地投入这个至关重要目标，直至出色地完成。

选择一个至关重要目标不代表你放弃了其他重要的目标。你的日常责任和指标依然在你的雷达上。不同的是，当你聚焦于你的至关重要目标时，你会以一种精准的方式付出你最大的努力，因为你此刻正在让一架飞机降落。

那些企图同时完成太多新目标的团队，最终往往在所有这些目标上都做得很平庸。你可以忽略聚焦的原则，但是它不会忽视你。或者你可以利用这个原则来实现你的最高目标，比如一次让一架飞机降落，一次又一次。

对好主意说"不"

现在问题来了：为什么有很多压力促使我们去拓展新目标的数量，而不是精简新目标的数量呢？换句更简单的话来说，虽然你懂得聚焦的必要性，但为什么实际做起来却这么难？

你可能会说，作为一个领导者，随便哪一天你都能发现至少十几件事情需要改进，还有十几个机会值得去把握。在此基础上，其他人（以及其他人的议程）会让你的目标数量增加，尤其是当他们来自组织的更高层级时。

但是，导致这种情况的真正原因更多的是在于你自己，而不是外在原因。在连环漫画《Pogo》中，有一句不朽名言："我们遇到了敌人，他就是我们自己。"

虽然那些驱使你拓展越来越多新目标的心理倾向，从本质上说，都是出于积极的目的，然而在某种意义上，你也经常是自己最大的敌人。保持对自己这些内心倾向的警觉，绝对是一个良好的开端。下面我们就对其中几种心理进行剖析。

你带领团队去做更多的事情，一个原因在于，作为领导者，你有雄心壮志和创造力。任何组织都会喜欢提拔像你这样的人。然而，有创造力、有雄心的人有时会做不到聚焦，因为他们总想要做得更多，而不是更少。如果你也是这样的话，你几乎天生就会违背高效执行的第一原则。

你带领你的团队追求太多目标的另一个原因可能是为了对冲你的风险。换句话说，你的团队追求的目标越多，就越有可能至少实现一部分的目标。它还可以确保，如果你失败了，没有人可以质疑你的团队所付出的努力水平。即使你知道并不是多多益善，但它看起来更好，尤其是对你的上司而言。因此，你可能会拒绝为更少的目标的结果承担更多的责任，而是依靠追求更多的目标来推动你的成功。

在你想要聚焦目标的时候，最大的挑战是需要你对大量的好主意说"不"！高效执行4原则甚至会要求你对一些伟大的创意大声说"不"，最起码在现阶段是这样的。对于一个领导者来说，没有什么比拒绝好主意更违反直觉，但是对于聚焦来说，也没有什么比接受一切好主意更具破坏力了。

更糟的是，这些好主意并不是同时冒出来的，如果是同时出现，那其造成的干扰是显而易见的。但是，它们是一个个冒出来的，每一个好主意看上去都好得让你难以抗拒。你接受这些好主意越多，就越会落入自己制造的陷阱里。

我们坚信，每一个面临这样挑战的领导者都应该把下面这句标语挂在办公室显眼的地方：

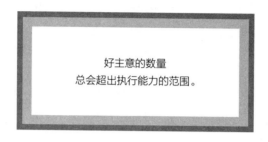

作为一线团队的领导者，你必须要始终确保你的团队中的每一个人在日常事务之外一次只聚焦于一个至关重要目标。虽然这样做违反直觉，但如果你想要真正的聚焦，就必须这么做。

确定团队的至关重要目标

至关重要目标是指能够给你的组织带来巨大变化的目标。它就是你的战略引爆点，你必须对其投入日常事务之外余下的20%的精力，但是，你如何从众多的可能目标中确定你的至关重要目标呢？

作为一线团队的领导者，当你试图确定团队的至关重要目标时，你通常会面临以下两种常见情形。

1. 你有设定目标的自主权。当你的团队实际上是整个公司的时候，就会出现这种情况，就像大多数小型企业一样。当你的上级领导不要求你在日常工作之外出新的或完全不同的成果时，这种情况也会发生。在这种情况下，你可以自由地选择一个团队至关重要目标，而不必过多考虑其他团队的目标。

2. 你没有设定目标的自主权。当你的团队是更大的整体战略的一部分时，这种情况就会发生。在这种情况下，你的团队至关重要目标可能需要精确地配合实现整体战略成果的更大的计划。

有时候一个团队至关重要目标的选择是显而易见的，但有时也模糊不清。如果你想通过问自己什么是最重要的来选择团队至关重要目标，就可能会发现自己的思绪在到处游移，因为你的日常事务中的紧急优先事项总是会被认为是最重要的，通常选择它们中的任何一个都有很好的理由。

当你拥有设定目标的自主权时，不要问"对我们的团队来说什么是最重要的？"，而是应该问一下，"如果我们团队其他方面的表现都保持在目前的水平，那么，显著改进哪一方面会产生最大的影响？"这个问题会改变你的思考方式，让你清楚地认识到让一切变得不同的关键问题所在。

当你没有设定目标的自主权时，更有效的方法是问："改进哪一方面能使我们的团队对整体战略作出最大的贡献？"我们认识到，如果你是一个缺乏自主权的一线团队的领导者，你可能会有很多上级指示你完成的目标。你甚至可能会想，我的上司真的需要阅读《高效执行4原则2.0》。我们明白，许多一线团队的领导者都有这种感觉。尽管你可能负责多个目标，但最终你很有可能需要选择你的团队的至关重要目标，因为一个团队的领导者会对其团队的聚焦领域产生最大程度的影响。

我们永远不会忘记向美国最大消费品公司之一的工厂经理们介绍高效执行4原则的经历。会议结束后，其中一位工厂经理来找我们，说："我不得不告诉你们，凭借我们的业绩，我刚刚被授予年度工厂经理奖。但在年初，我被分配了12个需要优先完成的业绩项目。尽管我没有听说过高效执行4原则，但我自己的直觉告诉我，我不可能同时完成所有12个目标。所以我们选择了一个我们认为会产生最大影响的关键目标，并最终获得了最好的结果！"

记住，团队80%的精力依然要花在维持日常事务的运转上。这样你就不必担心，聚焦一个至关重要目标，会导致其他的工作被忽略。这是不会发生的。会发生的是，用原则1的术语来讲，你将更能聚焦于至关重要目标。

另一个需要你认识到的关键方面是，你的团队至关重要目标可能来自日常事务之内，也可能来自日常事务之外。简单地说，这意味着你的团队至关重要目标要么是新的东西（一个你目前没有取得的成果），要么是一些更好的东西（一个必须得到显著改进的成果）。

来自日常事务之内，你的团队至关重要目标可能涉及现有流程严重瘫痪，必须加以修复，或者是未能向客户提供你的客户服务承诺的关键要素。一拖再拖的项目完成时间，失控的成本，或者对客户服务不满意都是这方面的例子。然而，你的团队至关重要目标也可以是你的团队已经在某个领域表现良好的事情，但显著改进可能会产生更大的影响。例如，将病人对医院的满意度从85%提升到95%，可以切实帮助到病人，提升医院效益，并将整个组织提升到一个新的水平。

来自日常事务之外，你的团队至关重要目标需要完成一些以前从未聚焦过的事情。这可能是抓住新的机会，提供新的服务，或对新的竞争者或经济威胁作出回应。无论聚焦的是什么，请记住，这种类型的目标需要在行为上作出更大的改变，因为它对你的团队来说是全新的。改变人们的行为是最大的挑战。

针对高层领导者的原则1

让我们从以下三个高层领导者经常遇到的聚焦陷阱开始讨论。

高层领导者遇到的第一个陷阱（正如我们之前提到的）是对好主意说"不"这一违反直觉的做法。蒂姆·库克在成为苹果公司首席执行官的前几年，曾向公司股东表达过这个想法有多重要。

"我们是我所知道、听说过或了解到的最聚焦的公司。我们每天都对好的主意说'不'。我们对伟大的主意说'不'，是为了让我们聚焦的事情少之又少，这样我们就可以把大量的精力放在我们真正选择的事情上。或许你们面前的这张桌子上可以放下苹果的所有产品，但苹果去年的营收有400亿美元。"

苹果为了集中精力而对好的主意说"不"的决心，给他们的竞争对手带来了毁灭性的后果。我们亲眼目睹了这一点，就在苹果创造历史的同时，我们恰好与他们的直接竞争对手——一家制造商合作。当我们与这家公司会面时，负责与iPhone竞争的领导非常沮丧。"真的不公平，"他摇着头说，"在我们的国内和国际业务中，我们生产超过40种不同的手机。他们只制造了一款。"

你必须决定最重要的事情是什么，并有勇气——愉快地、微笑着、毫无歉意地——对其他事情说"不"。要做到这一点的方法是在内心燃烧一个更大的"是"。

——史蒂芬·柯维

对好主意说"不"，以便更好地聚焦更绝妙的主意，这是取得非凡成果的关键。

高层领导者遇到的第二个陷阱是试图把日常事务中的每件事都转变为一个至关重要目标。这是一个很有吸引力的方法，因为它可以让你把你的整个日常事务打包成一个囊括一切的单一目标。虽然看起来你缩小了你的聚焦点，但现实情况是，你只是给日常事务起了一个新名字。

除非你能通过大笔一挥实现你的目标，否则成功就需要你的团队成员改变他们的行为。但他们根本无法同时改变那么多行为，不管你多么希望他们改变。试图显著提高日常事务中的每一个指标将消耗你所有的时间，让你难以获得成功。

高层领导者遇到的第三个陷阱是试图通过确定最重要的目标来创建一个至关重要目标。前面，我们简单提到了对于一线团队的领导者的这一挑战。但对于高层领导者来说，这个挑战及其后果会更大，所以我们想在此进一步讨论这个问题。

为了说明这个问题，想象一下一家制造公司的领导团队正在进行这样的对话。"质量是最重要的，它应该是我们的至关重要目标！"一个人说道。"好吧，别忘了，是产品养活了我们。"另一个人说。"对不起，我不同意你们两个的观点，"第三个人说，"安全必须是最重要的。你有过手下的人在事故中受重伤的经历吗？如果有，你会同意这一点的。"这场对话的结果是每个人都充满沮丧和困惑，以及不可避免地丧失焦点。

这个对话的问题在于领导者提出了错误的问题。他们不应该问"什么是最重要的"，而应该问"我们最想在何处取得突破"。

我们知道这看起来可能有点令人困惑，毕竟我们确实是在讨论创建一个至关重要目标，所以让我们用一个例子来说明。在航空业，没有人会就航空安全是且永远是最重要的目标这句话进行争辩。但航空安全不是一个有效的至关重要目标。为什么？因为航空公司已经很擅长了。它们在这方面的成果很突出了，给真正的突破留下了很小的提升空间。然而，如果有一天航空安全成为一个问题，情况将完全改变。它应该立即成为一个至关重要目标。

通过确定最重要的目标来创建至关重要目标还有另外一个问题，那就是它往往会将你的注意力导向一个太高的目标，最终会导致目标过于宽泛。你将失去你的聚焦力。一个陷入财务困境的公司的领导者会拒绝选择税息折旧及摊销前利润（或利润）之外的任何目标作为至关重要目标。但是在一个如此宽泛的目标中，焦点在哪里呢？税息折旧及摊销前利润实际上不过是组织中所有活动的副产品。设定这样的目标，就像是在说："每件事都要做得更好！"你没有说什么有意义的话，当然也没有缩小你的聚焦点。

相反，我们会让你思考，就你这个层级的至关重要目标，需要将精力指向一个结果。要做到这一点，请考虑以下几点。

1. 如果你组织中每个一线团队领导者要确定一个至关重要目标，这一目标代表他们所领导的团队的突破……

2. 然后，如果每个团队每周要在他们的团队至关重要目标上投入精力（除了他们在日常事务上的努力）……

3. 同时，如果你把所有团队投入至所有至关重要目标的精力，看作你的"突破货币"……

那么，作为高层领导者，你的角色就是决定你想如何使用这些"突破货币"。你的投入越集中、越专注，回报就越大。聚焦的战略效果越好，高效执行4原则的整体影响力就越大。这就是为什么至关重要目标的选择在你这个层级是如此关键。无论你选择什么作为顶层至关重要目标，它都可以像一个指南针一样——一线团队的领导者朝着你设定的方向, 调整他们的团队至关重要目标。

以下3种最常见的方法, 可以帮助作为高层领导者的你确定你所在层级的至关重要目标。尽管这些图表中的每一个图表都显示了同一组织内的多个至关重要目标, 但它们并没有违反聚焦的基本准则: 一个人在同一时间只能聚焦一个至关重要目标。

方法A 创建单一的顶层至关重要目标

在这种方法中, 组织中的各团队都选择一个与顶层至关重要目标相一致的团队至关重要目标。它可以像下面的例子一样。在第一个例子中, 团队至关重要目标直接与顶层至关重要目标相一致; 在第二个例子中, 团队至关重要目标与中间的"次级目标"(在顶层至关重要目标和团队至关重要目标之间, 通常称为"战役目标")相一致。

案例1

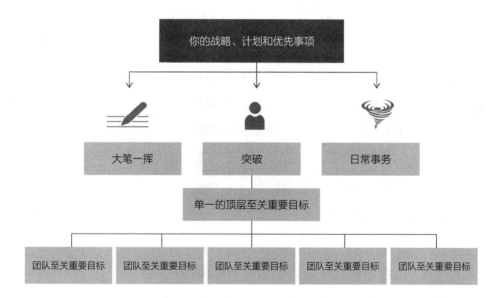

案例2

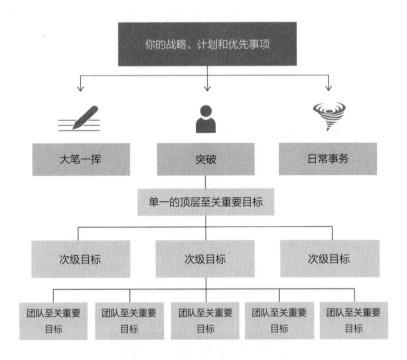

这种方法有两个明显的优点。一是，组织的精力聚焦在一个单一的顶层至关重要目标上，能够实现最大的可能性。二是，组织中的每个成员都可以作出贡献，并参与到同样的整体成就中。当你的一线团队能够对顶层至关重要目标产生有意义的影响时，这种方法会变得非常强大有效。但如果一线团队无法找到直接或间接为顶层至关重要目标作出贡献的方法，其团队目标的强行一致就会让人觉得是人为的，从而降低了成员参与的积极性。

方法B　创建少数几个顶层至关重要目标

尽管这些顶层至关重要目标在操作上是不相关的，但它们的综合效果可以帮助你实现战略目标。在这种方法中，组织的一线团队将他们的团队至关重要目标与一个他们可以作出最大贡献和发挥最大影响力的顶层至关重要目标相一致。即使每个团队仍然只有一个至关重要目标，组织现在可以在实现战略所需的多个目标之间划分"突破货币"。

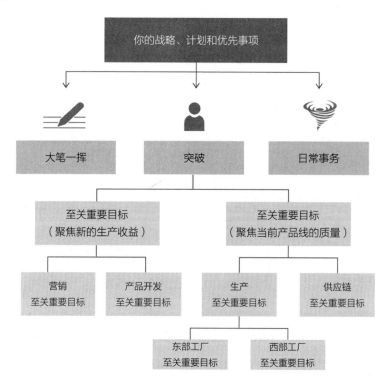

方法C　一线团队的领导者被赋予选择自己团队至关重要目标的自主权

在这种方法中，高层领导者依靠一线团队领导者的判断来决定自己团队至关重要目标应该是什么。这在一线团队有高度的自主权，并且很少或不与其他团队相互依赖的组织中特别有效。小型零售、杂货店和服务运营都是很好的例子。我们也曾看到过这种方法在复合型组织和特许经营组织中的应用。

尽管我们看到了许多其他变形——将这3种方法中的元素进行创造性的结合，以针对特殊的商业模式和业务目标，但这3种方法代表绝大多数高效执行4原则的实施。

作为高层领导者，在应用原则1时，请注意遵循以下4条基本规则。

规则1：没有任何人可以同时聚焦一个以上的至关重要目标。这条规则就像是发动机上的调速器。当你深入高效执行4原则的实践阶段时，就可能会发现，整个组织里有数十个甚至数百个至关重要目标。这里的关键就在于不能让任何团队、领导或者其他个人承担起过多的目标，请记住，他们都还要接连不断地去处理一大堆日常事务呢！在你考虑剩下的3条规则时，记住这条规则。如果你违反了这条规则，组织将失去焦点。

规则2：你选择的战役必须为赢得整个战争服务。无论是军事冲突还是对抗饥饿、癌症或贫困的战争，战役和战争都是有联系的。你投身一次战役的唯一目的就是赢得整个战争。团队至关重要目标的唯一目的就是推动顶层至关重要目标的实现。团队至关重要目标仅仅支持或配合顶层至关重要目标是不够的。团队至关重要目标的成功必须保证顶层至关重要目标的成功。

一旦确定了顶层至关重要目标，下一个问题就变得很关键了。我们不应该问"为了赢得这场战争，我们应该做哪些完善的准备？"，这是一个常见的错误，会导致冗长的任务清单，而应该问："赢得这场战争所需的最少战役数是多少？"这个问题的答案决定了实现顶层至关重要目标需要哪些和多少个团队至关重要目标。当你开始选择赢得战争的战役时，你已经开始精简你的战略了。

分享一个有意义的例子，来说明支持顶层至关重要目标的团队至关重要目标和确保顶层至关重要目标成功的团队至关重要目标之间的区别。互联网金融服务提供商需要在财年结束之前，将特定细分市场的收入从1.6亿美元增加到2亿美元，以满足投资者的期望。需要注意的是，这只是聚焦于他们总收入的一部分。为了实现这一结果，外部销售团队承诺提供800万美元的新收入，主要客户部门承诺提供另外3200万美元。

很明显，一个主要的团队——技术部门——被排除在这个计划之外。毕竟，既然销售不是他们的直接责任，他们又能在与收入有关的至关重要目标中扮演什么角色呢？这不是一个简单的问题，这个重要的团队很快就觉得自己被剥离在公司的至关重要目标之外了。

经过一番认真的研究，他们意识到他们可以通过提高持续不断为客户服务的能力来为实现至关重要目标作出贡献。毕竟，这是新客户选择供应商的主要标准。事实证明，他们的团队至关重要目标是实现收入增长这个顶层至关重要目标最关键的因素，因为它为所有其他部门扫清了道路。没有他们的这一贡献，根本不可能实现公司的顶层至关重要目标。

规则3：**高层领导可以否决，但不能独断。**如果一个组织的战略只是由高层领导设计，并简单地由上向下分配给下面的领导者和团队，执行效果就绝不会达到最好。没有全体成员参与的话，你就无法创造出高效执行所必需的高度投入。尽管高管层无疑将决定组织的顶层至关重要目标，他们必须允许一线团队的领导在确定他们团队的至关重要目标时发挥重要作用。这不仅仅有效发挥了一线领导者的智慧，更会极大增强团队的主动性和参与感。当一线团队领导者在选择团队的至关重要目标时发挥重要作用，他们会更投身于这个目标。如果这些团队至关重要目标无法确保顶层至关重要目标的实现，高层领导者可以行使其否决权。

使用原则1，从顶层的至关重要目标到团队至关重要目标，可以使组织快速将一个宽泛的战略转化为每个层级的清晰目标。这不是一个简单的自上而下的过程，也不是纯粹的自下而上。它结合了两者的优点。高层领导者确定组织的顶层至关重要目标（自上而下），带来了清晰度。一线团队领导者确定了团队至关重要目标（自下而上），带来了参与度。

万豪国际集团美洲区前总裁戴夫·格里森举了一个有说服力的例子。他开启实施万豪计划，最终见证了7万名领导者通过了高效执行4原则认证。在一次公开演讲中，他对一群酒店经理说："我告诉你们一个小秘密。如果你就想一直在万豪酒店工作，那你所要做的就只是应付好日常事务。好好经营你的日常事务，你就能永远拥有一份工作。但如果你想获得晋升，那你必须为推动业务成果作出贡献。选择一个能够改善客户体验的至关重要目标，然后实现它，无论是到店体验、活动满意度，还是其他一些什么工作。"不仅戴夫·格里森这么说，"把你的成果展示给我看"也已成为面试过程中对有抱负的酒店经理的第一个要求。（见第8章更详细的阐释。）

规则4：所有的至关重要目标必须有明确的终点线，以这样的形式：在什么时间前，实现某个指标从X到Y。每一个至关重要目标都应该有一个明确的可衡量指标，并指明到某个时间前必须达到的水平，例如，一个旨在提高年收入的至关重要目标可以这样描述："在12月31日之前将新产品的年收入占总年收入的百分比从15%提高到21%。"这种表达方式清楚地阐述了现在的状况、将要达到的目标，以及你计划达成目标的时间。尽管看起来非常简单，很多领导常常难以将其战略转化为在什么时间之前从X到Y。但一旦他们完成了这样的转化，他和所领导的团队都将获得一个非常清晰的目标。

通常情况下，人们的目标往往缺乏这样的清晰度，我们经常可以见到一些无人能达成的目标，因为没有完成时限，意味着没有办法去衡量是否完成了目标。例如：

- 某大型跨国零售公司："加快库存处理率。"
- 英国某出版社："深化加强新老客户关系。"
- 澳大利亚某旅游局："积极带动昆士兰州旅游业劳动力的有效发展。"
- 欧洲某投资公司："成功地将我们的证券投资组合向生命周期策略转化。"
- 某跨国农商公司："发现、聘用并留住优秀员工。"

以上这些目标都缺乏清晰的指标来告诉他们这些目标是否已经达成，比如"加快库存处理率"，加快多少？"加强新老客户关系"，怎样衡量这个"加强"呢？"成功地将我们的证券投资组合向生命周期策略转化"，又该怎样衡量我们是否做到这一点了呢？

拥有明确终点线的至关重要目标应该是类似下面这样的：

- "在今年12月31日之前将库存处理率从8%提高到10%。"
- "在两年之内将我们的客户忠诚度分数从40提高到70。"
- "在5年内将40%以上的客户从固定组合转化为生命周期策略组合。"
- "在本财年结束时，以85%的质量测试评级推出新的客户关系管理解决方案。"

如果一个目标至关重要，你当然需要能够判断你是否达成了。到某个时间之前，使某个指标从X到Y，就是一种好的做法。

在设定终点线时，我们经常会听到这样的问题："至关重要目标的完成时间应该是多少？"我们的答案是："具体情况具体分析。"由于团队或组织经常会根据年度或财年来衡量或考核，因此以一年作为基本的时间单位是个不错的开始。记住，至关重要目标不是一个战略，而是一个有着时间限制的目标。我们也见过一些期限为两年或者半年的至关重要目标。至于一些有关具体项目的至关重要目标，例如"在7月1日前在预算内完成新的网页"，其完成期限通常和项目的完成时间保持一致。具体的完成时限可以取决于你自己的判断。只要记住：至关重要目标需要有一个完成时限，来平衡创建一个激动人心的目标的需求与创建一个可以实现的目标的需求。

精简目标并设定完成时限

1958年，刚刚成立不久的美国国家航空航天局（NASA）有很多重要的目标要达成，例如，拓展人类对大气层和太空现象的认识，这和我们现在天天听到的许多"成为世界级的……""引领……行业发展"之类的商业口号一样。尽管美国国家航空航天局的领导们有从不同侧面衡量这个目标的方法，但是他们依然缺乏一个清晰的终点线。他们也没有取得苏联当时所取得的成果。

但在1961年，肯尼迪总统宣布，美国"要在20世纪60年代结束之前，将一个人成功地送上月球并安全返回"。突然之间，美国国家航空航天局有一个艰巨的新挑战——一场接下来9年将要打的仗——而且它正是至关重要目标的表述形式——让人类从地球到月球安全往返，截止时间是1969年12月31日。

下面是美国国家航空航天局在不同时间的两个目标表，读者可以从中体会传统组织的目标和真正的至关重要目标之间的差异。

读者可以思考1958年的目标。

• 它们是否清晰且可衡量？

- 有多少个目标?

- 所有这些目标都有终点线吗?

那么,这些目标让美国国家航空航天局的工作取得什么样的结果呢?俄罗斯抢先实现卫星和宇航员进入太空,而美国还停留在发射火箭的阶段。

相比之下,1961年就只有一个清晰、可衡量的至关重要目标。

下一步,在这个事关国家荣誉的紧要关头,美国国家航空航天局必须决定通过哪几场战役来取得战争的最终胜利了。

1958年	1961年
1. 拓展人类对大气层和太空现象的认识。 2. 研究高速、安全、有效的太空交通工具。 3. 发展并运作可以在太空中传送仪器、设备、给养和生物的运载工具。 4. 开展对和平利用宇航及太空技术的机会、问题以及潜在好处的长期研究。 5. 保持美国在宇航、空间技术和对外太空利用中的领导地位。 6. 使机构可以直接将具有军事价值的发现与国防部门进行交流,或者将有重要意义的信息与指导并控制非军事航空和空间活动的民间机构进行分享。 7. 协调美国与其他国家或组织在和平利用太空技术中的合作。 8. 密切联系有关单位,避免重复投资和建设,最高效地利用美国的科技与工程资源。	"我坚信,在60年代末,美国将有能力把一个人成功地送上月球并安全返回。" ——约翰·肯尼迪

最后,他们选择了3场关键战役:导航、动力和生命支持。因为宇宙飞船需要在太空中以每秒18英里(约29千米)的速度向月球上的一个指定地点飞行,而月球也在绕地球的椭圆轨道上快速移动,所以导航绝对是个大挑战。动力也不容易,因为要将一艘载有登月舱的火箭加速到足以脱离地球引力的水平绝非易事,当时世界上还没有那么大推力的火箭。生命支持是最关键的一环,它至少需要设计一个太空舱和一个着陆舱,以便宇航员能够平安往返月球,并对月球表面进行勘探。

肯尼迪总统的演讲还包含了原则1的另一个重要方面：对好主意说"不"。他承认，为了实现登月目标，国家不会追逐其他很多有价值的目标。但就像他所说的那样："有人问，为什么是月球？为什么选择登月作为我们的目标？……因为这个目标将有益于组织和衡量我们最好的精力与技能，因为这个挑战是我们乐于接受的，因为这个挑战是我们不愿推迟的，因为这个挑战是我们想要打赢的。"通过这种方式，他将美国国家航空航天局的工作聚焦于这个有着明确终点线的目标，这个目标的达成也最终成为人类历史上最重要的探险之一。

你认为公布载人登月计划，会给美国国家航空航天局带来怎样的挑战和责任感呢？责任感飙升！要知道，当时宇宙飞船上使用的电子计算机，只相当于大家现在口袋里的手机芯片的计算能力。更严重的是，科学家和工程师们还没有掌握足以取得这三大战役胜利的技术。所以回顾这段历史的时候，大家可能都会不禁感叹：1969年实现登月是不可能的。

现在，我们来考虑一个不一样的问题：当责任感飙升时，人们的士气和投入度会有怎样的变化呢？同样，也会有飙升。很多领导者对此感到吃惊。我们一般会倾向于认为，当责任感达到最高点时，过高的压力会影响士气，但事实恰恰相反：聚焦你们的目标，将会同时提升团队成员的责任感和士气。

当一个团队从同时拥有十几个想要达到的目标，精简为专攻一个"不管如何一定要达成的"目标时，他们的士气会发生戏剧性的变化。就好像每个团队成员的脑袋里都有一个"游戏开始"的开关。如果你能打开人们大脑中的这个开关，就为他们出色的执行奠定了良好基础。当肯尼迪总统宣布要在20世纪60年代结束之前将人类送上月球时，他就打开了这样的开关。你能回想一下自己作为团队一员，头脑中那个"游戏开始"的开关被激活时的感受吗？那是非同一般的体验。尽管你手头还有无数的日常工作需要处理，但你也有了终点线——清晰、重要且你可以达成的目标。更有意义的是，团队的每个成员都可以看到他们做的贡献所带来的改变。每一个人都渴望成功，希望自己做的事情有意义。当处境艰难的时候，他们对其的渴望越多。

多年前我们开始这项关于执行力的研究时，并没有打算聚焦于定义或甚至重新定义战略。但是我们很快就发现，战略和执行之间的界限往往是模糊的。运用原则1将使你的战略更加锋锐有力，而其本质是让它更容易得到执行。

这样想：在你脑袋的上方有一个想法泡泡，在那个泡泡里有你战略的各个方面，包括你希望你能把握的机会、新的主意和概念、你需要修复的问题，以及其他很多需要做的、如何做到的想法。这个泡泡的内容复杂、混乱。它们和其他领导者的想法泡泡的内容也完全不同。

这就是原则1要求你将战略由概念转化为目标的原因，把模糊的战略变成最少数量的具体的终点线。上面列出的运用原则1的4条规则，为整个组织成功地做到这点提供了框架。本书的第二部分和第三部分将提供更多实例。

最后，请记住关于聚焦的这4条规则都是客观无情的。可能你多多少少还有些想蒙混过关的小心思，我们能理解。我们在工作中也曾有过这样的想法，但是，这些规则就像万有引力定律一样，它们并不在乎我们怎么想，也不在乎我们所处境况的具体细节。它们只会带来可以预测的结果。

聚焦于少数重要目标的原则是常识，然而实践起来并不容易。伊索寓言中有这样一则故事：一个小男孩把手伸进一个装满榛子的罐子里，他尽可能地去多抓榛子，然而当他试图把手掏出来时，才发现罐子的口太窄了。他既不想放弃已经握在手中的榛子，又无法把手掏出来，于是哇哇大哭，哀叹自己的失望。

就像这个小男孩一样，在你瞄准一个更伟大的目标之前，有可能很难放弃一堆好主意，就像史蒂夫·乔布斯说的一样："我对我们放弃做的和选择做的事情一样感到自豪。"原则1就是关于确定这个更伟大目标的原则。关于定义顶层至关重要目标的具体流程，在本书的第二部分，我们将为你提供更加详细的指导。

第3章

原则2：贯彻引领性指标

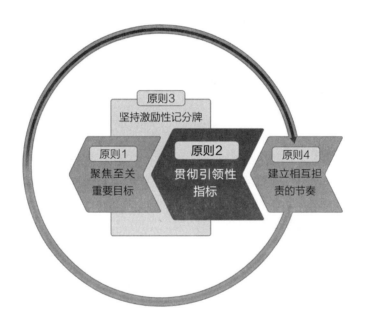

　　高效执行4原则的原则2是，要将较多的精力投入于少数能对实现至关重要目标产生最大影响的行动（或行为）。我们称这些行动为"引领性指标"，因为它们是促使至关重要目标实现的可衡量的驱动因素。

　　滞后性指标可以显示你是否实现了目标。引领性指标告诉你是否有可能实现目标，它代表团队正在做的对实现目标最关键的事情。个人（或团队）很难直接影响滞后性指标，而引领性指标可以预测和影响滞后性指标，并且是在团队的控制范围内，即是团队可以影响的。

这里需要注意的是，引领性指标存在于一线团队这个层级，旨在推动团队至关重要目标（滞后性指标）。高层领导者可能会选择使用一个特定的度量标准，即执行力分数（XPS）（富兰克林柯维有一套运行4DX的系统，可以实现相关数据的采集和分析）作为引领性指标（我们将在第10章讨论这个话题），除此之外他们没有别的引领性指标。此处对原则2、原则3、原则4的描述适用于一线团队的领导者，但理解这些内容对高层领导者来说是有价值的。

原则2也是基于杠杆作用的原则。当很好地选择了一个引领性指标时，它所产生的成果会大于为执行其所投入的努力。引领性指标通过将精力集中到产生最大回报的行动上，使团队能更精准地工作。一个简单的例子是，虽然你不能控制你的车在路上抛锚的频率（滞后性指标），但你肯定可以控制你的车接受常规维护的频率（引领性指标）。而且，你在引领性指标上贯彻得越多，你就越有可能避免这种故障（汽车抛锚）的发生。

原则1和原则2紧密相关，所以当你把它们放在一起而不是分开看待时，最容易理解它们。

在原则1中，每个团队都拥有一个至关重要目标。这些团队至关重要目标通常是针对每个团队能为顶层至关重要目标所作出的最大贡献来设计的。团队至关重要目标必须配合顶层目标（或与其保持一致），其结果必须确保顶层至关重要目标实现从X到Y（滞后性指标）。要注意的是，一旦至关重要目标要求从X到Y，这个Y通常被称为滞后性指标。

在原则2中，每个团队明确可使团队至关重要目标实现的可衡量的引领性指标。下面的示例显示了在实现顶层至关重要目标的总体计划中的滞后性指标和引领性指标之间的关系。

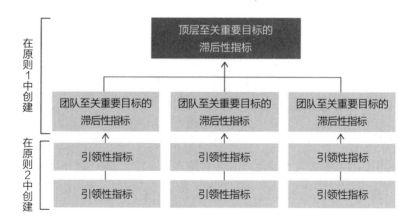

在传统的制订计划模型中，你会先从确定你的目标开始，然后创建实现目标所需的所有特定任务和子任务的详细列表。但长期计划往往过于僵化，缺乏对不断变化的业务需要和业务环境的适应能力，这些长期计划书往往过不了多久就会被束之高阁。

原则2将教给你一种不一样的做法。

原则2要求你确定每日或每周的引领性指标，实现这些指标，才会实现目标。然后，你的团队每周都要确定可以推动这些引领性指标的最重要行动。通过这种方式，团队每周创建一个适时的计划，这使得你们能够快速调整和适应，同时仍坚持对团队至关重要目标的聚焦。

传统思维	高效执行4原则
紧盯着滞后性指标，如季度财报、销售数量、损失等，在等待这些结果的时候无所事事。	聚焦于推动引领性指标，它们是推动滞后性指标提升的关键点。

滞后性指标VS引领性指标

既然你已经理解了原则1和原则2，那么让我们更深入地研究滞后性指标和引领性指标之间的区别。记住，滞后性指标是对你试图达到的结果的衡量指标。我们之所以称之为滞后性指标，是因为在你得到结果的时候，驱动它实现的行动（行为）已经过去了；它的数字总是滞后的。在一个至关重要目标中，在某个时间前从X提升到Y，就明确了你的滞后性指标。记住，在你的日常事务中充满了滞后性指标——质量、盈利能力和客户满意度（仅举几个例子）——当你得到结果的时候，它们将永远成为历史。

引领性指标就不一样了，它可以预见结果。引领性指标有两个显著特征：第一，引领性指标具有预见性。这意味着一旦某个引领性指标发生了变化，你就可以预测滞后性指标也会发生变化。第二，引领性指标是可控的。它可以被你的团队影响，这意味着，团队可以不依赖另一个团队就能实现引领性指标。

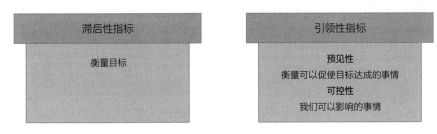

原则2是关于创建引领性指标，推动引领性指标将驱动团队至关重要目标的达成。在接下来的几个月里，你的团队都将持续投入精力，去推动这些引领性指标不断前进。这些投入会成为你们最终成功的关键。

我们坚信，真正理解引领性指标的含义，将是你从本书中得到的最大收获之一。

现在，我们再深入分析引领性指标的两个特征。假设现在的至关重要目标是，"在9月1日之前将谷物产量从200吨提高到300吨"。这个从200吨到300吨的指标就是你的滞后性指标。我们都知道，降水量对谷物的收成影响很大，可以用来预测谷物的产量，那么，降水量算是我们所说的引领性指标吗？不是，因为你无法通过改变天气，得到你想要的降水量。降水量具有预见性，但这个指标是不可控的，这两个特征同样重要，所以降水量不能算是我们所说的引领性指标。

现在转入我们前面提到过的例子，这次是一个关于减肥的至关重要目标。很显然，滞后性指标就是反映在体重秤上的体重值。如果使用正确的格式，你的至关重要目标可以描述为："在5月30日之前将体重从172斤减少到159斤。"这个开头很好，但既可以预见成功又是你可以影响的引领性指标是什么呢？你可能选择节食和运动。这两个答案都是正确的！

这两个指标都符合引领性指标的预见性特征，如果你能减少能量的摄取，并增加能量的消耗，你将减少体重。同时，这两个指标也是你完全可控的。只要在日常事务之外，按照具体的水平实现这两个引领性指标，你最终会发现自己的体重发生了变化。

引领性指标可能和直觉相悖

关于引领性指标还有一个问题。领导们所关注的通常都是什么样的指标呢，引领性指标还是滞后性指标？作为一个领导者，你可能一直都在关注滞后性指标，即便你不能直接影响它们。当然，你也并非个例。可以回想一下最近一次与其他领导者开的会。你们在讨论、分析、计划、烦恼的是什么？是滞后性指标，通常还包括你们无法改变它们。

举例来说，对于老师来说，通过考试成绩来衡量学生们的阅读水平，这很容易。他们经常关注这些滞后性指标。但是，提出能预测学生考试成绩的引领性指标就更难了。一个学校或许会聘用老师，或许给学生们提供更多的阅读时间。如果这个学校能跟踪记录学生们的阅读时间，或者接受辅导的时间的话（这两者都是引领性指标），就比只是祈祷学生们下次阅读成绩（滞后性指标）自动提升好多了。

每一天，我们在与全球的团队合作时都可以看到这种现象。销售经理只关心销售总额，客服经理只关心客户满意度，家长只关心孩子的考试成绩，减肥的人们只关心体重数字，然而，在大多数情况下，这种只关心滞后性指标的做法是无法带来预期结果的。

但是几乎所有领导都这么做，这有两个原因。第一，滞后性指标是衡量成功与否的指标，也是必须达到的指标。第二，相比引领性指标，滞后性指标的数据往往更容易获得。站在体重秤上称一下体重很容易，计算每天摄入、消耗了多少卡路里可就难了。引领性指标的数据往往难以获得。持续获得引领性数据，需要真正的自律。

这里有必要提醒一下读者：现在，你可能把我们所说的过度简单化了！

如果你有类似这样的想法，"你说的也不过就是，如果想要减肥，就得节制饮食并且运动，这有什么革命性的？"那么，你就错过了原则2的精髓所在。

光是明白节食和运动的重要性，与真正去计算自己每天摄入了多少能量，燃烧了多少能量，有着很大的区别。每个人都知道，减肥应该节制饮食、增加运动，但是能够坚持每天测量自己摄入和消耗的能量的人最终才能减肥成功。

最后，我们要说，正是那些引领性指标的数据让改变得以实现，并缩小了你希望团队应该做的事情和他们实际在做的事情之间的差距。没有这些引领性指标的话，你就会只关注滞后性指标，那样将很难成功。

管理学大师和质量管理专家爱德华兹·戴明对此内涵的解释尤为精辟，他对那些公司高管们说："通过看财务数据（滞后性指标）管理一家公司，就像依靠后视镜开车一样。"

引领性指标还可以消除专注于滞后性指标可能带来的吃惊错愕。你可以想象这样一幅画面：你和你的团队正在努力为提高客户满意度服务，这是你们最重要的业绩指标和奖金依据。最新的客户满意度分数就在你的收件箱里，就像我们一个客户所说的那样，你看到打分表后的反应不外乎两种，一种是"哦！好酷"，另一种就是"哦！天哪！不"。但是无论哪种反应，你都不会再有机会去改变结果。这个客户同时总结道："如果在你的事业中运气占了很大比重，那就说明你关注的仅仅是滞后性指标。"

我们完全同意他的说法。

相反，假设你一直在跟踪两个有关客户满意度的引领性指标，而且在过去的3周里，你和你的团队在这些指标上表现很好的话，你觉得当最新的客户满意度分数到来时，你的感受会有变化吗？当然有。就好像你每天摄入、消耗的卡路里的量都达标了，当你站到体重秤上的时候的感受。你已经知道（滞后性指标）会有变化。

如何找到引领性指标

"到12月31日之前，将瓶装水的年产量从1.75亿升提高到1.85亿升。"这是一家大型饮料公司的瓶装水工厂的至关重要目标，当时我们开始和负责供应链的高管一起实施高效执行4原则。多年来，该工厂一直难以达到预期的年产量目标，公司领导们迫切地需要找到能够切实带动年产量增加的引领性指标。

于是，我们先让他们讨论，在他们眼中，怎样的指标才算是好的、能提高年产量的引领性指标？

"月产量！"他们回答得很干脆。

"不好意思，"我们说，"这个指标不好使。"

他们看上去有些困惑。"为什么不好使？"这位工厂经理问道，"如果我们每个月都能达到当月的产量指标，那么完成全年的指标也就不在话下了呀！对不对？"

"根据月产量可以预见到年产量，这当然没错。"我们回答说，"但问题在于，和年产量相比，你的团队对月产量指标的影响并没有更大。你们只是找到了另一个滞后性指标，比年产量指标更能频繁获取数据的指标，但它仍然是个滞后性指标。"

这段对话很常见。当团队第一次试图确定自己的引领性指标时，瓶装水工厂的领导们还不能很快找到恰当的指标。

为了提供帮助，我们问他们，他们月产量的引领性指标是什么？

"每天的日产量！"他们回答道。

我们意识到，谈话遇到瓶颈了。于是，我们调整沟通思路，与他们进行引导性细节讨论。讨论越来越热烈，直到生产经理大喊着，要求大家注意听他说。

"我知道了！"他兴奋地喊道，"我终于知道我们的引领性指标应该是什么了！"

他走到房间的前面，开始解释道："我们经常轮班，不能全员到岗，我们的机器停机时间太长了，这是影响我们产量提高的两大因素！"

这下，我们终于取得了进展！

当时在座的每一个人都同意他的判断。虽然依然缺少可用的引领性指标——他们需要将全员到岗和预防性检修转化为实实在在的数据——但是他们已经理解了我们的意思。很快，他们就确定了第一个引领性指标，将全员到岗的班次比率从80%提高到95%。第二个指标看起来就更加简单了，将预防性检修计划的落实程度从72%提高到100%。

他们的策略的关键在于，如果能够确保全员到岗，并减少机器停机时间的话，工厂的产量就可以得到提升。在后续的几个月里，该团队克服日常事务的干扰，向这两个引领性指标倾注了大量的努力，而他们得到的结果是，不仅产量增加，增加的幅度也大大超出预期。

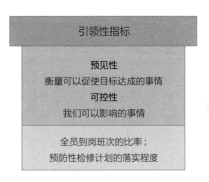

这是一个很好的描述如何确定引领性指标的例子，但同时也可以帮助我们来理解另一个重要方面。我们参加这个项目的顾问对该厂的最终结果表示欣赏，但他也提出一个重要的问题："为什么你们之前没有做好这两件事情呢？"

他的意思很明白，这两个指标都不是富兰克林柯维公司想出来的。工厂领导显然早就知道全员到岗和落实预防性检修计划对工厂的重要性，但是尽管知道，他们却没有做到，这是为什么？

和大多数团队一样，他们的问题不在于不知道，而在于没有集中精力去做。工厂里有大把的事情需要改进和关注，而不只有员工轮班和预防性检修这两件事需要做。当他们试图去改进每一件事情时，就陷入了日常事务的泥潭中。他们每天都把精力分配给很多紧急的要事，想要把所有事情都应付好，但结果往往是什么都处理不好。

显然，这个问题并不仅仅是这家工厂的问题。如果允许我们跟随你工作几天的话，我们可能也会发现这两种行为。第一，你大部分的时间和精力都会花费在处理日常事务上；第二，你剩余的大部分时间里都在为一些滞后性指标而着急。问题就在于，这两种行为虽然会消耗大量的精力，产出效益却很低，而你最需要的，却是有着杠杆作用般高效益的关键行为。

引领性指标的秘密就在于此：杠杆作用。我们可以这样来想，实现你的至关重要目标就像推巨石一样，尽管团队投入了所有精力，却依然推动不了。这不是努力就可以解决的问题。如果是，那你和团队就早已推动它了。问题在于光有努力是不够的。引领性指标就像杠杆一样，可以帮助你推动这块巨石。

现在我们来讨论杠杆的两个主要特征。第一，和巨石不一样，杠杆是我们可以撬动的：杠杆是可控的；第二，撬动杠杆的话，巨石也就被推动了：杠杆是具有预见性的。

如何选择合适的杠杆

要达成一个你以前从未达成过的目标，你必须做你以前从未做过的事情。看看你的周围。有谁达成过这个目标或类似的目标？他们做了什么不同的事？仔细分析你预见到的障碍，并决定如何克服它们。运用你的想象力。你有没有想过有什么可能可以改变现状？

选择你认为对达成至关重要目标影响最大的行为。你所做的哪些20%的工作，相较于另外80%的工作，对实现至关重要目标产生了相同或更多的影响力呢？对于想要去实现一个至关重要目标的领导者来说，如何从各种可能中找到合适的杠杆，可能是最为艰难，也是最有趣的挑战。

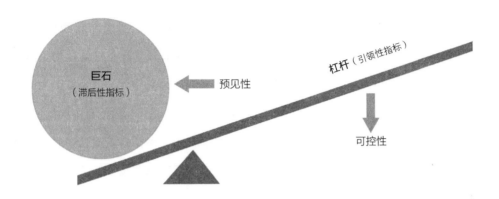

找到你的引领性指标

我们经历过的最有力的杠杆例子之一，是几年前，我们与美国最大的鞋类零售商合作，使用高效执行4原则来推动其收入增长。目标是熟悉的，但规模却不是。我们的脚步遍及4500家门店，跨越了所有可以想象到的人口和地理边界，让无数人参与到最大的挑战中：采用一种新的方式来经营一家企业，而许多人已经在这家企业中度过了整个职业生涯。

我们从提取一个具体的和可衡量的顶层至关重要目标开始。由于"营收"的范围太广，而且几乎代表了商店中发生的所有事情，我们将注意力集中在一个更精确的结果上：提高带着新鞋离开商店的顾客的百分比（即转化率）。平均来说，在进入商店的成年人中，大约有10%是为自己或其孩子购买鞋子的。组织的领导者一致认为提高转化率是增长的关键。

下一个挑战是确定哪些高杠杆行为将成为能够显著推动增长的引领性指标。

最初，我们制定了一份包含10项引领性指标的清单，然后允许每家商店都从清单中选择两项。我们知道，如果允许商店作出自己的选择，他们会感到更有自主权。

我们也知道，如果这么多商店尝试不同的方法，最好的引领性指标就会出现。但当那个最具预见性的引领性指标变得清晰时，我们发现它是我们从未想到的。

如果你回想一下自己买鞋的经历，你可能会认为促使你掏钱的驱动因素是销售人员的友好服务、合适的尺码和你喜欢的款式没有缺货，甚至是能够优惠或打折。当然，这些都是驱动因素。但事实证明，对鞋类销量增长最具预见性的行为是测量儿童的脚。让这个事实先在你脑海中停留一会儿。现在想象一下，你是负责为即将开学的孩子们买鞋的成年人。这些孩子有不同的鞋码，对款式和颜色有不同的偏好，对购物的容忍度非常有限，现在所有人都需要鞋。此时，销售人员走近你们，主动提出测量孩子们的脚以确保产品及库存满足要求，然后给每个孩子展示符合他们喜好和你的预算的选择。你的反应会是什么，尤其是在这样一个客户服务往往被更低的价格和更快的结账时间所取代的行业？我们的客户发现，测量孩子的脚，这样的简单行为可以成为一种顾客体验，不仅能卖出更多的鞋子，还能培养顾客对该店的终身忠诚感。

这种引领性指标的影响获得了广泛认可，它很快成为4500家门店的标准做法。每个团队都制作了一个记分牌，上面标明每个销售人员及其每天测量孩子们的脚的数量。在一周结束时，数量最多的人会获得电影票和咖啡店优惠券等小奖励。从本质上说，他们制作了一款通过测量脚来推动转化率的游戏——这是一款具有吸引力且有输赢的游戏。

最终结果出来后，他们不仅实现了至关重要目标，在4500家门店缩小了X与Y的差距，而且其增幅是预期的3倍。

尽管这4个原则中的每一个都是这一结果的必要条件，包括一大群人的才华、奉献和努力工作，但如果没有一种具有预见性和可控性的引领性指标，这一切都不可能实现。

关于原则2的真正见解很简单：不管你想要的结果是什么，一些行动或行为都会在你的至关重要目标上产生非凡的结果。与你的团队一起工作，你可以发现并利用这些引领性指标来产生非凡的结果。

在第三部分中，我们将根据我们从客户那里学到的经验教训，为你提供有关如何识别和部署引领性指标的更具体指导。

多年来，我们看到成千上万的领导者认识到，取得成功的一个关键是专注于实现引领性指标，集中精力在杠杆的关键点发力。如果你也有这样一个至关重要目标要完成，就需要这样一个可以起杠杆作用的、具有预见性和可控性的引领性指标。目标越大，你需要的杠杆作用就越强。

如何跟踪引领性指标的数据

年轻兄弟集团（Younger Brothers Construction）是美国亚利桑那州的一家建筑公司，该公司面临的最大的一个问题就是，不断增加的意外事故和意外伤害发生率。发生事故不仅仅意味着有员工受伤，它还会导致工程延期，增加保险费，降低公司的安全等级，等等。因此，降低事故发生率成为公司上下最关注的事情，所以他们很容易就找到了自己的至关重要目标——在12月31日前将安全事故发生率由57%降到12%。

在至关重要目标确定之后，他们接下来就应该确定，什么是降低事故发生率的引领性指标，该指标具有可预见性，并且是团队可控的。

他们最初的想法是进行更多的安全培训。这是团队可控的，因为他们可以让每个员工参加安全培训，但是领导最终否决了这个提议，因为他们的员工都已经接受过大量的安全培训。他们觉得，再增加培训时间，不足以让他们达到新目标。

然后，年轻兄弟公司的管理层再次认真思考导致安全事故发生的主要因素，并提出了一个不同的引领性指标——遵守安全守则。他们决定以6个标准来衡量是否遵守了安全守则——穿戴安全帽、手套、靴子和防护眼镜，以及使用脚手架和屋顶支架来防止工人从屋顶上掉下来。他们确信，严格遵守这6条守则能有效减少事故发生，同时这也是团队可控的。

在严格遵守安全守则一年之后，年轻兄弟公司的事故发生率降到了公司创建30年来的最低水平，但是这一结果来之不易。

他们的引领性指标面临的最大问题就是，如何获得指标数据。作为滞后性指标的事故次数或受伤人数都很容易在每周进行统计，但是想要知道每个员工是否遵守安全守则，就必须坚持进行实地观察才行。

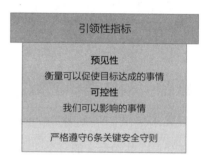

这意味着公司的管理者必须对大量的工人进行检查，看他们是否按要求穿戴了安全帽、手套、靴子和防护眼镜，检查脚手架和屋顶支架是不是按照要求在指定位置安全架设。他们还不得不同时承受大量其他分心的事务，如转包商问题，货物迟交，客户要求，因天气导致的延迟，等等。在大量的日常事务中，检查是否遵守安全守则似乎对公司的管理者来说不是"至关重要"的事，但是，因为他们将降低事故发生率作为至关重要目标，而严格遵守安全守则又是实现这一目标的杠杆关键点，所以他们需要每周做好这项工作。

这个故事告诉我们，引领性指标的数据往往比滞后性指标的数据更难以获得，但你必须为追踪引领性指标付出代价。我们经常会看到团队在这个问题上挣扎，专注于一个高杠杆的引领性指标后，只说："哇！采集这些数据是一项大工程，我们太忙了，没空做这些事情。"如果你对自己的至关重要目标是严肃认真的，你就必须想办法去跟踪引领性指标。没有数据，你就无法推动引领性指标的提升；没有引领性指标，你就没有了杠杆。

引领性指标带来全情投入

一旦一个团队明确了他们的引领性指标，他们看待目标的态度就会发生变化。

我们不妨看看一位小型超市经理贝丝·伍德的故事，她制定的目标是提高年度销售额。

贝丝将她的面包店经理鲍勃叫来，想要获得他对此目标的支持，来提高日渐下滑的销售额。

鲍勃是一个脾气很好的人，一般在这样的情况下他总是会说："好的，贝丝，我很乐意帮助你。"即使他也不知道该怎样做才能提高销售额。但是这一天，鲍勃的忍耐达到了极限，他不再应声附和了。

"你想要提高销售额？"他讽刺道，"你自己努力吧，贝丝！"

贝丝被鲍勃的反应吓了一跳，但她回应说："鲍勃，你看，我不可能一个人做好这件事的。你比我离顾客更近，和员工们也更近。"

这下，鲍勃真的垂头丧气了，他说："你到底想要我干什么？我总不可能把人拖进来购物吧？我只是负责面包店而已。如果你想吃百吉饼的话，我倒很乐意效劳。"

如果你不了解贝丝和鲍勃之间的关系的话，就可能会认为鲍勃脾气不好，或者不尊重贝丝，或者干脆就是个偷懒鬼。但事实上，鲍勃很尊重贝丝，他也真的希望能够帮助她提高超市的业绩，但是他受到两件事的制约：第一，他不知道该怎么做；第二，他不认为自己能够做到。鲍勃此时脑子里想的是："我们是一家有30年历史的超市，而同一条大街上新进驻了一家沃尔玛超市。我们在路口的位置也不好，即使人们看到我们的招牌了，也得左转才能来到我们超市。在这样的情况下，贝丝居然还想要我提高销售额？"

鲍勃继续说："如果有办法提高销售额的话，你觉得我会不去做吗？我还会把好主意藏着掖着等你来问？"

如果你知道了鲍勃的观点，就会更好地理解他对这个令人沮丧的形势的反应了。

鲍勃代表了一大批这样的人：他们能看到阻碍前进的巨石，却找不到可以撬动巨石的杠杆。

现在，让我们来重演一次这个场景，但是这一次，贝丝将使用一个引领性指标来驱动目标。她将手下所有的经理召集在一起，然后问大家："在保持现有日常运转的基础上，你们团队可以做的哪件事最能提升年销售额？"实际上，她是在问他们，哪种团队可控的行为可能对提高销售额贡献度最大，这次聚焦非常精确。

他们开始进行热烈的讨论，例如提升服务质量，改善超市设施，或者提供更多的试用装，等等。经过了多次反复激烈的讨论之后，他们最终达成一致，即最能提高销售额的事情就是降低缺货率。

降低缺货率的引领性指标对提高商店销售额具有很强的预见性，这是零售行业公认的事实。同样重要的是，缺货率是团队可控的引领性指标。现在，鲍勃知道自己的面包店该做些什么可以提高销售额了，即降低缺货率，这是他和他的团队可控的。他们可以更频繁地去检查哪些商品已经卖光了，可以优化库房的空间布局，从而让销售速率快的商品更容易补货，他们还可以改变再订购商品的频率和数量。换句话说，这是他和他的团队可以赢的游戏，现在鲍勃已经完全投入其中了。

最后，我们想要分享的是，在20多年的工作中，我们一直看到，最有影响力的引领性指标来自领导者和一线团队之间的合作。这种合作有各种各样的形式，但在所有情况下，当领导者自上而下的影响提供了指导和方向，而团队自下而上的影响

明确了哪些行动实际产生了最大的结果时，引领性指标的影响会更大。这才是你应该追求的——明确的因（引领性指标）和果（至关重要目标的最终结果）。如果做得好，这种合作就会产生领导者和团队单独无法产生的协同效应。

在某些情况下，领导者通过示范创建一个可能是最有效的引领性指标，充当团队参与的催化剂。但随后领导者会谨慎地让团队成员继续提出自己的想法。在其他情况下，团队被允许先提出自己的想法，然后领导者进行审查和回应。在这种方法中，领导者可以否决他们认为行不通的想法，但他们不能规定最终的引领性指标应该是什么。

无论你使用什么方法，都要注意史蒂芬·柯维最有力的教诲之一："参与带来承诺。"如果你想让你的团队高度参与，那你就要为团队成员提供有意义的参与机会。我们将在第三部分中对此进行详细论述。

原则3和原则4是用来帮助团队将精力投入于推动引领性指标的，尽管如此，原则2中，好的引领性指标的影响力和美妙之处在于，它将团队和至关重要目标的成就真正联结在一起，并且最终是组织的一线团队实现了你所追求的目标。

从合适的引领性指标起步，有助于让每个人将自己视为组织的战略合作伙伴，并全身心投入团队的讨论中去，一起确定改善或改变哪些事情最终会有助于达成至关重要目标。

这方面的一个典型例子来自《萨凡纳晨报》(Savannah Morning News)的广告部，这是一家美国南部的受人尊敬的报纸。当我们和他们首次接触的时候，他们想要达到原定的收入目标。他们陷入了同时聚焦所有事情的陷阱之中，包括推出新的广告产品、在日报中夹送广告等，总之尽一切努力想要去提高收益。他们的焦点分散在众多的行动上，以至于减少了放在主打产品上的精力。在我们的指导下，他们从原则1开始，制定了一个至关重要目标，重新聚焦在他们的核心产品上来增加广告收入。

在开始运用原则2——贯彻引领性指标之后，一切都发生了改变。团队的每一个成员都参加了讨论。在对比一系列的方案之后，他们最终在3个关键行动（引领性指标）上达成共识：拓展新客户，例如还没有在报纸上做过广告的潜在广告商；重新激活6个月或以上没在报纸上做广告的客户；增加现有客户的销售额，寻找广告增值的方法，例如增加广告字幅的颜色，给广告更好的位置或更大的版面。

在实践中，这个计划被分解为一个个简单的引领性指标。在每周的至关重要目标会上，人们计划要联系多少家新客户、打多少个激活老客户的电话、发送多少份广告增值建议书，并在下一周汇报结果。每个销售人员既能更加高效地处理他们自己的业务，又能定期地相互交流最好的做法、改善措施，以及克服障碍的方法。

这家报社的广告总监说："我从事这个行业很多年了。在我的整个职业生涯里，几乎都在为滞后性指标而烦恼。"这下，她第一次找到了帮助员工达到销售目标的实实在在的方法。这家报社当年就达到了原定的收益目标，并超额完成了目标。坚持贯彻正确的引领性指标，使一切皆有可能。基于该报社的巨大成功，其母公司——莫里斯通讯社（Morris Communications）将高效执行4原则在其下属的其他40家报纸进行了推广。

我们将在第三部分更多地讨论如何选择正确的引领性指标。

滞后性指标和引领性指标的参考案例

高效执行4原则中最重要的区别之一就是滞后性指标和引领性指标的区别。这也是一个经常出现的困惑点，特别是在需要把顶层至关重要目标分解成次级目标（关键战役）时。我们很容易将次级目标（甚至团队至关重要目标）看作引领性指标，因为所有次级目标推动顶层至关重要目标。

但是，在高效执行4原则中，引领性指标必须是团队可控的，次级目标（和团队至关重要目标）的级别太高，不能满足这一要求。顶层的至关重要目标、次级目标和团队至关重要目标都代表着滞后性指标。引领性指标存在于一线团队，其目的被明确定义为推动团队至关重要目标（滞后性指标）实现。选择它们是因为它们是团队可控的，并对团队至关重要目标的成功具有预见性。

我们希望你不要只盯着当前的指标，去想着哪些指标是滞后性指标，哪些是引领性指标。因为引领性指标的目的是推动团队至关重要目标的实现，所以在确定它之前，你不可能创建引领性指标。没有团队至关重要目标，就没有引领性指标。

为了确保这一点完全清晰，下面的图表说明了次级目标（滞后性指标）和引领性指标之间的区别。

当人们刚接触高效执行4原则时，往往会混淆次级目标（灰色部分）和引领性指标（白色部分），因为次级目标的实现推动了顶层至关重要目标的实现，引领性指标的实现推动了团队至关重要目标的实现。
然而，二者之间有一个关键的区别。团队可以直接影响引领性指标，但不能直接影响次级目标。
通过查看以下图表，你将容易理解次级目标与引领性指标之间的关系。

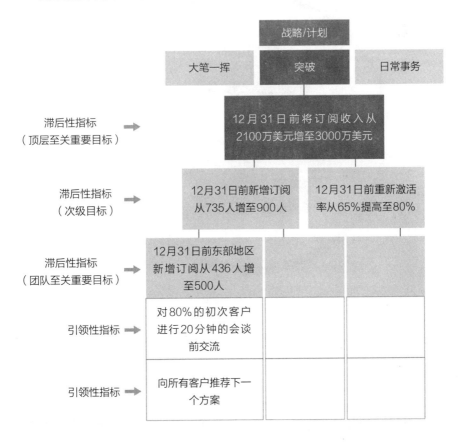

第 4 章

原则3：坚持激励性记分牌

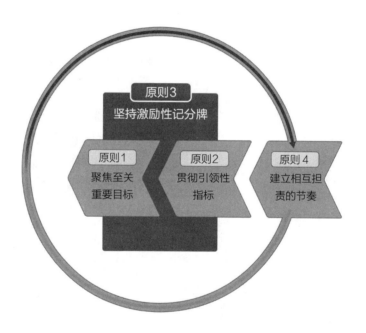

高效执行4原则的第三条原则是确保每个人都能随时获知分数，以便他们知道自己是领先了还是落后了。

原则3是基于参与度的原则。

记住，当人们记分时，他们的表现会不一样。一个只知道滞后性指标和引领性指标的概念的团队和一个知道自己分数的团队，其表现有着天壤之别。如果滞后性指标和引领性指标没有被记录在可视的记分牌上并定期更新，它们早晚会被日常事务湮没。当人们不知道分数时，就会参与度不高，但是如果能一眼看到自己是否赢了，他们就会加倍投入。

在原则 3 中，团队的"执行力赌注"（因为它还未被证实）被转换成可见的、具有激励性的记分牌。这个记分牌的设计是为了在三个方面影响团队的表现。

- 它提供了团队所打的赌的可视化表示。他们可以看到计划的中心是一个赌，即执行这些引领性指标将会推动这个滞后性指标（至关重要目标）。探讨引领性指标和滞后性指标之间的相关性是一回事；在一个可见的记分牌上实时看到这种相关性是另一回事。变得投入的第一步是相信自己在玩一个能够赢的游戏，而没有什么比记分牌更能体现这一点了。

- 记分牌向团队发出信号：获胜很重要。我们不是只简单地讨论一下这个目标，然后又回去管理日常事务。记分牌发出了一个明确的信息："我们对此是认真的。"它发出的信号是，我们不仅在玩一场可以获胜的游戏，而且在玩一场高风险游戏——一场真正重要的游戏。

- 它是对日常事务的紧急性的一种抗衡。在讨论至关重要目标的时候，至关重要目标可能会让人感觉很重要，但一旦会议结束，至关重要目标总是没有日常工作那样紧迫。紧急总是压倒重要，除非你有纪律。因为这个原因，至关重要目标确实处于劣势，而实时显示进展的可视化记分牌有助于创造公平的竞争环境[1]。

几年前，我们和美国著名的军工厂商诺思罗普·格鲁曼公司（Northrop Grumman）合作，他们想要将高效执行 4 原则运用到海岸警卫队快艇的设计与制造工程中去。我们的合作开始于卡特里娜飓风发生后不久，当时他们的造船设施受到了很严重的破坏。在我们介绍原则 3 的时候，他们为我们提供了一个故事，可以完美地阐述拥有一个激励性记分牌的重要性。

---

① 此处是指日常事务和至关重要目标竞相争夺团队的精力。

上周五晚上，当地的高中橄榄球队有一场重要比赛。和大家预期的一样，观众席上人山人海，开球之后一片加油助威声，但是随着比赛的进行，观众们都不再大声呐喊了。实际上，几乎所有观众都对比赛显得心不在焉了，人们只能从观众席上听到隐隐约约的嘈杂声，到底发生了什么事情呢？

原来，记分牌在飓风中被吹倒了，暂时还没有修复，球迷们什么数据都看不到。人们无法知道比分如何，比赛进行到什么地步了，甚至不知道还有多久终场。比赛还在进行当中，但是人们似乎都已经忘记了这场比赛。

这个故事一下就引起了我们的兴趣。你是否曾经沮丧，想对你的团队大喊道："你还不明白吗？这里正在进行一场比赛，这很重要！"如果你有过这样的体会，那么当时你的团队所需要的和故事中球迷所缺少的是一样的——一个清晰且具有激励性的记分牌。

一个伟大的团队，在任何时候都知道自己是否正在取得胜利。如果不知道这一点的话，他们就无法知晓为了赢得胜利必须去做些什么。一个具有激励性的记分牌，可以告诉团队他们目前处于什么进度，应该处于什么进度，并提供解决问题和进行决策的必要信息。

这就是伟大的团队离不开记分牌的原因。没有了记分牌，团队积聚的能量会消散，紧张感会下降，并且团队会像往常一样继续工作。

我们在这里有必要说清楚，你和你的团队可能会认为可视化的数据并不新鲜。你可能会在心里说："我已经有记分牌了，甚至有很多个记分牌，它们都以复杂表格的形式存储在我的电脑中。"数据持续储存进来。大部分的数据是滞后性的数据，伴随着历史趋势、前瞻愿景，或者详细的财务分析。这些数据的确很重要，尤其对于领导者来说。这样的复杂表格，我们称之为教练型记分牌。

原则3中所说的记分牌，和这种教练型记分牌非常不同。在运用原则3的时候，你和你的团队需要创建的是一个运动员记分牌，只是用来帮助团队成员更好地投入到团队的工作中去，为团队的集体胜利不懈奋斗。

如果你的记分牌里包罗万象，复杂的数据只有你自己才能看懂，那是教练型记分牌，代表的是领导的比赛。而对于最大程度地提高团队的参与度和表现来说，你需要运动员记分牌，让团队成员感受到这是整个团队的比赛。高效执行4原则的创始人之一吉姆·斯图尔特有句话说得好："运动员记分牌的根本目的在于激发团队成员获取胜利的斗志。"

我们在本章开头就阐述了一个非常重要的观点，当人们记分时，他们的表现会不一样。这和你给他们记分的感觉是完全不同的。当团队成员自己记分时，才会真正理解自己的表现和想要达到的目标之间的关系，这将改变他们的表现。

当每个人都可以看到分数的时候，团队的表现就会提升，不仅是因为他们可以看到什么是有效的，需要怎样的调整，更因为他们想要取得胜利。

下面你可以看到教练型记分牌和运动员记分牌的区别。

总收益							毛利润							息税折旧摊销前利润						
2/12	预算	差值	2/8	差值	2007	差值	2/12	预算	差值	2/8	差值	2007	差值	2/12	预算	差值	2/8	差值	2007	差值
0	0	0	0	0	0	0	0	0	0	143	(143)	0	0	0	0	0	143	(143)	0	0
0	53	(54)	182	(183)	1	(2)	(0)	35	(35)	0	(0)	1	(2)	(86)	(49)	(37)	(84)	(2)	(114)	28
0	0	0	0	0	0	0	0	0	0	0	0	0	0	(61)	(65)	4	(73)	12	(11)	(51)
1008	1080	71	1150	(142)	1146	(137)	699	754	(55)	812	(113)	892	(193)	384	384	1	439	(54)	530	(146)
		-6.6%		-12.3%		-12%	69.3%	69.9%	-7.3%	70.6%	-13.9%	77.9%	-21.6%	38.1%	35.5%	0.2%	38.1%	-12.4%	46.3%	-27.5%
699	843	(144)	700	1	963	(264)	486	594	(108)	498	(12)	730	(245)	242	297	(56)	218	24	392	(151)
		-17.1%		-0.2%		-27.4%	69.5%	70.4%	-18.2%	71.1%	-2.4%	75.8%	-33.5%	34.6%	35.3%	-18.8%	31.1%	10.8%	40.7%	-38.5%
592	682	90	524	68	613	(21)	422	483	(60)	361	62	459	(36)	260	276	(16)	187	73	270	(10)
		-13.1%		13.0%		-3.4%	71.3%	70.8%	-12.5%	68.9%	17.1%	7.8%	-7.9%	43.9%	40.5%	-5.7%	35.8%	38.9%	44.0%	-3.5%
879	937	(58)	840	39	828	51	607	695	(88)	582	25	539	68	354	370	(16)	292	62	235	119

教练型记分牌很复杂，数据丰富，但它需要认真研究之后才能明白现在团队是否在赢得比赛。

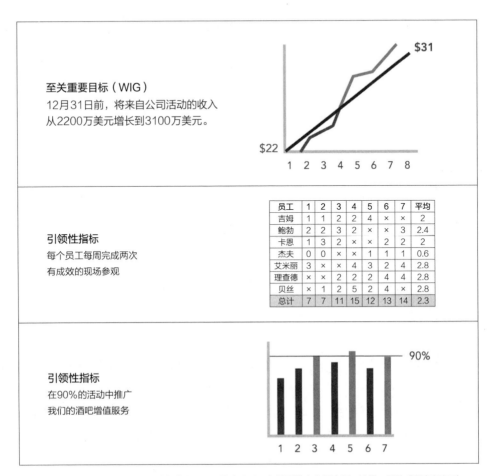

至关重要目标（WIG）

12月31日前，将来自公司活动的收入
从2200万美元增长到3100万美元。

引领性指标

每个员工每周完成两次
有成效的现场参观

员工	1	2	3	4	5	6	7	平均
吉姆	1	1	2	2	4	×	×	2
鲍勃	2	2	3	2	×	×	3	2.4
卡恩	1	3	2	×	×	2	2	2
杰夫	0	0	×	×	1	1	1	0.6
艾米丽	3	×	×	4	3	2	4	2.8
理查德	×	×	2	2	2	4	4	2.8
贝丝	×	1	2	5	2	4	×	2.8
总计	7	7	11	15	12	13	14	2.3

引领性指标

在90%的活动中推广
我们的酒吧增值服务

在运动员记分牌中，目标就是增加收入，用黑线来表示，灰线则代表实际表现。这样，团队成员在任何时候都可以看到他们是否在赢得比赛。

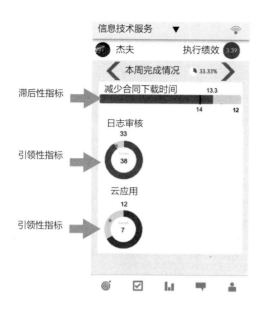

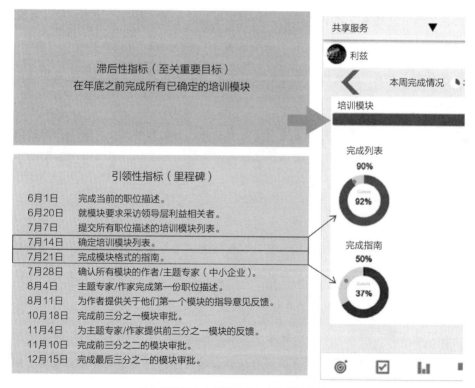

参与者的记分表是激励参与者获胜的关键。

激励性的运动员记分牌的特点

在判断记分牌是否对参与者具有激励性时，我们总是会问4个问题，无论是实体记分牌还是像执行4原则APP这样的技术平台显示的记分牌。

● 记分牌是简单的吗？想想体育赛事的记分牌。通常，上面只显示几个数据。现在想想赛场边上的教练需要追踪多少数据：球员表现、犯规和不当行为、守门员定位、射门，甚至扑救。这样的数据还有很多。教练们需要这些详细数据，以便控制比赛，但是赛场上的记分牌，只需要显示比赛进行的必要数据。

● 记分牌是否容易被团队看见？它必须能被每个团队成员看到。就像足球场上的记分牌一样，它是那么显眼，字体也很大，任何人只要瞟一眼就可以知道哪一方在占据上风。如果你的记分牌只是藏在自己的办公电脑里，或者挂在你办公室的门后的话，那它就脱离了团队的视线，起不到相应的作用。记住，你们需要一直和烦琐的日常事务作斗争，这绝对是个强劲的对手。如果没有一个醒目的记分牌的话，你们就会在几天或几周之内，在无数的日常紧急事务的冲击下，把至关重要目标和引领性指标忘得一干二净。

显而易见的记分牌还可以增强人们的责任感。当记分牌显示在每个人都能看到的地方时，结果对团队的每个人来说就变得很重要了。我们已经多次观察到这样的现象。在密歇根的一家果汁灌装厂，一个班次员工集体主动放弃午休，只为了增加他们的出货量，从而推动记分牌上数字的进步，超过其他班次的成绩。在另外一个事例里，我们看到夜班的工人们一直工作到深夜，工作结束的时候，他们做的第一件事就是抬头看记分牌，看自己团队与白班的团队相比做得如何。如果你的团队在地理上是分散的，记分牌就应该在你的电脑或手机上可见。

● 记分牌展示的是引领性指标还是滞后性指标？一个好的记分牌，应该能同时展示这两类指标，这有助于记分牌更有活力。引领性指标是团队可以影响的，滞后性指标是大家最终想要达到的。一个团队需要同时能够看到这两者，不然就很容易失去兴趣。当他们能够同时看到这两者的时候，他们就能看到他们正在做什么（引领性指标），达到了哪些（滞后性指标）。

一旦人们发现由于自己在引领性指标上的努力带动了滞后性指标的前进，他们就会感觉到自己对达成最终目标有着直接的影响，然后全身心地投入其中。

● 记分牌能否一眼看出输赢？记分牌必须能立即告诉你自己是输还是赢。如果团队看记分牌后不能迅速判断他们是输还是赢，那只能叫作数据，不能叫作记分。在你下一次分发报告、图表或者记分牌之前，先看一看它们是否满足了这个条件。你可以试着扫一眼每周的财务数据，你能马上说出来是输还是赢吗？别人一眼能看出来吗？我们称之为5秒钟定律。如果你5秒钟之内都无法从中看出输赢的话，就没通过本项测试。

下面这个简单的例子来自我们的一个客户，这是一家为户外用品商预定展销会的会务管理公司。他们的至关重要目标是，到一定的日期之前预定一定数量的参展商。

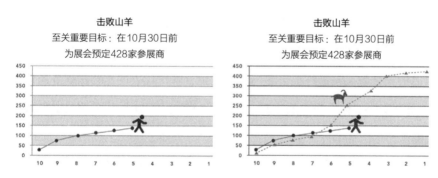

在左边的记分牌上，你可以看到这个团队的实际进展情况，但是你看不出他们的实际情况是输是赢了。知道这一点需要知道两件事：你目前的实际进展和你目前应该取得的进展。

在右边的表中，不同之处就在于多了这个团队应该进展到什么程度，用山羊来表示的那条线。由于他们的很多客户都是登山队，因此用山羊来表示每周需要达到的进度。这下，你就可以很容易看出现在的情况了，他们正在输掉比赛。你还可以看出他们已经输了多久了（两周），还看得出要完成预定目标可能越来越难了。

你可以看出他们的表现开始趋平，而不是处于攀升状态，并且，比起起跑线，团队更接近终点。

每当我们在咨询项目中要求合作的领导们提供这样的数据材料时，很多人都会回答说："我想我能获得大部分数据，但是，我需要几分钟时间来整理数据。"值得注意的是，这些都是有能力的领导。他们的问题不是缺乏数据，而是数据太多，而且缺乏哪些数据最重要的意识。

你可以想象一下，如果你的团队的每一个成员都像你一样如此清晰地了解团队的表现，那他们的投入度是否会有大幅改变呢？我们可以向你保证这一点。

和原则1、2一样，原则3也不符合多数领导的直觉。一般人不会自觉去建立运动员记分牌，人们更倾向于创建一个教练型记分牌，复杂的表格里边有大量的数据、分析和展望，这样的记分牌不是给每个人看的，它只是给领导看的。在大多数组织中，我们几乎找不到一个记分牌能够满足这里列出的4个标准。

但是说到底，实际上并非这个记分牌本身具有激励性。尽管各个团队都喜欢去创建自己的记分牌，但最终提升参与度的是记分牌所代表的比赛。就好像你永远不会听到球迷们说："你看昨晚的比赛了吗？记分牌好棒呀！"记分牌是必要的，但吸引球迷的永远是比赛本身。

完全陷于日常事务的话，最令人泄气的一个方面是你不觉得自己可以赢。如果你的团队只是做着日常事务，那么他们投入所有时间、精力，仅仅是为了维持日常运营和生存。他们不是在追求赢，而是在避免输，这两种心态导致的表现有天壤之别。

运用高效执行4原则，你不仅是在为你的团队创建一个比赛，而且是一个可以取胜的比赛。让比赛变得可以取胜的秘密，在于每天显示在记分牌上的引领性指标和滞后性指标的关系。

从本质上来说，在这个比赛里，你和你的团队打了一个赌，认为你们可以推动引领性指标，进而推动滞后性指标。当它实现时，即使是没多大兴趣的人也会全身心地投入，因为整个团队看到他们在赢，常常是他们第一次有这种赢的感觉。请记住，他们投入并不只是因为组织在赢、你这个领导在赢，而是他们自己在赢。

几年前，我们应邀去帮助一个全球制造公司旗下的一家业绩不佳的工厂，使其达到公司其他工厂的质量标准。这家工厂很老旧，技术落后，而且位置偏远。对我们来说，要到达工厂，我们需要全天飞行和长途驾驶，并穿过一条加拿大的森林公路。

25年来，这家工厂从未达到目标产量。此外，他们的产品质量也很有问题，尤其是缺乏经验的夜班工人生产的产品。该工厂整体产品合格率只有70%，而公司其他工厂的平均值是80%。

采用了记分牌之后，一切发生了改变。如果说他们过去是在黑暗里工作的话，记分牌就好像给他们开启了一盏明灯。当数据告诉他们他们在输时，他们找到了赢的方法。记分牌就如明灯，让他们看见需要做什么从而获得改进。

对于在半夜工作的那班工人来说，记分牌上有他们和白班工人的分数对比，这给了他们无论如何都要超过白班工人的能量。在这个偏远的地方，这里除了冰球场之外再无其他娱乐设施。工人们知道自己要在周末和另一个班次的工人们一起打冰球、喝酒聊天，他们都希望成为可以夸耀自己更高得分的班次！

由于高效执行4原则利用了人们的竞争天性，这家工厂的产品质量分数从74提高到了94，从公司里最差的工厂变为最好的工厂，并且远远超过行业标准。另外，该工厂在一年内的产量达到了创纪录的4000吨，为公司增加了500万美元的净利润。

不论何时何地，运动员记分牌都是改变人们行为的强大工具。

在第三部分中，我们将为你提供关于如何创建和维护一个激励性记分牌的具体方法。

高效执行4原则与团队敬业度

我们很想说，我们一直都理解实践高效执行4原则和团队敬业度之间的联系，但并非如此。我们是从经验中逐渐理解的。当在全世界的团队中实施高效执行4原则时，我们发现，团队成员的士气和敬业度都有很大的提升，尽管他们的至关重要目标并没有提及士气和敬业度。在介绍了这么多之后，读者可能觉得产生这样的副产品并不稀奇，但是对于当时的我们来说，的确是喜出望外。

富兰克林柯维公司因帮助个人和团队提高效率，以及他们的士气和敬业度而在世界范围内建立了声誉。我们研发的高效执行4原则，最初是想提供富兰克林柯维系列另一培训咨询产品，只专注于业务结果。然而，在早期实施高效执行4原则时，当团队开始感觉他们正在获胜时，我们观察到敬业度的提升是显而易见的。事实上，除非瞎了眼才会注意不到。

我们实施高效执行4原则，通常包括与领导和团队的几天密集工作，这些团队包括他们的反对者。令我们惊讶的是，在两个月后我们回来时，发现这些最初的反抗者和团队中的所有人，都很兴奋地向我们展示他们所取得的成就。

很多人都认为敬业度可以推动成绩，我们也这样认为，但是，通过多年来我们所观察到的，我们现在知道，即便是小的成绩也会提升敬业度，尤其是当一个团队看到他们的行为对结果产生的直接影响时。根据我们的经验，当一个人感觉自己正在获得胜利，他的士气和对工作的投入度将是无与伦比的。在很多事例中，获得胜利比其他因素——金钱、福利、工作环境，是否有好的同事，甚至是否喜欢自己的老板（都是影响投入度的典型因素）——都更能激发人们的士气和敬业度。人们会为钱而工作，也会为钱而辞职，但是，许多团队中都充斥着待遇很好但工作很痛苦的人。

1968年，弗雷德里·赫伯格在《哈佛商业评论》上发表了题为《再来一次：你该如何激励员工？》的文章，在文中他强调了成果与敬业度之间的强大联系："当工作能给予人们体验成就感的机会时，他们才会对这份工作感到满意（也会得到最大的激励）。"

43年后，在《哈佛商业评论》上发表的另一篇文章《小的胜利的力量》中，作者特瑞莎·阿玛贝尔和史蒂夫·J.克雷默强调了成就对团队成员的重要性：

"进步的力量对于人性来说是根本性的，但是很少有经理人理解这一点，或者知道如何利用进步来提升动力。"

我们已经知道，使用记分牌是提高员工参与度的有效途径。一个激励性的运动员记分牌不但可以推动成果，更可以通过看得见的进步的力量，向团队成员灌输赢的心态。

如果你对获胜能影响团队敬业度仍存怀疑的话，回想一下你自己的经历体会吧。当你对所从事的事情表现出最大的兴奋和投入的时候，当你早早起床工作、不肯再多睡一会儿的时候，当你全神贯注于你的工作时，在那些时候，你是不是有种将要赢的感觉呢？如果你和大多数人一样，我想你的回答就会是："是的。"

高效执行4原则使你能够建立一个可以取得成功的比赛。原则1使你将注意力聚集在一个至关重要目标上，并为其设定清晰的终点线。原则2创建了引领性指标，赋予了你的团队达到目标的杠杆力量。这也使其成为一个比赛：团队在引领性指标上打赌，赌他们是否可以通过推动引领性指标，进而推动滞后性指标。但是，如果没有原则3的话，少了一个激励性运动员记分牌，不但整个比赛都将被烦琐的日常事务所吞没，而且没有人会在意。

一个打胜仗的团队，不需要人为地提振士气。公司所有提升士气的方法，如解决谜题、进行寻宝游戏或举办才艺表演，都不如出色地执行重要目标所带来的满足感来得有效。

原则1、2、3是驱动执行力的有效工具，但是它们仅仅是故事的开始。前3个原则奠定了比赛的基础，但是你的团队还没有置身其中，这将是你接下来要学习的。

第**5**章

原则4：建立相互担责的节奏

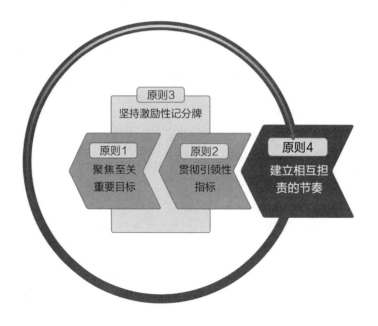

> 领导力就是，你的存在能使别人变得更好，即使你离开了，你的影响力也能一直持续。

> ——雪莉·桑德伯格

原则4是基于担责的原则。团队建立规律性的相互担责的节奏，即定期对过去的表现进行问责，以及不断推进记分牌上的分数。

原则4是执行力真正发生的环节，就像我们前文所说，原则1、2、3设置好了比赛，但在你运用原则4之前，你的团队并没有在比赛中。

很多领导者将执行力简单地定义为建立一个目标并达到目标的能力。在多年教导这些原则之后，我们可以告诉你，那是远远不够的，但是，就像前文所说，难的是能够在繁重的日常事务的迷雾中达到关键目标。如果达到目标需要改变很多人的行为，就更难了。

伟大的团队总是有着高水平的相互担责机制。如果没有担责的话，每一个人都去做自己认为最重要的事情，当他们这样朝着不同方向努力时，重要目标很快就会被日常事务所取代。

原则1、2、3带来了聚焦、引领和投入，这些都是帮助你走向成功的必要因素和有力工具，而原则4将帮助你和你的团队无论发生什么事情，都将实现目标。

在许多组织中，担责意味着年度绩效评估，不论做评估的是自己，还是别人给你做的评估，这都不大可能是个美妙的经历。它还可能意味着，你会因没完成的事情受到责备。

相反，在运用高效执行4原则的组织中，担责意味着真正作出承诺，不仅是对实现至关重要目标，也是对你的队友作出承诺。每周，团队的每个成员都对整个团队作出个人承诺，承诺将推动记分牌进度向前发展。会议结束后，他们还会像遵守纪律一样坚持实现自己的承诺。

贝斯以色列女执事医疗中心副主席、哈佛医学院领导力发展副教授泰德·詹姆斯博士给出了这样的建议："作为一名领导者，你最终要对你的团队的结果负责。不幸的是，当领导者不能解决绩效和行为问题时，这会破坏整个团队，导致低质量的工作和薄弱的组织文化。这就开启了一个危险的先例，因为人们开始认识到他们不需要为糟糕的行为或表现承担后果。没有相互担责制，参与度就会下降，受到负面影响的团队成员会产生怨恨。最终，领导者会失去信誉，表现最好的人会离开。"

至关重要目标会议

在原则4中，你的团队至少每周开一次会，我们称之为至关重要目标会议。这个会议的时间控制在20到30分钟以内，有一套固定的议程并快速进行，它建立了每周定期的担责机制，推动至关重要目标的进展。

原则4是执行成功与否的关键。正如我们的一位客户所说："你如何召开至关重要目标会议，就是你如何执行。"

至关重要目标会议的目的很简单，就是相互担责，采取行动，推动引领性指标，最终克服日常事务的干扰，达到至关重要目标。这些说起来容易，做起来难。要保证这样的目的每周都能达到，至关重要目标会议必须坚持3条规则。

第一，至关重要目标会议应该在每周的同一天的同一时间召开（有时召开得更频繁——比如每日召开——但绝不要少于一周一次）。这种坚持很重要，不然，你的团队将无法建立持续的工作节奏。哪怕只有一次例会的中断，都会导致你们失去宝贵的好势头，从而影响最终结果。这意味着至关重要目标会议是神圣的，它每周都召开，哪怕领导确实因故无法参加，也要指定其他人员负责组织召开。

在很长一段时间里，围绕一个目标每周召开会议，实践这条简单的原则可以让你取得惊人的成果。但坦白地说，我们对这条原则没有得到更频繁的实践感到惊讶。我们曾要求全球各行业的大量雇员回应这一陈述："我至少每个月与我的领导讨论一下我在实现目标上的进展。"出乎我们意料的是，即便是一个月一次，也只有34%的人作出了肯定的回应，更不用说一周一次——高绩效团队的最佳实践——的情况了。这也就毫不奇怪，为何如此多的组织缺乏高度的相互担责了。

你或许会问，一周召开一次至关重要目标会议有什么深远影响？我们发现对于大多数团队来说，一周时间是一个完美的周期。这段时间足够短，可以让人们保持对目标的聚焦，同时又足够长，让人们去完成他们在会议上所作出的承诺。在很多环境下，"周"是一种天然的组织生命节奏。我们以"周"为周期思考问题，以

"周"为周期讨论问题，"周"有始有终，它们是人类状况的主要组成部分，也为相互担责的节奏提供了一个完美的时间周期。

第二，永远不要把日常事务带到至关重要目标会议中来。不论其他事情看起来是多么紧急，在至关重要目标会议上，只能讨论与推动记分牌有关的行动和结果。如果需要讨论其他事情的话，你可以在至关重要目标会议之后，再召开一次会议来讨论，但是要保持至关重要目标会议的独立性。

这种高度聚焦的开会模式，可以快速、高效地获得你想要的结果。这种做法还可以在每一位团队成员心中，强化至关重要目标的重要地位，给他们发出一个明确的信号：在关于至关重要目标的事情上，如果你没有实现上周会议上作出的承诺，其他任何日常事务上的成就都是补偿不了的。我们很多客户都采用这样的方式：先召开二三十分钟的至关重要目标会议，然后紧接着再召开一次会议讨论日常事务。

第三，把至关重要目标会议的时间控制在20到30分钟之内，是很重要的一条标准。你第一次组织至关重要目标会议时，可能会花很多时间。但是，随着时间推移，当你越来越聚焦于推动记分牌业绩增长，而不再聚焦于其他，你的会议会变得越来越高效。我们也意识到，由于不同团队的具体工作不同，有些团队可能需要多一些的时间来讨论，但是无论如何，任何职能的任何团队都可以学习召开快速、有效、以"至关重要目标"为中心的会议，而不是在漫长的会议中什么都覆盖。

通常情况下，要使至关重要目标会议快速且聚焦，你需要安排其他会议来解决至关重要目标会议中产生的问题。举例来说，你可能会说："比尔，你提出的问题很重要，这个问题必须在本周解决掉。那么，我们何不在周四专门就此开个会，看看能否解决好？"然后，继续你的至关重要目标会议。

至关重要目标会议的内容可能会有差异，但其议程是一样的。下面是一个至关重要目标会议的三个组成部分，以及你应该在会议上听到的话。

1. 担责。汇报上周工作计划完成情况。

"我上周计划与3个给我们评分较低的客户进行电话沟通。我做到了，结果是这

第一部分　认识高效执行4原则

样的……"

"我上周计划预约3个潜在客户进行现场考察，最终预约了4个。"

"我见了我们的副总裁，但没有得到我们想要的批准，主要原因在于……"

2. 回顾记分牌。从成功与失败中学习。

"我们的滞后性指标还是合格的，但是我们的一个引领性指标已经触到了警戒线，事情是这样的……"

"我们的引领性指标得到了大幅提升，但是滞后性指标没什么起色。为了推动记分牌进度，我们团队一致决定这周的工作量要翻倍。"

"我们一直在追踪我们的至关重要目标的完成情况。不过，这周我们执行了一个来自客户的很好的建议，使得我们的引领性指标进一步提升。"

3. 计划。清除障碍，作出新计划。

"我可以为你解决这个问题，我知道有一个人……"

"我保证下周前解决掉这个影响我们引领性指标的库存问题，不论遇到什么困难都要完成任务。"

"我会和朱利叶斯会面，讨论我们的数据，下周我会带来至少3个帮助我们改进的主意。"

110

在日常事务的"旋风"中保持聚焦

在至关重要目标会议中，你和团队的每一个人都对推动记分牌进度负有责任。要做到这一点，每个人都需要在每一周的至关重要目标会议上，针对一两项直接影响引领性指标的事情作出计划，并在下一周的会议上向其他人汇报完成情况。

在准备参加至关重要目标会议之前，每个团队成员都需要考虑以下这个问题：

"我能做的最能影响引领性指标的一两件最重要的事情是什么？"

在这里我们要注意，团队成员不是问自己："这周我能做的最重要的事情是什么？"这个问题过于宽泛，很容易把他们的注意力带回到日常事务中去。所以，他们需要问自己一个更具体的问题："我这周能做哪些可以影响引领性指标的事情？"

如上所述，在每周的会议上聚焦可以影响引领性指标的事情是非常重要的，因为引领性指标是达到至关重要目标的杠杆。会议上作出的计划，代表的是必须完成的、能推动引领性指标的事情，不论日常事务如何烦琐累人。这就是为什么我们在原则2中反复强调要确保引领性指标是团队可控的：团队通过每周的努力，可以推进引领性指标。简单来说，每周的工作计划推动引领性指标，引领性指标推动至关重要目标的实现。

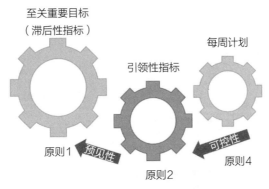

通过每个人每周的计划和行动，团队成员的行为会影响引领性指标的进展，并最终预见了滞后性指标的进展和至关重要目标的成功。

下面我们就以萨布里亚为例，她是一家医院的护士长，她的引领性指标是减少给病人服用止痛药的时间。萨布里亚通过她的记分牌发现，她管理的两个团队——七楼白班和八楼重症监护室落后于其他团队。她知道，七楼的负责人是新来的，还正在学习止痛的工作流程。她也知道，八楼的护士人员不足。所以，为了推动引领性指标的进展，萨布里亚本周的工作计划可能是，与七楼团队一起温习止痛流程，并且填补八楼团队的空缺职位。

另一个例子来自托马斯，一位销售人员，他的引领性指标是每周发出两份新提案。托马斯知道他的潜在客户数量越来越少了，所以这一周他的工作计划就是去挖掘10个潜在客户，并得到他们的姓名和联系方式，从而保证其中至少有两个可以进入到提案阶段。

在这两个例子中，无论是团队领导还是团队成员，都制订了每周的工作计划。因为业务以及团队的表现总在变化，每周的计划可能也会有所变化，但这个工作流程是不变的。

请注意，这些每周的计划往往不是紧急的，甚至不一定是新的事情。它们经常是那些团队应该做的事情，但往往会因为日常事务的打扰而没有做成。如果没有原则4这样定期的担责机制，这些事情可能永远不会被真正完成，尽管每个人都知道应该完成。

保持相互担责的节奏

米凯尔公司（MICARE）是墨西哥最大的私营企业之一，为许多墨西哥发电厂提供煤炭，高效执行4原则渗透进了这家公司的点点滴滴。

每周一早上，这家公司的每一个部门都要召开至关重要目标会议。会议通过在线会议连接到远程各位置，从而保证了每个人在同一时间都能看到相同的页面，每一个经理展示的结果都显示在屏幕上供所有人观看。

从生产、运输到人事、财务、运营等每一个部门都张贴了记分牌，并保持持续更新。公司里的每一个人，例如工程师、矿工、维修工人等，都可以将本团队的至关重要目标脱口而出。在米凯尔公司参观的过程中，我们不由得想起了通用电气公司的传奇领导者杰克·韦尔奇的话：

目标不能听起来崇高但模糊。目标不能模糊，否则无法实现。你的方向必须非常清晰，以至于即使在半夜突然把一个下属从床上叫醒提问"我们的工作目标是什么"，他也能在半睡半醒间告诉你正确答案。

米凯尔公司的战略清晰度和员工作出的承诺，就达到了这样的水平。

高效执行4原则操作系统对于米凯尔公司达成至关重要目标意味着什么？

在7年的时间里：

- 损失工时的事故从一年700起下降到了不到60起。
- 处理煤炭的耗水量，一个重要的环保指标，降低了三分之二。
- 对采空区的修复治理，从每年6公顷上升到每年200多公顷。
- 矿区空气中的悬浮颗粒物，从每立方米346个降低到了每立方米84个。
- 工人人均采煤量，从一年6000吨增长到了一年10000吨。

根据米凯尔公司首席执行官的说法，高效执行4原则在该公司取得了惊人的成效，包括公司的生产业绩、安全状况和环境保护工作。

米凯尔公司认为保持相互担责的节奏是公司成功的主要因素。定期的至关重要目标会议，尽管这是个简单的概念，始终将公司的关注点聚焦在最重要的事情上。

请记住至关重要目标会议应该以快节奏进行。如果每个参会人员都只是陈述我们前文所说的3项内容的话，就并不需要多少时间。就像我们某个大客户喜欢说的那样："说得越多，做得越少。"

在工作中会发现什么是有效的，什么是无效的，至关重要目标会议可以让团队有机会来处理。如果引领性指标不能推动滞后性指标，团队就可以发挥创新思维，提出尝试新的引领性指标。如果在完成工作计划时遇到了障碍，团队成员可以为彼此扫清障碍。尤其是对一线员工而言遇到难以实现的，可能只需团队领导者大笔一挥的支持。事实上，作为领导者，你应该经常询问每个团队成员："我这周可以做什么，从而为你清除障碍？"

还要注意，只要你是高层领导者，可能就得每周参加两个至关重要目标会议，一个是你的上司主持召开的，一个是你领导你的团队召开的。

现在，我们将高效执行4原则应用到前文所说的年轻兄弟集团的例子中去。记住，年轻兄弟集团的至关重要目标是，在12月31日前将安全事故发生率由57%降到12%。他们的引领性指标是严格遵守6条安全守则，他们相信这样可以避免大多数安全事故。

假设你现在是年轻兄弟集团的一个项目经理，带领一个团队干活，在你上司主持的至关重要目标会议上，你应该做以下3件事。

- **汇报上周的工作计划完成情况**："上周我计划订购新的脚手架支架，这样我的所有工人就可以使用脚手架工作（6项安全守则之一），我完成了这项工作。"

- **回顾记分牌**："针对安全事故的问题，我的滞后性指标目前是平均每月发生5起，略微高出了我们本季度的计划。针对遵守安全守则问题，我的引领性指标是有91%的员工遵守6条安全守则。因为9号、11号和13号小组没有严格遵守佩戴防护眼镜的规定，所以记分受到了一些影响。"

- **作出下一周的工作计划**："这周我将会见9号、11号和13号小组的负责人，回顾他们的安全记录，并确保他们有足够的防护眼镜给每个员工使用。"

每一项工作计划都必须满足两个标准：第一，计划必须有具体的可交付成果，例如，一个只是"关注"9号、11号和13号小组的计划就太空泛了。因为这样的计划不能让你为某个特定的结果负责，所以很容易就湮没在日常事务中。第二，计划必须能够影响引领性指标。如果工作计划不能推动引领性指标，就无法推动团队实现至关重要目标。

随着你对至关重要目标会议的理解，你将更清楚地看到原则2中引领性指标的两个特征的重要性。如果引领性指标是可控的，它们就可以为你每周计划的工作所推动。如果它们对至关重要目标有预见性，那么推动它们就必将带来至关重要目标的达成。

至关重要目标会议就像是一项进行中的实验。团队成员们集思广益，尽最大能力去思考如何影响记分牌。他们尝试新点子，测试假设，并最终带来结果。

举例来说，在费尔维尤明尼苏达大学医学中心的明尼苏达州囊性纤维化中心，医生举行周会来回顾患者的肺部功能，大部分病人是婴儿或儿童。囊性纤维化通常会削弱患者的呼吸功能，所以这家世界顶尖的治疗中心的至关重要目标就是，为患者保持100%的肺部功能，他们不接受通常的80%甚至90%作为滞后性指标。

在这些周会中，医生们回顾了自己在过去一周内观察到的患者肺部功能的改善，并作出下一周的计划。例如，因为体重可能是影响肺部功能的一个引领性指标，医生们认真地监测这一数据，并给一些婴儿加营养餐。他们进行了使用喷雾帐篷和按摩背心等方式帮助患者清肺的实验，然后向团队汇报他们取得的成果。

每一周，他们都学到了更多的知识，并与大家分享。

很少有团队能像费尔维尤团队一样坚持为实现至关重要目标相互担责，他们取得的骄人成果证实了这一做法的价值。多年来，他们治疗的囊性纤维化患者没有一例因此病去世的。

得克萨斯州七山小学校长金姆·布莱克本一直热衷于运用高效执行4原则来实现她的崇高目标。在此过程中，她花了无数时间试图破解关于体制与日常活动的密码，以确保高效执行4原则在学校的大力实施。金姆会首先告诉你，如果没有强劲的相互担责的节奏，你将看不到你想要的结果。这不仅仅是她的观点；金姆可以拿出数据来证明原则4的力量。

随着时间的推移，七山小学建立了一个强大的相互担责机制和完善的体制。金姆分享道：

> 至关重要目标不仅改变了教室里的工作内容，也改变了我们学校里
> 的工作内容！去年，我们知道我们需要为年级团队创建一个每周召开会

议的模式，并且其会议核心要围绕与学校至关重要目标一致的团队至关重要目标。

　　每周工作计划是那些团队应该做的事情，但现实是，因为日常事务的打扰团队没有去做。如果没有定期的至关重要目标会议，这些事情可能永远不会被真正完成，尽管每个人都知道应该完成。

　　至关重要目标会议的重点很简单：相互担责，采取行动，推动引领性指标，克服日常事务的干扰，最终实现至关重要目标。有了这种结构，就可以防止紧急情况或日常事务的干扰。我们所创造的结构帮助我们将注意力集中在最主要的目标上！在团队至关重要目标会议中，每个团队成员都意识到他们的个人计划对团队成功以及学校成功的重要性。这也激发了个人层面上的努力。他们开始问自己："这周我能做些什么来推动引领性目标？"至关重要目标会议一次又一次地产生可靠的结果，但最重要的是，一个好的至关重要目标会议能产生一个高效的团队。

确保工作计划来自参与者

　　尽管主持至关重要目标会议的领导者有把关每个人工作计划质量的责任，但工作计划必须来自每个参会者。这一点我们再怎么强调也不为过。如果你只是简单地告诉你的团队应该如何做，他们学到的就会很少，但是如果他们每次都能够告诉你，为了达到至关重要目标需要做什么，他们在执行力方面就能学到很多，你也能学到很多。

　　让团队成员提出他们自己的工作计划似乎是违反直觉的，特别是当你可以很清楚地看到他们应该做什么的时候，以及当你的团队成员甚至可能希望你告诉他们应该做什么的时候。然而，你最终是希望团队中的每个成员能够对他们所提出的工作计划有主动性。作为一名领导者，你可能仍然要指导那些艰难地完成重要工作计划的人，但你要确保他们最终会觉得这些任务是他们的，而不是你的。

黑区与灰区

最终，至关重要目标会议将使你的目标免受日常事务的吞噬。下页是一张典型的一周工作日历，黑区表示你在至关重要目标会议上的工作计划，灰区表示你的日常事务。这个简单的图显示了在执行过程中投入的时间和精力保持平衡的情形。

当我们在介绍第4个原则时，一些领导者错误地认为，一周的大部分应该是黑区，即至关重要目标会议上的工作计划是这一周的焦点，但这和实际并不相符。你的大部分精力仍然是放在日常事务上，本该如此。高效执行4原则的关键价值在于，确保黑色区域的执行，保证你在处理日常事务之外能够在至关重要目标上投入时间和精力，并且坚持下去。

如果你把黑色区域的其中一块从你的日程表中拿走，事情会怎样？它真的会一直是空的吗？

你可以回想一下最近一次会议被取消，你的日程空闲出一个小时的情形。过了多久，其他3个会议和5个紧急请求都在争夺这个空缺的位置？就图表而言，日常事务吞噬掉这段空闲时间，把它变成灰色，需要多久？

当我们提问这个问题时，每一个受访的领导者都回答说："马上！"灰区不想你的这一周里有黑区。换句话说，日常事务会尽可能消耗掉你所有的时间和精力。帕金森定律认为，"工作会不断扩展，直到用完所有的时间。"再没有什么比日常事务更能消耗时间和精力了。执行你的至关重要目标就是要在灰区中有黑区，无论付出什么代价。

现在，考虑把这个日程表从你自己扩展到你的整个团队，用黑色区域来代表每个人为完成每周工作计划所需要付出的时间、精力，这是一种能产生结果的集中的精力。如果你能每周保持这样的相互担责的节奏，团队就能在引领性指标上投入集中的精力，而这些引领性指标对达到至关重要目标有直接影响。

每周保持这样的担责节奏还可以提振士气。回想一下，你是否也曾经历过这样

每周工作计划

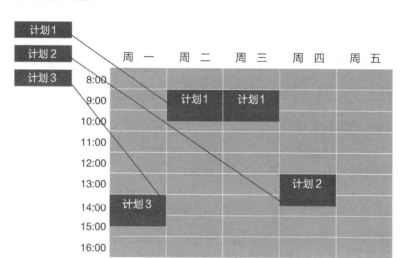

灰色区域表示你的日常事务，黑色区域代表你为推动记分牌制订的工作计划。如果
你主动将它们纳入日程安排当中，日常事务就不会轻易干扰你聚焦至关重要目标了。

的情形：一周全是灰色区域，长时间被没完没了的日常事务所占据。最糟糕的是，
你付出了整整一周的努力，却发现自己其实什么像样的成绩也没做出来！

如果这样整周都是灰色区域成为一种工作常态的话，作为一个领导者，你会感
到生命在逐渐耗尽。更糟糕的是，你会发现，你的团队也有这样的感受，体现在他
们的参与度与表现上。

至关重要目标会议是这种整周灰色工作状态的解药。当能够做到坚持定期召开
至关重要目标会议——你和你的团队强行在每周的灰区中保留黑区——不但你可以
在你的目标上取得持续进展，你也能感受到是你，而不是日常事务，在掌控一切。

至关重要目标会议与参与度

马克·麦克切斯尼，本书作者之一克里斯·麦克切斯尼的弟弟，只有一个愿
望——设计汽车。马克非常努力地工作以实现自己的梦想，最终被美国三大汽车制

造商之一聘用为设计师。马克团队的几乎所有设计师都有着同一个梦想，他们正在实现这个梦想，每天都在做一件他们最想做的事，那就是设计汽车。

你可能会认为，这个团队的参与度一定很高，然而，这个故事有意思的部分正在于此：设计部门是这家大公司里参与度分数最低的团队。没错，一群正在做自己一直都向往的工作的人，参与度分数最低，怎么会这样呢？他们从事了自己喜欢的职业，为什么参与度反而最低？

帕特里克·兰西奥尼在《痛苦工作的三个特征》（*The Three Signs of a Miserable Job*）一书中出色地描述了导致个人在工作中参与度低下的3个原因。

- 默默无闻：他们觉得领导不知道或不关心他们在做的事情。
- 无关紧要：他们不明白自己的工作有多重要。
- 缺少标准：他们无法衡量或评定自己到底作出了多少贡献。

兰西奥尼所说的这3个特征在上述的汽车设计部门都存在。第一，设计师的一个原始设计，在转化为正式产品之前往往要修改很多次，以至于到最后，大家都不记得最初的设计师是谁了（默默无闻）。第二，产品发布往往是在设计师进行设计几年之后，这就使得他们可能看不出自己对公司的最终效益有什么特殊贡献（无关紧要）。第三，公司对他们工作表现的评价非常主观（缺少标准）。

兰西奥尼描述的3个特征，不仅仅可以解释汽车设计部门的问题所在，也可以套用在其他很多工作上，另外还可以完美地描述身处日常事务中的工作状态，也就是我们所说的"整周灰色工作状态"。不过我们可以带来一个好消息，那就是只要正确运用高效执行4原则，这3个问题都可以迎刃而解。

在一个至关重要目标会议定期召开的团队中，任何一个成员都不会是默默无闻的，他们每个人每周都至少会被大家关注一次。他们也不是无关紧要的，因为他们可以清楚地看到自己的工作是怎样推动了引领性指标，进而推动了至关重要目标。他们更不会苦于缺乏工作衡量标准，记分牌是清晰而公开的，每周的最新表现都会反映在其中。

至关重要目标会议的巨大作用不会一下子就全部显现出来。一个团队一般需要花3到4周的时间，才能形成一个比较好的会议节奏，并在这些会议上专注于至关重要目标，避免谈论日常事务。但很快，会议变得更有成效；又过了几周，一些明显的变化发生了。那些引领性指标切实推动了滞后性指标，并且团队开始觉得他们在赢了。

与众不同的相互担责的节奏

高效执行4原则APP是支持至关重要目标会议进行的必要工具，记录了世界各地的团队数百万个工作计划，更重要的是，记录了这些工作计划是否被落实。在世界范围内，超过75%的工作计划得到落实，尽管每个团队都要努力克服日常事务的干扰。这一数据表明，至关重要目标会议可以切实帮助我们建立良好的相互担责的节奏，并推动后续行动。

但是，我们希望读者能深入理解，这种在至关重要目标会议中建立的独特的相互担责制。

"担责"这个词往往有一种强烈的负面含义。如果你的上司说"一小时之内到我办公室来一趟，我们需要进行一次担责会议"，你可以相当肯定这不是一件好事。

但是，至关重要目标会议上所建立的担责和上述情况不同——这种担责不是组织层面的，而是个人化的。不是对你无法影响的宽泛结果担责，而是对你自己作出的、你能够完成的每周计划担责。而且，在汇报结果的时候，你不只是要向你的领导汇报工作，也要向彼此汇报。你在至关重要目标会议上最终要回答的问题就是："我是否做到了向其他人所'承诺'的事情？"

如果你的答案是肯定的，当一个团队的成员看到他们的同伴不断地完成他们许下的承诺时，心中对彼此的尊敬就会不断增加。他们会觉得和自己一起工作的人是值得信赖的，大家的工作表现也会突飞猛进。

以诺马克公司（Nomaco）为例，这是一家生产泡沫膨化材料的领头企业。简而言之，他们利用不同颜色的泡沫生产各种产品，从高科技的绝缘材料到游泳池里的小玩具。

位于北卡罗来纳州的塔尔伯勒工厂，被认为是该公司3个工厂中业绩较好的一个。该厂几乎是全面领先，无论是在成本、利润还是安全状况方面。然而他们并不觉得这是一个伟大的工厂，因为尽管他们一直在进步，但是并没有取得具有突破性的表现。

塔尔伯勒工厂的组织结构是传统的，尽管整体环境还算友好开放，工厂里的员工仍都依赖经理来管理、监督和做一切决策。从本质上来说就是，要由经理来保证工厂里的每个员工都在做他们应该做的事情。这对一个人来说几乎是不可能的责任，并且限制了这个人能力水平的提升。

高效执行4原则给他们带来了希冀已久的突破性进展，在运用高效执行4原则一年半以后，这家工厂：

- 生产线上的成本减少了100万美元。

- 比本财年的预算低30%多。

- 没有发生损失工时的事故，只有一次可记录事故。

- 在第一季度提前完成下一财年的预算。

对于高效执行4原则，这家工厂的经理这样总结道："它是一个强大的工具，可以确保组织开展的任何行动计划取得成功……高效执行4原则总能给你带来想要的结果。"

这种转变的关键在于至关重要目标会议以及其帮助推动的相互担责的节奏。

在塔尔伯勒工厂，每个团队每周都召开至关重要目标会议。在会上，每个人都向大家汇报自己是如何推进记分牌的分数，如何实现至关重要目标。每一周，他们都提出新的想法，让记分牌保持在健康运行状态。至关重要目标会议让他们把注意力集中在达到至关重要目标上，更重要的是，会议让他们能共同思考，共同决策，相互帮助，并庆祝他们的胜利。

最终，塔尔伯勒工厂创建了一种高度敬业的文化，员工彼此对结果负责。

朱利安当时是诺马克公司的总裁，他这样总结至关重要目标会议的作用："至关重要目标会议比传统的旧式生产会议更具活力，它极大地提高了我们各个工厂的生产力，并让担责变得不可思议地简单。"

确保你的团队处于比赛中

在过去的几年里，我们观察了无数的像塔尔伯勒工厂那样的至关重要目标会议，这些经验使一个结论更加清晰，那就是：在至关重要目标会议中建立的对同事的担责，往往比对领导的担责更能激励员工的表现。员工会努力工作，避免让他们的领导失望。但为了不让队友失望，他们几乎会做任何事。

然而，要达到这种水平，你还需要理解另外一点。我们在前文曾经说过，高效执行4原则的前3个原则创建了比赛，但在运用原则4之前，你的团队并没有置身比赛之中。现在，我们想把这个意思说得更清楚一些：你对至关重要目标会议的重视程度将直接决定你的团队产生的结果。你是否能坚持下来、是否聚焦，是否示范作出承诺并坚持到底，将影响你的团队成员对至关重要目标会议的重视程度。

通过季前赛和季后赛的比较，我们来帮你思考这一点。季前赛是你想赢的热身赛，季后赛是你输了就得打道回府，你觉得哪种比赛更能够激发你的队员高水平的发挥呢？坦白地说，如果比赛并不重要，你的团队为什么要认真对待它？这就是为什么相互担责制度能激励团队最高水平地全身心投入，而这一高水平是在至关重要目标会议中建立起来的。

会议也可以有创意

有些人不喜欢至关重要目标会议的固定结构模式，但实际上，只要做得正确，至关重要目标会议也可以很有创意。就像精神病学家爱德华·哈洛韦尔所发现的一样，结构和创意相结合，就会产生参与。他认为最能激励人心的场景就是"高度结构化，同时又充满新奇和刺激"的场景。

相互担责的节奏可以释放团队的创造力。

一般来说，当你想到纪律性、执行力强的团队时，你往往认为他们不会同时拥有创造力和创新性。但是，我们经常能看到运用高效执行4原则很好的团队有这些特征。

因为至关重要目标会议鼓励试验新想法，它让每个人都参与到解决问题中来，并促进共享学习。这是一个论坛，员工可以发表关于如何推动引领性指标的创新见解，因为实现目标如此重要，它能让每个团队成员贡献最好的想法。

汤氏公司（Towne Park）就是一个很好的例子。作为最大的为高端酒店和医院提供代客泊车服务的供应商，汤氏公司一直经营有方。当他们的一家大客户盖洛德娱乐集团（Gaylord Entertainment）采用高效执行4原则，并取得巨大成功之后，汤氏公司对此也颇有兴趣。

汤氏公司已经考核了他们业务的几乎所有方面，例如，当你到达时，服务人员有没有帮你和你的客人开车门，他们有没有使用恰当的迎宾用语，他们有没有及时为你送上一瓶水。公司的高管可以告诉你这些，因为他们几乎考核了他们认为对客户重要的一切。

尽管如此，他们仍决定将高效执行4原则应用于公司的至关重要目标——提高客户满意度——看看是否可行进一步改进它。在确定原则2中的引领性指标时，他们意识到原来的考核指标中，缺少了一项对客户满意度而言很关键的内容，那就是——当客人准备离开时，他们需要多长时间取回他们的车？

因此，他们将"减少提车时间"作为进一步提升客户满意度的最具预见性的引领性指标。车送到顾客那里越快，顾客就越高兴。尽管他们一直都知道这一点对业务而言很重要，但是从来没有对此进行过考核，因为这个数据指标并不容易获得，即便这是一个很信考核的公司。他们知道，要收集这项指标的话，就必须在每次客人吩咐服务人员的时候开始计时，直至将车完全开出去，这需要持续不断地对所有地点的服务人员的提车时间进行统计。

你可以想象，在无数汽车进出的过程中，统计这些数据是一件相当难的事情，以至于一些领导认为这是完全不可能做到的。但是，因为他们已经把无与伦比的高客户满意度作为至关重要目标，而且也确实认为提车时间是最具有可预见性和可控性的引领性指标，所以还是决定去跟踪这些数据。和所有伟大的团队一样，一旦作出了决定，他们找到了方法。

最开始，他们也疑惑提车时间是否是可控的，毕竟还有其他一些外部影响因素，例如停车场的位置，到某辆车停车位的距离，等等。尽管有这些担心，他们还是大幅缩短了提车时间。

他们是怎样做到的呢？他们高度地投入其中，所以找到了方法。一旦引领性指标上了记分牌，所有服务人员都开始想新的办法来赢。例如，他们建议客人在办理离店手续之前，先打一个电话通知，这样他们一出门就可以直接开上自己的车。只要客人提前打电话了，提车时间就可以是零。

服务人员还会询问客人预计在哪天提车，如果是在一周以后的话，他们就会将这辆车停到停车场靠里的位置。快到提车日期的时候，他们又会预先将车移到靠外的位置，从而缩短了提车时间。

好多这样的好点子冒了出来，最后不但作为引领性指标的提车时间大幅缩短，作为至关重要目标的客户满意度也得到了大幅提升。汤氏公司取得了成功！他们的成功离不开所有员工的积极投入，没有所有员工的积极投入，就不会有这么多好点子，更不会有这些好点子的成功落实。

然而，汤氏公司在佛罗里达州迈阿密的团队还是遇到了一个貌似难以逾越的困难：一堵4英尺高的混凝土墙矗立在停车场中间，迫使服务人员连续停放多辆车。这就导致服务人员在提走他们需要的那辆车时，要移动不止一辆车。

经过几个月的各种尝试之后，他们终于在一次至关重要目标会议上找到了一个好办法。客户经理助理詹姆斯·麦尼尔向他的团队承诺说，这堵墙很快就会消失。

这家酒店的建筑工程师确认这堵墙并非承重墙，麦尼尔获得许可拆除这堵墙，然后他找来工具，在其他几位团队成员的帮助下，终于在一个周末的早晨将这堵墙拆除。经过一天的紧张工作之后，所有的建筑垃圾也被清理干净，停车场终于畅通无阻了。

如果你是一个领导者，就应该会喜欢这个故事。假设是汤氏公司的高层领导要求其团队去做这么一件事，团队会有怎样的反应呢？毕竟，拆墙和他们的本职工作相去甚远。好一点的结果，这些人可能会消极抵制，最坏的情况下，他们甚至会揭竿而起，罢工或者采取其他激烈的反抗措施。在讨论这个故事时，汤氏公司的一位高管说，"如果这是我们的主意，拿枪指着他们，他们也不会做。"

但因为引领性指标，这场比赛变成一场很重要的比赛——而参加比赛的这些人又不想失败——结果就完全相反。把墙拆了是他们的主意，而且赢的愿望如此强烈，你想挡都挡不住。需求永远是创新之母！一旦他们把提车时间搞成了一场重要比赛，各种创意和创新就会源源不绝冒出来。

理解这一点很重要：如果按照传统的发号施令管理方式（即完全依赖领导者的权威），极少能使人们对工作高度投入。单凭手中的权力，最多也只能得到一个团队的服从而已。

与传统方式不同的是，高效执行4原则所产生的结果，不是来自权力的使用，而是来自每个团队成员渴望感受到自己的重要性、渴望做有意义的事情、渴望赢的愿望。

这样的投入才会产生真正的承诺，才会让汤氏公司的团队去拆墙。也只有这样的承诺，最终能够创造杰出的成就。

在第三部分中，我们将给出更精确的行动指南，教读者怎样通过定期的担责机制来实现承诺。

高效执行4原则的力量

既然我们已经逐条审视了高效执行4原则，我希望你能够感受到它们改变业绩与企业文化的力量。在我们向领导们介绍高效执行4原则的时候，他们往往认为，我们所讲的内容他们大部分都已经做过了。毕竟，不论是制定目标、跟踪指标，还是量化记分、召开例会，这些都是很常见的话题，但是，一旦他们开始实施高效执行4原则之后，这些领导就会发现，团队发生了前所未有的巨大变化，产生了突破性成果。

如果你把高效执行4原则和常见的年度计划相对比的话，就会发现它和典型的关于目标的思维模式有很大的差异。

一般制定年度工作目标的过程是这样的，先制订一个大体的年度计划，瞄准一系列目标，然后每个目标被分解为诸多具体项目、任务、子任务。为了计划的成功，所有的子任务都应该在未来的几个月里完成。计划的过程越深入，计划就越复杂。

尽管情况越来越复杂，但领导们还是会有一种我们称之为"统筹全局"的感觉，这是一种充满希望的感觉，他们会认为计划"一定能成功"！

最后，他们会制作一套精美的幻灯片来展示他们的计划，然后发表一番信心十足的讲话。听到这里你是不是觉得很熟悉呢？如果是，在计划发布之后可能只差一件事情未论及了，那就是，大家都眼看着因为需求和业务的变化，计划一点点沉寂下去，也没有任何人对此负责，最终使计划变得毫无意义。

现在，作为比较，我们可以回想一下年轻兄弟集团的案例，他们的至关重要目标是减少事故发生。无论年度工作计划做得多么完美，他们都不可能预知，到第32周，某个领导需要和9号、11号以及13号小组的负责人就佩戴防护眼镜的问题进行交流。换句话说，那一周产生最高绩效所需的信息并不在年度计划中，而且永远也不可能会。

但是，运用原则4，这个团队每周就他们的引领性指标召开会议，针对实时的情况在创建新计划，而这些新情况，是他们在月初不可能知道的，更不要说年初制订年度计划的时候了。

这种每周持续地在引领性指标上投入精力的做法，建立了一套独特的担责机制，最终将团队和目标不断结合起来。

如果年轻兄弟集团没有将遵守安全守则作为引领性指标，他们可能还是会作出每周计划，但针对的是不那么具体的目标。你能想象每一个团队成员都计划这一周要减少事故发生？但这样的计划对于他们来说太宽泛了。

更糟糕的是，领导们有这样的想法。你能听到他们沮丧地说："这些工人都已经从事建筑行业好多年了。如果他们自己都不关心自己的生命安全的话，我又能做什么呢？"

一旦人们放弃了一个看似不可能达到的目标，不论这个目标是多么有意义，他们就只能回到日常事务中去。毕竟，这才是他们所熟悉的，在这里他们才能体验到安全感。如果一个团队到了这种状态，他们就不会再为胜利而拼搏，而只是在尽量避免失败罢了，可这两者之间的差别是巨大的。

你可以把高效执行4原则看成电脑上的操作系统在你的电脑上运行任意软件，你需要一个强大的操作系统。但是如果操作系统很差劲的话，不论软件设计得多好，都是运行不起来的。

与此类似，如果没有一个好的操作系统来运行你的战略目标的话，无论你的战略多么完美，都难以长期持续下去，甚至即使你取得了一些阶段性成果，也不大可能在未来的日子里维持下去或者继续超越。高效执行4原则可以保证你制定的任何目标得到精确而持久的执行，并为未来更大的成功奠定基础。

高效执行4原则如此强大，其原因在于，它基于永恒的原则，而且已经被实践证明，它适用于任何环境下的任何组织。并非是我们发明了高效执行4原则，我们只是发现并将其编写出来。其他人已经用这些原则有效地改变人的行为，从而达成目标。

你口袋里的高效执行4原则操作系统

今天，每个领导者和团队成员都可以在任何时候通过高效执行4原则APP看到整个高效执行4原则操作系统。这项强大的技术不仅能显示至关重要目标的进展、引领性指标的表现和按照工作计划推进的相互担责制的遵循，它还能保证这些指标的实时更新。

如何阅读这本书的剩余部分

正如你在第一部分中所学的，高效执行4原则是一个用于实现你必须完成的目标的操作系统。请记住，高效执行4原则不是一套仅仅应该去思考的建议或理念。相反，高效执行4原则是一套原则体系，虽然需要你尽最大努力，但它会回馈你一个表现稳定且非凡的团队。这就是为什么这本书不仅介绍了该做什么，还提供了如何做的详细指导。

为了确保你对这本书的阅读尽可能清晰和有效，我们想对剩下的部分提供一些指导。

第二部分写给高层领导者。它为那些领导一线团队领导者的领导者明确指出了在实施高效执行4原则过程中可能遇到的机会和挑战。如果你是这样的角色，第二部分对你就至关重要，因为它详细说明了取得成功所需的具体做法和思维。我们强烈建议你阅读（并吸收）接下来的第二部分。之后，如果你想知道得更多，我们相信你会发现第三部分也是有价值的。因为它会使你了解一线团队领导者将运用的确切流程。

第三部分写给一线团队领导者。在这一部分中，你将找到实施高效执行4原则的详细路线图。如果你是一线团队的领导者，可以把这一部分看作一份现场指南，其中包含了确保你成功所需的所有信息。一旦你开始，你就会明白它的价值。之后，如果你想知道得更多，我们相信你会发现第二部分是有价值的，因为它会使你了解你的领导将运用的确切流程。

PART 2

第二部分

高层领导者如何运用高效执行4原则

Applying 4DX as a Leader of Leaders

第6章

选择聚焦的领域

在我们刚开发高效执行4原则时，我们采访了蒂姆·塔索普洛斯，他现在是Chick-fil-A（美国排名最高的餐饮组织之一）的总裁兼首席运营官。在采访过程中，蒂姆向我们提供了一个深刻的见解——一个这些年来一直留在我们脑海中的见解。他说："当我和一个领导者交谈时，我想知道的第一件事是，他会选择在何处投入较多的精力？"蒂姆知道，如果领导者将他们组织的精力平均分配在其目标和优先事项上，他们很可能会止步不前。

多年来，我们已经洞悉，高效执行4原则旨在将精力集中于一个关键的突破性目标上。在本章中，我们将深入探讨作为高层领导者，在运用高效执行4原则时所面临的最具挑战性的问题：我们应该选择什么作为组织的至关重要目标？或者正如蒂姆说的那样，"我们要把较多的精力投入在哪个方面？"

当你开始这个过程时，记住顶层至关重要目标不是通过你简单地大笔一挥就能实现的，也不是通过完成现有（维系生存）的日常事务活动就能实现的。

你的顶层至关重要目标代表了一个突破性成果，它需要人们的参与和行为的重大改变。

你也要记住，实现你的顶层至关重要目标所需的精力最终来自组织的一线团队。正如我们在第2章中所说的，将一线团队的精力视为一种"突破货币"会有所帮助。当你选择一个顶层至关重要目标时，你就是在决定你将如何使用这些货币。

作为高层领导者，确定顶层至关重要目标不仅是一个挑战，也是一项你可能无法独自完成的任务。根据我们的经验，要是没有整个领导团队严谨的讨论和协作，领导者很少会作出选择，在此过程中，最高层的领导者往往起到推动和促进作用，如果有必要，会作出最后的决定。

战略地图

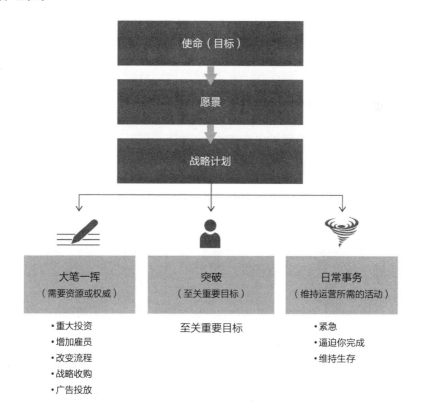

对于领导团队，开启这一讨论的一个有效方式是用你的战略（或当前计划）中大笔一挥的部分和日常事务的关键指标来填充战略地图的左、右侧部分。这个练习应该是相对简单的，因为你最关键的运营指标可能是众所周知的，而且任何重大的大笔一挥的决定至少已经被提出来讨论过了。

一旦领导团队可以看到大笔一挥的部分和日常事务部分填好了，他们将有一个更清晰的视角来确定候选的顶层至关重要目标（突破性成果），这些目标可以放在图表的中间部分。现在，你的领导团队可以专注于将他们的精力投入于应该投入的方面，以实现突破性成果。

有了这种新的清晰视角，你的战略中刚开始被放在大笔一挥（左侧）或日常事务部分（右侧）的元素最终通常会被重新定位在中间，作为顶层至关重要目标的候选项。领导团队还应该记住，无论今天选择什么样的顶层至关重要目标，总有一天它会回归到日常事务中，成为你日常工作的一个常规元素，因为团队到时形成了新的习惯。

确定你的突破性成果

为了完成战略地图的中间部分（突破性成果），你第一步应该做的就是，开始头脑风暴，列出候选的顶层至关重要目标。

在头脑风暴中，你要问的第一个问题是："如果我们运营的所有其他方面都保持目前的表现水平，我们最希望在哪个方面取得显著的成果？"这个问题通过让其他方面保持不变，很自然地让你将注意力聚焦在可能的突破上。我们的经验表明，如果你只能选择一个，那么那一个最有可能是你最需要突破的方面。虽然这个问题并不能使你作出最终选择（下面还有其他分析性的问题），但它确实能向你提供一个不错的候选列表。

一旦你有了候选的至关重要目标列表，接下来你应该考虑如何将每个候选项对应到下面的图表上。这个练习非常有意义，因为它迫使你的团队在"失败的影响"和"失败的风险（无重大改变）"这两个轴上评估每个候选的至关重要目标。

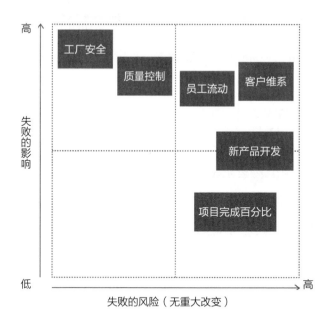

失败的影响

候选的至关重要目标有多重要？

虽然这个问题看起来很简单，但实际上需要深入思考。评估它可以让你的团队在作出最终决定之前提出更大的问题，并思考更长期的影响，而不是简单地专注于一个短期目标。例如：

• 这个目标对我们的总体战略是否重要到——如果没有这个目标，我们的总体战略就不能成功？

• 这一目标是否短期内影响不大，但对未来却绝对至关重要？

• 这个目标是否今年只让我们前进了一点点，但增强了我们客户的忠诚度，或在经济低迷时面对竞争对手能保住我们的市场份额？

到目前为止，我们讨论至关重要目标时，都是将其看作为了获得战略成功要取得的突破性成果。但如果组织没有战略呢？或者，如果该组织在财务上取得了成功，但远离了其使命和愿景呢？有时候，领导者会为了让组织重新回归其使命，甚至是放大其使命而选择一个至关重要目标。最大的失败是使命的失败。

我们与一家大型二手货连锁店的新总裁合作时，他就在问自己这些问题。他的前任为公司奠定了坚实的财务和运营基础，完善了公司的营销及推广工作、商店的外观和风格，以及公司的会计流程。当我们开始讨论至关重要目标时，他的一些下属认为对以上方面的重视需要继续。而另一些下属则更多地强调了雇用残疾工人的重要性。还有一些人则认为至关重要目标应该是增长。选择的范围之广令人困惑。

为了帮助团队找到共同点，这位新领导要求大家仔细思考组织的使命："促进残疾工人的独立自主。"既然公司在当下有坚实的财务和运营基础，那他们现在想取得最大成果的领域能否与其使命更直接相关呢？

逐渐地，从这段经历中，一个至关重要目标出现了——致力于帮助残障人士在该组织之外找到可以维持其生活的工作。虽然该组织不能雇用他们所在地区的所有残疾人，但它有能力培训残疾人从事零售业务，帮助他们找到更好的工作，使他们摆脱依赖。增加稳定就业的残疾工人的数量这一全新的至关重要目标改变了这个组织。它不仅帮工人们变得自力更生，找到了一种新的自我价值感，同时还维持了公司的日常财务和运营成果，使该连锁店的使命成为可能。

失败的风险

接下来，领导团队应该考虑候选的至关重要目标失败的风险（无重大改变）有多大。换句话说，如果没有显著提高参与度与关注度，我们在这个目标上失败了，可能有什么风险？

每个候选的至关重要目标的第二个轴很容易被忽视，通常是因为领导团队不愿意讨论失败的可能性。将讨论集中在重要性这一令人舒服的话题上，比集中在风险这个令人不舒服的话题上要容易得多。但确定和实施一个至关重要目标，就是决定将一些精力不投入在日常事务上，这些精力是有限且极其宝贵的"货币"。如果浪费了这些"货币"，你就可能失去了无法重新获得的时间和精力。

同时也要记住，"失败的风险（无重大改变）"并不总意味着有完不成目标的风险，例如预计的销量。它也可能意味着没有抓住机会，例如没能让新产品先于直接竞争对手进入市场，或没能捕捉到客户购买习惯中一个意想不到的上升趋势。

花时间评估"失败的风险（无重大改变）"也有助于你的团队理解为什么那些你通过大笔一挥或（对日常事务的）正常处理就可以实现的事情不应成为至关重要目标。

我们并不是建议你的顶层至关重要目标应该总是从这两个轴上"高且右"的候选项中选择。我们知道，最终选择将来自对许多因素的仔细评估，是业务的需求和资源的综合考量。但我们经常发现，在这些轴上列出你的候选至关重要目标可以为你提供有价值的见解，帮助你作出更好的最终决策。

搭建好至关重要目标以获得最大成果

在第2章中，我们展示了组织建构至关重要目标的3个方法，以创造实现顶层至关重要目标所需的聚焦与一致性。在接下来的章节中，我们想要更深入地说明至关重要目标的结构，以及领导团队选择它的根本原因。

方法A　一个单一的顶层至关重要目标

总部位于美国的货物运输公司Covenant Transport，其领导团队为整个组织选择了一个至关重要目标：在12月31日前，将司机的年人员流动率从106%降到86%。

之所以选择这个至关重要目标，而不是其他目标，如"准时交货""发货总量"或"改善交通安全"，其中一个关键原因是，减少司机流动率将产生连锁反应，影响许多其他关键指标，可以有效推动更好的结果。第二个考虑是，公司的每个团队都可以以一种有意义的方式为这个至关重要目标作出贡献。他们努力使流动率降低到82%（公司历史上最低），超额完成了预期目标。此外，他们还创造了12年来最好的财务业绩，司机流动率也影响了其他关键指标的实现。

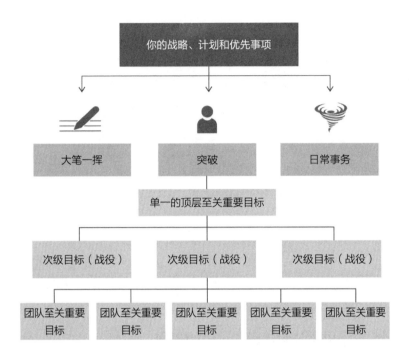

方法B　多个顶层至关重要目标

一个大型制药巨头有12项战略任务。可以预见，他们的领导感觉自己一头扎进了多个方向。经过大量的讨论，高层领导团队选择了两个顶层至关重要目标，这样他们就可以专注于公司两个不同的部门。

他们的首要战略需要是增加市场份额。为了做到这一点，他们需要公司的不同部门同时致力于不同的成果——因此需要两个顶层至关重要目标。值得注意的是，公司的每个部门仍然只有一个聚焦点：分配给他们的顶层至关重要目标。因此，从每个团队的角度来看，他们似乎只有一个顶层至关重要目标。

第一个顶层至关重要目标是一个全面的流程改进项目，以减少确定一种有前景的化合物，然后开发、测试、获准和上市一种新药所需的时间。他们将这一顶层至关重要目标命名为"缩短新药上市时间"。我们有时把这种类型的顶层至关重要目标称为"变革型至关重要目标"，因为它要求组织做一些全新的事情。

第二个顶层至关重要目标是"增加获得他们药物的途径",这包含两个次级目标
(战役)。第一个是教他们的开方医生(开这种药的医生)何时以及如何有效和安全
地使用这种药物。第二个是简化付款方获取药品的程序。这涉及与世界各地保险和
卫生系统处理支付事宜的人员和系统进行广泛的合作。

我们经常将这种类型的顶层至关重要目标称为"绩效改进型至关重要目标",因
为其努力的方向是在现有指标上表现得更好。

变革型至关重要目标和绩效改进型至关重要目标以及这一结构的其他变换形式
都很常见,特别是在只有通过重大的持续投入才能实现结果的更大型战略中。下图
是该结构的图示。

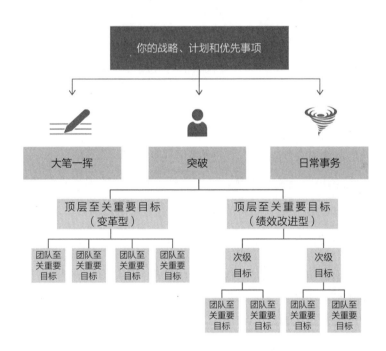

方法C 多个团队至关重要目标,无顶层至关重要目标

加拿大服务公司TELUS International为世界上一些最具颠覆性的品牌提供客户体
验和数字服务的综合解决方案。其总体战略包括4个对他们的成功至关重要的具体

战略：

- 在成长型行业确立领导地位；

- 实现卓越的销售；

- 为组织增长做准备；

- 推动卓越运营。

他们对高效执行4原则的实施是具有创新性的，因为它不是单一的顶层至关重要目标。相反，每个团队都被允许创建自己的团队至关重要目标，只要它符合4个具体战略中的一个。在本质上，这4个战略起到了顶层至关重要目标的作用。

他们的首席执行官说："我希望这4个战略目标能够指导一线团队选择他们的团队至关重要目标。由他们选择至关重要目标，只要符合我们的4个具体战略之一。"

所以现在每个团队都有一个基本的责任：他们需要选择一个团队至关重要目标，不仅要符合4个战略中的一个，而且要代表他们对公司成功可能作出的最大贡献。有超过400个团队参与，自下而上的选择赋予他们两个明显的优势：

- 这确保了团队至关重要目标的选择是在接近一线工作的情况下作出的；

- 通过让团队作出选择，它产生了一种强烈的主人翁意识。

一个例子是客户服务支持团队，他们选择专注于"实现卓越的销售"的战略。他们确定了一个团队至关重要目标来增加他们的外呼电话的数量和质量，这最终使公司赢得了一个新的大客户。另一个团队选择专注于"推动卓越运营"。他们的团队至关重要目标是减少50%的通话后的工作量（通话后需要额外进行的工作）。

这两个例子展示了团队至关重要目标的精确性——因为允许团队作出选择而实现的严谨性，以及将这些新行为转化为永久的绩效习惯所需的参与度。

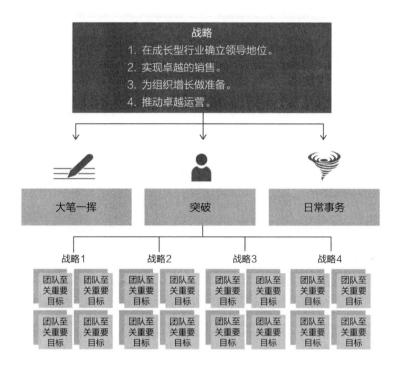

制定至关重要目标时要避免的4个陷阱

最后，我们想通过概述一下制定至关重要目标时要避免的4个陷阱来总结本章的内容。我们坚信，知道什么不该做是最有价值的指导，特别是当每个"陷阱"都代表着20多年来这个过程中的关键（和来之不易的）教训时。

1. 制定了太多的顶层至关重要目标。制定太多至关重要目标可能是所有陷阱中最诱人的，它也是最具破坏性的。当领导者第一次了解到高效执行4原则的潜在力量时，他们会试图将这些强大的实践应用到每一个指标上。我们接到的最令人不安的电话是，一位兴奋的领导自豪地报告说："我们决定把一切都制定成至关重要目标。"

落入这个陷阱是对聚焦原则的明显违背，但领导者们仍然这样做。请记住，边际效用递减原则不仅在科学领域，在人员绩效方面同样成立。它也是无情和痛苦的。创建过多的至关重要目标，就会破坏高效执行4原则的力量。在我们从事这项工作的这么多年里，我们从不记得有哪位客户事后说："我们希望我们能有更多的至关重要目标。"但是我们经常听到这样的话："我们希望我们能更加专注、聚焦。"

2. 选择了太宽泛的顶层至关重要目标。这个陷阱没有上面那个那么明显，但它几乎一样常见。我们意识到，通过选择"至关重要"这个词，我们在不知不觉中扮演了制造这个陷阱的角色（尽管这并不是我们的本意），结果是影响了领导者，让其创建出包含组织所做的几乎所有事情的至关重要目标。部分挑战在于，当领导者听到"至关重要"这个词时，他们自然想到"最重要的"。当他们想到所有事情中最重要的事情时，他们会想得很宏大。这导致他们选择了诸如"总利润""总销售额"或"总市场份额"等作为顶层至关重要目标。正如在第2章中提到的，这些"超级目标"并不能成为好的至关重要目标，主要是因为它们包含了所有正在完成的工作，包括所有的大笔一挥的措施和日常事务活动。虽然这可能感觉是在聚焦，但实际上并不是——当你开始尝试识别原则2中的引领性指标时，这个痛苦的现实就会变得显而易见。

太宽泛的顶层至关重要目标的最后一个挑战是，它们经常会受到外部力量的影响，而这些外部力量和你的表现几乎没有关系。例如，如果一个组织选择"整体市场份额"作为顶层至关重要目标，他们必须实现两个独立的目标来实现这个目标。首先，他们必须通过从竞争对手那里赢得业务来提高自己的市场份额。其次，他们必须在相同的时间内赢得比竞争对手更大的市场份额。在这种情况下，组织即便实现了有史以来最高的增长，但仍有可能输给增长略胜一筹的竞争对手。再加上广告、市场趋势、定价、经济波动和技术创新等外部因素，这使得这个顶层至关重要目标的成败因素远远不止团队实际表现这一个。它将会变得很难实现。我们有时将其描述为"试图用子弹击中子弹"。这不是不可能，而是非常不可能。

3. 创建了一个充满雄心壮志却无法衡量的顶层至关重要目标。有时，有一种倾向是创建的顶层至关重要目标是如此的野心勃勃，可它实际上是无法衡量的。这是一个很容易落入的陷阱，因为至关重要目标听起来很重要，甚至很高贵。当你说到至关重要目标的时候，它是鼓舞人心的，但当你试图实现它时却不是。畅销书作家蒂姆·菲利斯曾经说过："生活惩罚模糊的愿望，但奖励具体的要求。"他对这个陷阱的描述再完美不过了。

"成为市场的首选供应商""创新引领行业""赢得世界级客户的忠诚度"等至关重要目标就是落入这个陷阱的实例。即使领导意识到顶层至关重要目标不能满足从X到Y的要求，你也仍然很难劝阻他们。这有以下几个原因：

首先，领导者可能会选择模糊的顶层至关重要目标，是因为他们希望朝着这个结果努力，即使这个结果无法衡量。我们经常遇到这种情况，领导者是唯一这样想的人。团队并不是。领导者认为，虽然没有单一的标准来衡量成功，但至关重要目标让每个人都朝着同一个方向移动。需要预警：这是一条通向失败的道路。

清晰、可衡量的目标是关于执行的语言。设置一个模糊的顶层至关重要目标，你会很快发现执行一个概念是多么不可能，即使它是一个你喜欢的概念。记住，概念激发想象力，但目标驱动表现。

想想我们在第2章讨论过的登月计划。在"引领世界太空探索"这个模糊的目标背后有几十个目标，但当肯尼迪总统设定"在这个10年结束前把人送上月球"的目标时，他将NASA每一位工程师的大脑中"游戏开始"的开关打开了。这是高效执行4原则思维的一个很好的例子。他选择的目标并没有包含NASA在太空计划中试图做的所有事情，这个目标也没有必要包含所有。这是一个可以改变一切的突破性成果——这才是我们所说的顶层至关重要目标。

因此，不要让你的顶层至关重要目标模糊，因为它将无法用一个单一的指标来衡量。要缩小你的聚焦点，找到可衡量目标，这个目标一旦实现，将使你的战略完全不同。

领导者选择太宽泛的顶层至关重要目标的第二个原因是他们想让每个人都觉得自己是顶层至关重要目标的一部分。这种思考方式是有价值的，包容性当然很重要，但如果以清晰为代价就没那么重要了。

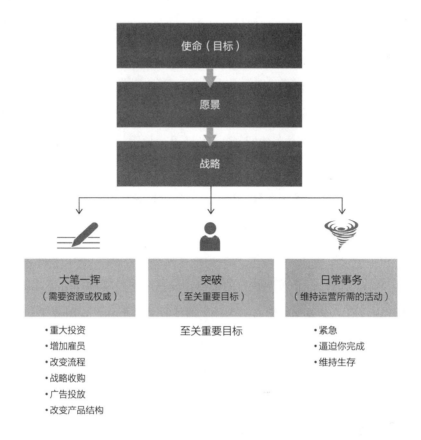

如果你把顶层至关重要目标设置得太宽泛，好让每个人都觉得自己是其中一部分，你就破坏了原则1的真正影响：聚焦。毕竟，无论你选择什么，很多团队都不能直接为顶层至关重要目标作出贡献。但这并不意味着他们没有被包括在内。没有直接贡献的团队仍然可以通过支持其他团队，甚至通过管理日常事务来给予间接贡献。请记住，所有团队都需要为你们的战略提供支持，但顶层至关重要目标需要特定的团队来实现。

4.创造与组织的使命和愿景不一致的至关重要目标。如果你的组织和大多数组织一样，那你的组织就有一个使命（或使命宣言），清晰阐述你的组织存在的原因。一旦使命确定了，许多领导者会阐明在未来的某个时刻，通常是5年或5年以上，成功是什么样子的。这就是你们的愿景。不论是使命还是愿景，都是一种渴望，是一种描述或者想法，你希望自己的组织在将来能成为那样。然后，你会制订一个战略，具体筹划怎样一步步将理想的愿景变为现实。

当领导者深入到执行战略的具体要素时，很容易忘记目标主要是为了完成组织的使命和实现你们的共同愿景。一旦忘记了这一点，你就会以最根本的方式改变一个组织。你的组织可以很容易地实现它的目标，但在这个过程中，却失去了它的灵魂。

这就是为什么我们用来说明高效执行4原则的示意图——战略地图中，总是把顶层至关重要目标（和所有的高效执行4原则的元素）置于组织的使命和愿景的从属地位。

第**7**章

将组织的关注点转化成团队可执行的目标

对于高层领导者，定义组织的顶层至关重要目标是创造焦点的第一步。然而，只有当你在一线将顶层的至关重要目标转化成团队至关重要目标时，你才会让整个组织聚焦。达到这样的转化水平既不容易也不常见。然而，它可以为实现突破创造令人敬畏的力量。

当你完成这个过程时，经常提醒自己："执行不喜欢复杂！"事实上，执行的两个最好的朋友是简单和透明。将顶层至关重要目标转化成每个团队的精准目标，可以创造我们从未见过的简单和透明。

在第2章中，我们介绍了高层领导者在运用原则1时的4条规则：

规则1：没有任何人可以同时聚焦一个以上的至关重要目标。

规则2：你选择的战役必须为赢得整个战争服务。

规则3：高层领导可以否决，但不能独断。

规则4：所有的至关重要目标必须有明确的终点线，以这样的形式：在什么时间前，实现某个指标从X到Y。

虽然这些规则看起来很直接，甚至很简单，但遵循它们需要极大的努力和自律。创造焦点从来不是件简单的事；只有完成了，它才显得简单。

在本章中，我们将向你展示一些案例，帮助你适应这4条规则的应用：第一个案例是一家大型酒店，酒店内部各团队分别履行着不同的职能；第二个案例是一家大型零售商，其各个门店团队都履行着同样的职能；最后一个案例是一家小型会计师事务所，这家事务所由几个履行不同职能的团队组成（在小型组织中很常见）。

奥普里兰酒店（Opryland Hotel）

奥普里兰酒店是美国拉斯维加斯以外最大的会议酒店，当我们第一次在美国田纳西州的首府纳什维尔市见到该酒店的领导们时，他们正面临着一些紧急的任务，包括：

- 引入新的市场营销和广告方案
- 规划2000个房间40万平方英尺的扩展计划
- 启动几项措施来提高入住率
- 控制开支以提高净利润
- 投资多个新项目以提高客户满意度
- 进一步改进他们的会议服务
- 找到方法，使客人能在占地56英亩的酒店里快速找到自己要去的地方

当奥普里兰酒店的运营团队开始使用高效执行4原则的时候，他们最为关键的第一步就是要将整个酒店的关注点聚焦到最重要的事情上来。然而这些事情永远不会自动发生，特别是在大型的组织里。要做这项工作，首先就要回答那个问题："如果我们运营的其他领域都不发生任何变化，我们最想改进的是什么？"

在运营团队的每一个成员都表达了自己的意见之后，他们确定，提高客户满意度是最值得改进的领域。它很重要，且其失败的风险也很高。客户体验会直接影响到其他所有方面，从收入到市场份额、利润。同时，公司领导也认为这是一个每一个酒店员工都可以为之做贡献的顶层至关重要目标。

在明确了聚焦点之后，他们的总经理亚瑟·基思采纳众议，将提高客户满意度作为酒店的顶层至关重要目标。他在这个制定目标过程中的角色既重要，又及时。在讨论过程中，领导者应该对新想法持开放态度，应该建立一个开放的论坛，他们

会倾听和探索不同方案。此外，他们也可能需要在适当的时候介入，让这些讨论变成决定。领导们必须能同时扮演好这两个角色：既要努力促进讨论，还要准备好支持某个立场。

> 领导力，在某种程度上，就是知道自己应该何时作出自己职权范围内的决定，因为你真的相信这是正确的事情，即使其他人不理解。

> ——英格里·马特森博士

为整个组织选择一个顶层至关重要目标，感觉有点像买一双新鞋。你得先穿着鞋子走上几圈之后，才能确定是否合适。不要强迫团队过快地确定顶层至关重要目标。相反，选择讨论中最清晰浮现出的至关重要目标，然后让领导者在形成可确保这个目标实现的次级目标时"走上几步"。如果出现了更好的选择，他们总是可以转向不同的至关重要目标。

奥普里兰酒店在运用原则1时，还识别了不需要使用高效执行4原则的目标——这些目标通过大笔一挥或是在日常事务处理中就能完成。例如，增加200个新房间。在他们的日常运作中，他们对经营一个如小城市一般大小的酒店的各个方面都有丰富的经验，从食品到电力到安保——他们知道如何推动这个项目。但当谈到要提高客户满意度时，他们需要使用高效执行4原则来实现这一目标。否则，它可能会在众多与它争抢时间、精力的事项中丢失机会。

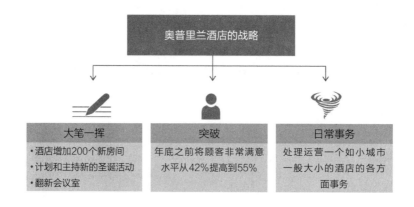

奥普里兰酒店的战略

大笔一挥	突破	日常事务
·酒店增加200个新房间 ·计划和主持新的圣诞活动 ·翻新会议室	年底之前将顾客非常满意水平从42%提高到55%	处理运营一个如小城市一般大小的酒店的各方面事务

定义成功

奥普里兰酒店的客人满意度评测系统的要求标准很高。他们只追踪满分——5分，也就是他们所说的"非常满意水平"。这远远超出了我们所遇到过的客人满意度的正常标准。他们目前的"非常满意水平"是42%（即42%的客人打了满分），而历史最高水平是45%。经过一番争论，他们决定确立一个顶层至关重要目标，"在12月31日之前，将客人非常满意的比例从42%提高到55%"。

确定顶层至关重要目标后，奥普里兰酒店的领导者就开始关注关键战役（将顶层至关重要目标分解为次级目标），这样他们就可以把队伍的能量集中到最需要的地方，以确保胜利。次级目标并不总是一定要有的，但在较大的组织中，它却是至关重要的。为了做好这一点，领导者们借鉴了NASA的故事，问道："要赢得这场战争，最少需要多少场战役？"

这个问题已经被证明对于至关重要目标的分解过程（顶层至关重要目标分解为团队至关重要目标）至关重要，原因有二。第一，它提醒每个人关键战役（次级目标）存在的唯一原因是实现顶层至关重要目标。第二，也是更重要的一点，通过确定赢得战争最少需要多少场战役，可以帮助领导者确定对获得成功最为重要的关键战役。这对保持聚焦至关重要。

将这种方法与大多数领导者将大目标分解成小目标的方法进行对比。通常，他们首先尝试确定每一个必须完成的交付结果，包括任务和子任务。当这项工作完成时，可能会令人印象深刻，但也是令人不堪重负的。为了赢得胜利确定最少要多少场战役，这迫使领导人从战略上考虑哪些胜利是绝对必要的，以实现顶层至关重要目标。

奥普里兰酒店的领导团队以前从未使用过这种方法。为什么？首先，因为他们从来没有强迫自己从确定一个单一的顶层至关重要目标开始。其次，他们同时追逐很多其他的目标，以至于他们不知道要实现顶层至关重要目标，最少需要进行多少场战役。

不要以为这很容易。即使领导团队开始确定赢得客户满意度的关键战役，他们有如此多的候选项，仍然不知道自己应该从哪里开始。解决谜题的关键在于确定尽可能少的战役。

最开始他们有17场候选战役（次级目标），最终他们确定了3个次级目标。要想完成55%的客户非常满意的顶层至关重要目标，最少要打赢哪几场战役呢？答案是到达体验、问题解决和餐饮质量。

到达体验。这场战役非常关键。他们的调查研究表明，一旦客人在最初的15到20分钟内对一家酒店产生了不良印象，这种不良印象就很难消除。客人的到达体验越好，对这家酒店的整体印象就会越好。

问题解决。酒店领导知道，不论如何努力，总还是会有出差错的时候。提高客户满意度，不在于完全避免问题，而在于问题发生后怎样解决。酒店对客人遇到问题时的反应将成就或破坏客人的整个体验。他们希望自己的团队为客户解决问题的能力能达到世界级的水准。

餐饮质量。奥普里兰酒店的面积很大，所以客人们不大可能外出就餐。酒店的大部分餐厅都被认为是精致的餐厅，价格也相应较贵，所以客人们对食品质量与服务的期望值更高，满足客人们的这些期望将会显著提高整个酒店的客户满意度。

奥普里兰酒店的领导团队认为，只要他们把整个酒店的精力集中投入这3场关键战役中，就可以取得成功。赢得这3场战役将会赢得整场战争，当意识到这一点的时候，他们发现达到55%的客户非常满意水平这个目标看起来很有希望。这就是专注于最少的关键战役的真正力量：它让整个团队看到他们的顶层至关重要目标是可以实现的。

当然，选定战役，也还只是完成了一半的工作。他们还需要确定终点线——在什么时间之前，使指标从X到Y。这需要回答两个重要的问题：每一场战役可能达到的最好成绩，以及达到这些成绩是否对实现客户满意度这个顶层至关重要目标有帮助。

如果打赢这几场战役之后还是不能赢得整场战争的话，要么是你们的战略有问题，要么是你们制定了一个不可能达到的目标。

奥普里兰酒店的领导团队花费了一整天时间来确定顶层至关重要目标和关键战役，以及它们的终点线。在这一天结束的时候，质量与客户满意度负责人丹尼·约翰感慨道："现在做完了看一看，这些事情看起来都这么简单，好像我们完全可以边吃午饭边在便笺纸上写出来似的。"他说得没错，但是他也明白，正是这一计划的简单、清晰，才使得其行之有效。

丹尼的想法得到了总经理亚瑟的认同，亚瑟说："这是我们作为一个领导团队共同度过的最有价值的一天。我们第一次仅用几句话，就把整个酒店的方向和战略成果清楚地表述出来了。"

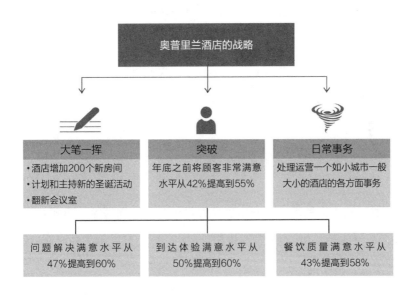

在这一点上需要注意的是，战役（次级目标）不是引领性指标。到达体验、问题解决及餐饮质量是滞后性指标（结果）。这有时会让人感到困惑，因为赢得战役对赢得顶层至关重要目标具有可预见性（引领性指标的两个特征之一）。引领性指标可以预见目标结果，但也必须是团队可以直接影响的事情。在这一点上，我们还有更远的路要走，才能触及引领性指标。我们将在第13章中更详细地介绍这个问题，但希望确保此处不会混淆。

尽管奥普里兰酒店领导团队的兴奋不已是对这项工作的强烈支持，这项工作的真正影响是在团队中看到的。酒店里的75支不同的团队，现在能够利用领导团队提供的清晰的目标和方向来制定自己团队的至关重要目标（过程描述见第12章）。

例如，在争取更好的到达体验这场战役中，前台团队有很大的影响作用，他们的团队至关重要目标就是提高办理入住的速度。然而，这并不是单靠他们一个团队的力量就能取胜的战役。客房管理团队有一个与之紧密配合的团队至关重要目标——增加房间供应量，以应对需要尽早入住的客人，这对加快入住速度至关重要。

行李运送团队引起我们的注意，多年以来，这个团队一直在为如何提高客人行李运送速度而纠结困扰。现实是，面对陈旧的系统和56英亩的酒店面积，他们为每位客人运送行李的平均服务时间是106分钟。没错，客人们需要为他们的行李等待1个小时46分钟。这个团队也知道，即使前台手续办理便捷，客房也是现成的，他们这样的行李运送速度仍然会影响客人们的到达体验。因此，他们将团队的至关重要目标设定为，把为每位客人运送行李的平均时间从106分钟缩短到20分钟。在他们聚焦这个至关重要目标仅仅几个月之后，他们就超过了预定目标，将平均行李运送时间缩短到了令人赞叹的12分钟。

下图是我们刚才提到的，在酒店提高客户满意度的顶层至关重要目标下，打赢"到达体验"战役的高效执行4原则架构图。记住，我们只展示了针对这3场战役的75个团队至关重要目标中的3个。

在思考奥普里兰酒店的案例时，请记住每一支团队在追求自己的团队至关重要目标时，仍然都把他们大部分的时间花费在酒店的日常事务上：管理酒店，服务客人，应对每天几十起的意外挑战。但是现在，一切又都和以前不一样了。除了自身负责的日常事务之外，每一支团队都有自己的至关重要目标。对于每个团队至关重

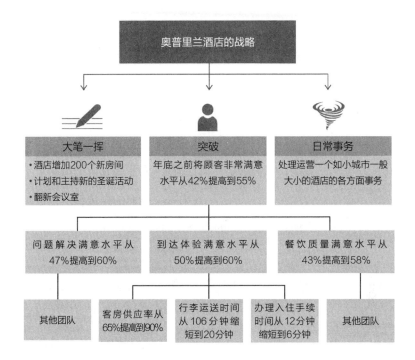

要目标，他们也选定了引领性指标，创建了激励性记分牌，并每周开会，制订工作计划，推动成果的实现。

他们的执行能力可以通过两个关键问题来衡量：

第一，是否每个团队都选择了一个对关键战役有重大影响的团队至关重要目标？换句话说，他们是否创造了一个重要的比赛？

第二，实现他们的团队至关重要目标的过程是一场可以获胜的比赛吗？

当75支团队对这两个问题的回答都是"是"时，每个人都知道有大的改变要发生了。它也确实发生了。

在这样实施高效执行4原则9个月之后，奥普里兰酒店的客户非常满意水平已经超过了原定目标的55%，达到了61%，而在此之前，他们的客户非常满意水平从未超过45%。现在，他们仅仅花了9个月，就超过了之前的高点那么多。尽管是盖洛德酒店里最古老的酒店，但是现在奥普里兰酒店的客户满意度领先其他盖洛德酒店。虽然我们也曾经有过很乐观的估计，但是依然没料到他们能这么快取得如此大的进步。

对于我们来说，奥普里兰酒店提供了一个有力的证明：即使是在那些运行最理想的组织中，如果他们能把模糊的战略目标转化为一系列具体的终点线，就仍然能够挖掘出大量的潜力。

奥普里兰酒店的做法有什么不同

事后看奥普里兰的案例，我们很容易就会想："为什么有人会用与之不同的做法呢？这种做法完全合情合理啊。"只不过，几乎每个组织的做法都不一样，尤其是在实现目标的时候。以下是我们经常看到的两个关键差异。

首先，当面对一个艰巨的目标时，大多数领导者会发现自己想要制订一个"总体计划"，或者在大多数情况下，制订很多小计划。奥普里兰酒店没有创建计划，他们创建的是目标。这两者之间的区别非常关键。当一个领导者创建计划时，他是在告诉整个组织需要做什么。当然，领导者在管理大笔一挥的措施和日常事务两个方面时，必须这样做。但是，当涉及创造一个突破性的成果——一个需要你的团队成员心智和思维的结果时，你必须改变你的方法。必要时，必须少一些推力，多一些拉力。

例如，如果你是奥普里兰酒店的总经理，当你处于总体计划模式时，你可能会说："现在在这个房间的人（高层领导们）加起来有超过200年的酒店经营经验，我有信心我们可以解决这个客户满意度的问题。"然后在接下来的几个小时里，你和你的领导们会决定推出很多伟大的举措。你会让维修工程师接受培训，进行更好的预防性维护，以保证设备的正常运行。你们会对玉兰厅进行装修，以创造更好的第一印象。你甚至会采取一些新的行为，例如当客人走近前台时，你会热情地欢迎他们。所有这些，还有其他几十项，都是值得做的改进。但在这种计划模式的表面之下，有一个微妙的假设：我们，作为高层领导，是拥有所有答案的人，而我们的工作是告诉跟随我们的人应该做什么。

当涉及你的战略中的大笔一挥的措施和日常事务时，你可能会通过这种方法侥幸解决问题，甚至获得一些成功。但如果你想取得突破性成果，那这样就行不通了。

奥普里兰酒店取得了突破性成果，他们并没有从计划开始。相反，他们从确立目标开始——将"提高顾客非常满意水平"的顶层至关重要目标分解成一个个更小的目标，并指定具体的团队来实现这些目标。然后，这些团队确定了他们每周的行动和任务，以便最好地实现这些目标。在任何时候，高层领导都没有简单地告诉任何人应该做什么。目标规定了你想要的结果，而不是规定你希望团队如何做。

在原则1中，领导者创建了一套旨在实现顶层至关重要目标的目标组合。但他们只回答了"是什么"的问题。在原则2中，团队在创建引领性指标时，用他们的智慧和经验回答"如何做"的问题。引领性指标实际是更小（和更可控）的可以产生成果的行为目标。因此，实际的"计划"过程发生是在原则4阶段——每周进行一次，一线成员确定具体的工作计划，从而推动记分牌的发展。当团队成员参与到这个过程中，相互作出自己的承诺（工作计划），并为他们的后续行动承担责任时，你得到的不仅仅是参与，而且有创新。

让一线团队成员每周都制订自己的工作计划来推动记分牌的发展，这与高层领导为组织制订计划是完全不同的。而且因为它是实时的，所以团队可以根据不断变化的业务需求进行调整和应对。如果你们已经制订好了一个"总体计划"，那么业务需求一旦发生变化，你们将措手不及。

在团队职能相似的组织中转化至关重要目标

奥普里兰酒店的75个团队职能各异，包括工程师、客房管理、前台服务员、行李员和餐厅团队，以及财务、会计和人力资源等支持部门。

其他组织，如零售连锁店、制造基地或销售团队，由许多职能相同的部门组成。同样的，高效执行4原则适用于所有这些部门。然而，正如你将看到的，在这些多部门的组织中，顶层至关重要目标以一种看起来非常不同的方式转化成团队至关重要目标。

以我们在一家拥有几百家连锁店的大型零售商实施高效执行4原则的经验为例。和奥普里兰酒店相似，他们的顶层至关重要目标也聚焦于改进客户体验。但是在这个案例里，他们要做的是提高顾客的口碑推荐可能性（LTR）。这是由商业战略师弗雷德·赖克哈尔德提出来的一个客户忠诚度指标。其研究表明，商店的收益和顾客向朋友们推荐这家商店的可能性之间有着极强的关联性。瞄准这样一个顶层至关重要目标，他们的领导团队进行了一整天紧锣密鼓的商讨，讨论赢得这场战争至少需要的战役，并最终决定了以下3场最重要的战役：

提升顾客参与感。当然，这对于提高顾客推荐这家店的意愿至关重要。这场战役主要聚焦于他们的营业员是否在顾客一进门，就能积极帮助顾客尽快找到他们所需要的商品。

减少缺货数量。这一战役也很关键。如果一个顾客买不到他想要的商品的话，商店损失的不止是这一笔生意，这位顾客以后是不大可能推荐这家商店给其他人的。

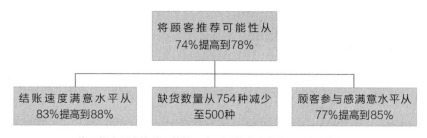

为了提高顾客推荐可能性，大型零售商决定的3场关键战役。

加快结账速度。在这个行业，速度对顾客体验有着巨大的影响。事实上，在以速度为驱动的零售业，顾客结账的速度有重要的影响。如果顾客对一家商店的印象是令人恼火的结账速度的话，这会影响他们的整体购物体验。

你可能会认为他们选择的战役是显而易见的。但就像奥普里兰酒店一样，该公司的领导团队中很多人都在这个行业工作了几十年，在确定这3场战役之前，他们评估了几十场候选战役。他们实际上从巨大的复杂性中创造了简单性。他们花了很长的时间、巨大的精力和一点小小的争论才确定这个简单却强大的计划。

最后，顶层至关重要目标和关键战役的结构看起来简单吗？是的。这种简单性是执行成功的关键。记住，在执行过程中最大的挑战不是制订计划，而是改变一线团队的行为。

现在，我们来看一看这个多部门的组织是怎样将其顶层至关重要目标转化为一线团队的至关重要目标。为了简单起见，我们将描述这个公司如何将一个区域的顶层至关重要目标和关键战役转化为各个分区的目标和战役，各分区又如何转化为各个商店。和奥普里兰酒店不同，这些部门的职能都是一样的。所以它们可以共用同样的顶层至关重要目标和关键战役，即使它们可以根据各自的具体情况确定不同的在什么时间之前从X到Y的终点线。

所以，这个区域首先确定了"在什么时间前使某指标从X到Y"的终点线，这是根据整个区域希望达成的具体成果确定的。然后下边分区的领导们，为自己的分区确定"在什么时间前使某指标从X到Y"的终点线。各分区的总体成果对确保区域达成或超出其目标来说至关重要。

在这个例子中需要注意的是，区域领导没有指定分区的目标，分区领导有他们的自主权。但区域领导如果对分区领导给的数字不满意，有权要求分区领导作出调整。最终，分区领导要确保各分区制定的战役都是瞄准打赢区域整场战争的。

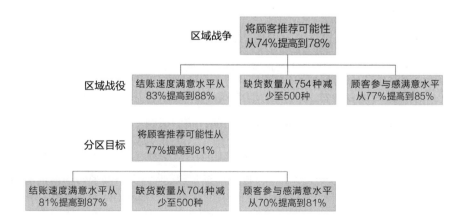

每家商店的至关重要目标和所在分区的目标都是相同的，但每家商店有独特的"在什么时间前使某指标从X到Y"。商店有权力在分区领导的监督下，选择对本店最有利的战役。如果一家商店在缺货数量方面已经做得非常好了，他们就可以集中精力去改进顾客参与度和结账速度。这样的做法，可以同时产生两种效果。

- 商店领导获得了某种参与感和自主权，因此，他们自然会更投身于这个过程；
- 他们可以把精力集中在最需要的战役上。

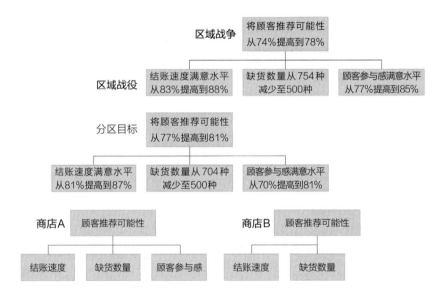

小型企业案例

在一次公开活动中，澳大利亚悉尼一家50人的会计师事务所的6位高层领导与我们合作，一起确定他们的顶层至关重要目标和关键战役。这个团队当时坐在会场的一张桌子旁，房间里有来自不同组织的200人。在其中一个环节中，很明显他们很吃力。当我们问他们时，他们沮丧地承认："的确，我们遇到了困难。"

当我们与他们一同坐下来时，他们说出了自己的困难。"我们知道你们说过不要把顶层至关重要目标搞得太宽泛，你们甚至用'总营收'这个例子作为反面教材劝告我们规避，因为它代表了我们所有工作的总和。但以我们目前的情况来看，我们认为顶层至关重要目标必须是收入。我们公司只有两个团队——销售服务的人和提供服务的人，他们的主要工作重点是创收。我们列出了实现'总收入'所必需的9个次级目标。我们不想让两个团队去追求全部9个次级目标，所以我们不知道我们应该做什么。"

我们向他们提出了一些完全不同的建议。"与其将'总收入'作为至关重要目标，不如给它一次提升，将它从至关重要目标（在'突破'栏中）上移到战略地图里的战略这一行上。"（见下图）

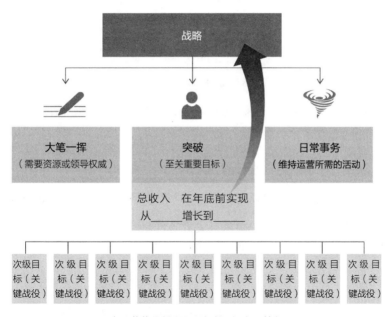

实现营收至关重要目标的9场必要战役

当作出这一改变后，他们就能够重新开始思考顶层至关重要目标应该是什么了。

首先，我们问他们，收入目标（现在在战略这一行）是否包括一些大笔一挥的举措。他们的回答迅速而明确："我们有两个新产品，我们还聘请了一家新的营销公司。"

"这些对收入有贡献吗？"我们问。"有。"他们回答道。新产品和聘请新的营销公司从战役（将应用高效执行4原则）转变为大笔一挥项目（不需要高效执行4原则）。

接下来，我们要求他们完成一个快速的计算，他们通过他们的大笔一挥项目和正常业绩（日常事务）能产生多少收入。他们估计来自这部分的收入占其总收入目标的85%左右。剩下要做的就是选择一个最能弥补剩余15%差距的顶层至关重要目标。

我们接下来问他们："考虑一下你们产生的收入，它们对公司来说都是同等重要的吗？"他们想了一会儿，说："其实，我们喜欢咨询服务收入。它拥有我们最好的利润率，当客户购买这些服务时，他们最终会使用我们提供的每一项服务。而且，他们是我们最快乐的客户。"我们知道我们快要问到核心问题了。

我们接着问："你们能不能获得足够的咨询服务收入，以弥补你们总收入（战略）目标中那15%的差距？""我们很乐意那么做！"他们几乎喊了出来。

这时，他们已经看出来了。桌边的一位领导附和道："听起来，我们的顶层至关重要目标应该致力于增加咨询服务的收入。"这个建议很快得到了大家的一致认同，而且热情高涨。当顶层至关重要目标从总收入缩小到更聚焦的咨询服务收入后，领导们不费吹灰之力就确定了两个团队至关重要目标，以确保顶层至关重要目标的成功实现。

- 对于服务销售团队来说：将新客户的咨询服务收入从X增加到Y。
- 对于服务提供团队来说：将现有客户的咨询服务收入从X增加到Y。

这个故事中有两个值得注意的宝贵经验。

首先，当这个领导团队考虑了战略中的大笔一挥和日常事务部分时，他们对顶层至关重要目标的范围有了截然不同的看法。他们意识到，顶层至关重要目标不需要实现整体（战略）结果，只需要实现需要原则性聚焦的那一部分。而聚焦是原则1所基于的原则。高效执行4原则不是运营整个组织的有效方法。高效执行4原则是一个创造战略性突破的过程。

第二个经验是，让你的顶层至关重要目标变得更小有时是更具战略意义的选择。人们很自然地认为，目标越大越有战略意义。但事实并非总是如此。在这个案例中，选择将总收入作为顶层至关重要目标根本不是一个具有战略意义的选择。它相当于领导层指示你的团队"完成一切事情，要完成得更快"。

在这3个例子中——大型酒店、全国性零售商和小型会计师事务所——都作出了同样的选择：明确所要实现的突破性成果，然后集中精力（通过高效执行4原则）到顶层至关重要目标和团队至关重要目标上。这种集中的精力——我们称之为"突破货币"——可以使这些组织达到一个全新的业绩水平。更重要的是，他们都将可重复的执行习惯植入了他们的运作过程中。

第 **8** 章

高层领导参与进来

我将领导者定义为：负责发现员工和流程中的潜力，并有勇气开发这种潜力的人。

——布琳·布朗

我们在执行过程中最令人惊讶的是高效执行4原则中人的因素。团结众多的领导者围绕一个一致的战略方向也不例外。事实上，获得领导团队的充分承诺与选择正确的战略一样，对你的成功至关重要。为了帮助你成功实现这一重要目标，本章将介绍已被证明是最成功的思维方式和技能组合。

虽然它们可以应用于任何地方，但为了简单起见，我们将从高层领导者已经制定了顶层至关重要目标和关键战役的角度来介绍这些观点。现在，他们已经准备好让向他们汇报的一线团队的领导者参与进来了。在这关键的下一步，高层领导者有3个目标：

- 最终确定顶层至关重要目标和关键战役。在一线团队的领导者提出意见之前，这些仍然被认为是草案。这是这个过程中自上而下的一面。

- 形成一线团队的团队至关重要目标草案。团队层面的至关重要目标将由一线团队的领导者创建，但必须由高层领导者确认。这是这个过程中自下而上的一面。

- 让整个领导团队致力于赢得胜利。这一步的最终结果是形成一个统一的团队，他们不仅清楚自己的目标，而且会致力于实现这些目标。这种自主权意识是通过他们积极参与创建和确认各个层级的至关重要目标而形成的。

在观察和指导了世界各地的组织后，我们发现，如果你想在整个领导团队中创造一致性和参与性，3种领导心态是必不可少的。

透明心态

虽然在组织上并不总是能够做到完全透明，但透明的心态是可以做到的，而且没有什么东西比真实的透明更能够迅速地建立起高度信任。事实上，我们的同事史蒂芬·M. R. 柯维在他的《信任的速度》一书中把"公开透明"列为高信任度领导者的13种行为之一。

展示顶层至关重要目标和关键战役的草案就是一个很好的例子。大多数领导者都抵挡不住诱惑，提出他们的至关重要目标草案，然后称其为"正确答案"。他们强调"这些至关重要目标对我们的成功是多么的关键"，或者这些至关重要目标是如何代表"前进的唯一且有效的选择"。但你必须说明你作出这些决定的逻辑，同样重要的是，你也必须列出其他考虑过和拒绝过的选项，以及一些你仍有的顾虑或问题。

具有透明心态的领导者会公开分享他们的顾虑，大方地承认他们并没有所有问题的答案，并积极鼓励他人的反馈，无论他们在组织结构中处于什么位置。以这种透明度与你的领导者交谈，既显示了尊重，也会得到尊重。它展示了开放的态度，并邀请他人开放。不要因你强烈希望达成共识，强行要求团队认同。相反，要创造一种能够激发真正承诺的参与。

透明心态最容易体现在最终决定的呈现方式上。这一点至关重要。尽管一线团队的领导者在讨论中很重要，并受到高度重视，但关于顶层至关重要目标和次级目标的最终决定是由高层领导者作出的。最好的方法是从一开始就明确这一点。当你这样做时，一线团队的领导者就会明白，他们出席会议，是为了获得理解，同时也要提供他们的见解。你不能将顶层至关重要目标和关键战役推销给他们，你也不能为了达成共识而进行投票或无休止的辩论。在前期表现出这种程度的透明度，有助于建立高度的信任，并为一线团队的领导者在后期选择自己的团队至关重要目标奠定基础。

理解心态

影响的关键是先被影响。理解的心态是指高层领导者在对顶层至关重要目标和关键战役作出最终决定之前，真正寻求了解一线团队领导者的关注和想法。明智的领导者会不断提醒自己，他们还有很多不知道的事情，别人的反馈对于获得洞察力和创造产生结果的认同度是必要的。

高效能的领导者也明白，一个难以表达想法或不愿意第一个发言的人，可能仍有宝贵的见解。在这个过程中，真诚地尝试理解来自一线团队领导者的关切和想法是至关重要的。记住，即使你不同意，你也可以去理解。事实上，对于那些你第一反应就是不同意的想法或见解，这一点尤为重要。当领导者不愿意采取理解的心态时，他们往往会投射出一种自负或不安的状态，而这两种状态都不会产生你所需要的影响力。

你越是采取理解的心态，就会学到越多的东西，你就会减少阻力，就会作出更好的决定。

人的灵魂最大的需求就是被理解。说到底，对于一线团队的领导者来说，感到被理解远比自己的想法被采纳更重要。

参与心态

大多数有责任心的高层领导者理解参与的重要性。他们不太了解的是，何时以及如何创造这种参与性。以下是一个简单的图表，说明一线团队的领导者在至关重要目标选择方面的参与程度。

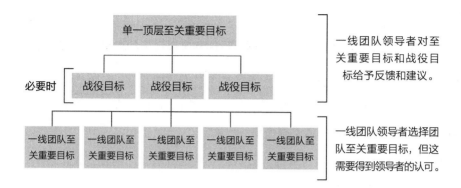

在就顶层至关重要目标和次级目标作出最终决定时，一线团队的领导者在理解及可能的情况下改进这些关键至关重要目标方面发挥了重要作用。但最终的决定权属于高层领导者。

然而，当选择团队至关重要目标时，一线团队的领导者会作出自己的决定，只需经过高层领导者的最终确认。在第2章中，我们给出的规则是"你可以否决，但不能独断"。这意味着，你不要公开或隐晦地让一线团队的领导者知道你对他们团队至关重要目标的偏好，尽管这可能很难做到。你让他们选择，只有在必要的时候才去否决。

好消息是，当明确理解了顶层至关重要目标和次级目标后，很少需要否决团队至关重要目标。而需要否决时，一线团队的领导者被给予机会重新考虑他们的选择，并提出新的团队至关重要目标供考虑。

这项工作中最有趣的内容之一是观察一线领导者在被允许选择他们的团队至关重要目标时的反应。在选择顶层至关重要目标和次级目标时可能会有强烈的分歧，甚至是敌意，但当一线团队的领导者在选择团队至关重要目标，以及讨论同样的挑战和问题时，这种分歧似乎消失了。

看到一线团队的领导者前一秒还在抗拒和争论顶层至关重要目标或次级目标的选择，下一秒就全身心投入团队至关重要目标的创建中去，这的确很吸引人。多年来，我们一直在见证这种情况，同时会纳闷："刚才发生了什么？所有的敌意都去哪儿了？"

然后我们意识到，关于顶层至关重要目标和次级目标的对话已经结束了。一线团队的领导者已经提出了他们最好的论点，最有见解的分析，以及他们自己的经验之谈。但现在一切都结束了。他们觉得自己被倾听了，被尊重了，最重要的是，他们被理解了。最后，他们知道必须作出一个决定。

有句古老的格言可以在这里得到印证："人们必须有自己的发言权，但不一定每条建议都被采纳。"道理还不止于此。

一旦一线团队的领导者创建了他们的团队至关重要目标，他们就意识到他们的贡献对整个工作的成功至关重要——他们在本质上是高层领导者的合作伙伴。他们还被委以信任来决定最有效的团队至关重要目标。即使他们不同意整体方向，但这样的参与过程已经达到了激励的目的。于是对于上层目标，他们的回答是："我们当然会努力。"

如果高层领导者把精力花在试图说服或控制一线团队的抵触领导上，他们最多会得到勉强的服从，最坏的情况是会得到公开的反抗。相反，他们现在正在走向最有力的结果：心甘情愿的承诺。人性是奇妙的。在本书的开篇，我们将执行描述为人面临的挑战。这个例子完美地诠释了我们的意思。

确定各级至关重要目标的5个步骤

以下是将透明、理解和参与心态应用于各层级的具体步骤。这些步骤可以用作一次会议的目标，也可以用作几天内进行的一系列讨论的目标。然而，经验告诉我们，在这个过程开始之前，让每个人都理解这5个步骤很重要。

步骤1　确保理解顶层至关重要目标和次级目标

正如我们上文所描述的那样，如果你想要达成目标，理解就必须先于行动。高层领导者不仅要负责分享顶层至关重要目标和次级目标的草案，还要分享它们是如何选出来的以及为什么选择它们。另外，一线团队的领导者需要知道，某件事情没有被定义为至关重要目标，并不意味着它不重要。事实上，维持团队运营所需的所有其他绩效指标和标准，都是使我们能够专注于至关重要目标的有利因素。下图可以作为一个有用的模型，向一线团队的领导者展示至关重要目标是如何与大笔一挥的举措和日常事务一起来共同推动战略的。在这种模型下，至关重要目标（和高效执行4原则）可以被看作需要特殊对待的工作内容，能够让你将更高的关注度投入一个关键的结果中。

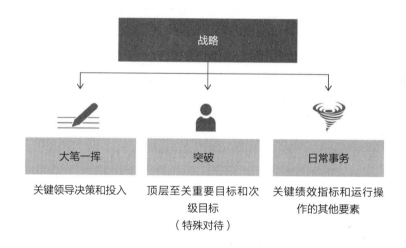

步骤2　回应需要澄清的问题

将一线团队的领导者分成几个小组，请他们写下他们希望了解的关于顶层至关重要目标和次级目标的有待澄清的问题，对于目标达成很有帮助。要注意强调你不是在寻求反馈。目前，你的重点是确保清晰度。高层领导者应该努力回答所有需要澄清的问题。这种前期的时间投入将大大减少之后处理反馈所需的时间。事实上，清晰度越高，反馈通常越少。

当你引导一线团队的领导者提出需要澄清的问题时，可能遇到两种情况。第一，即使你明确表示此时不想要反馈，但总会收到反馈。这是意料之中的、可预测的事情。你只需提醒一线团队的负责人，处理反馈是这个过程中的下一步——在前期澄清所有问题会使整个过程变得更加容易。

第二，尽管你努力想要将一切都表达清楚，但总是会有比你预期的更多的有待澄清的问题。它从不会停止。好消息是，每一个需要澄清的问题都会揭示一个可能出现困惑的领域。例如，注意到对于同一问题，人们可能会有不同理解，比如："X到Y的数据是同比业绩还是年初至今的数据？""'新客户'是否也包括现有客户组织的新客户？"

在这个讨论过程中，透明心态是极其重要的，尤其是当你发现自己在说"问得好，我们其实没有想到这个问题"的时候。当你努力澄清时，你会看到在寻求反馈之前确保清晰度的重要性。

步骤3　对反馈持开放态度

对于这一步，将一线团队的领导者分成小组也是有效的。这些小组可以让一线团队的领导者在向大组提出反馈之前，先"测试"要提供的反馈。此外，作为小组的一部分，提出反馈意见也比个人提出反馈更容易。

要明确，进行这一步的目的是让高层领导者倾听并理解一线团队领导者的所有反馈，而不是无休止地争论不同的意见。反馈的目的是让高层领导能够对最终的顶层至关重要目标和次级目标作出最合理的决定。

如果你缺乏理解心态，这一步很可能不会成功。为了保证这种心态贯穿始终，有一个很好的做法，即在尝试回答反馈问题或回应反馈意见之前，先将其重述一遍。重述反馈内容既能保证你切实理解了这一反馈所表达的含义，又体现了你对反馈提供者的尊重。

另外，在这一步中，高层领导者还应该倾听反馈意见，寻求改进顶层至关重要目标和次级目标草案的方法。

步骤4 作出最终决定

在这一步中，高层领导者要在没有一线团队领导者参与的情况下，召开会议，制定最终的至关重要目标。如果由于某种原因，高层领导者无法达成一致，那么必须由最高层的领导者出面，作出最终决定。

当最终的顶层至关重要目标和次级目标交给一线团队领导者时，你很可能会收到接受或是拒绝的反馈。你需要尽可能多地对他们在讨论中所做的投入表示认可和感谢，如有必要，允许他人再次提出新一批需要澄清的问题。

为了获得最好的结果，高层领导者必须提供一个深思熟虑后的结果，同时对一线团队领导者的帮助表示由衷的感谢。根据我们的经验，此时期待下属们表现出热情还为时过早。一线团队的领导者们还有很多事情要考虑，他们的大脑已经在忙着思考你刚刚提出的最终至关重要目标将带来的各种影响了。你应该给他们一点时间。

步骤5 创建团队至关重要目标

还记得我们在上文"参与心态"部分中讲述的参与度的显著变化吗？步骤5就是变化开始发生的那一步。到目前为止，一线团队的领导者一直是高层领导者的"顾问"，帮助他们选择最有效的顶层至关重要目标和次级目标。而在这一步，一线团队的领导者要负责创建他们的团队至关重要目标，使之与某一个次级目标相一致。

在这一步中，一线团队的领导者应该首先考虑两个问题。

• 什么样的团队至关重要目标可以反映出我们团队对此次级目标可能作出的最大贡献？

• 这个团队至关重要目标（把指标从X变为Y）是一个可以获胜的游戏吗？

我们将在本书的第三部分更详细地解释这个过程。

现在，我们想将讨论的重点放在高层领导者最应该关注的问题上。

• 团队能否真正实现其至关重要目标？

• 团队至关重要目标的实现是否足以推动顶层至关重要目标的达成？

　　难免会有一些一线团队的领导者在设定团队至关重要目标时"过了头"，或者他们的团队至关重要目标与次级目标不够契合。这是正常的，也是可以纠正的。只要让他们专注于更具体的目标再试一次就可以了。给他们第二次机会，大多数人都能做到。

　　当一线团队的领导者创建然后分享他们所选择的团队至关重要目标时，团队的乐观情绪就会增长。这时候，他们会想"我们可以做到这一点"。为什么会出现这种情况？原因可能有很多，但最明显的原因是他们终于看到了组织的整体情况——所有的团队至关重要目标都集中精力在推动顶层至关重要目标上——在那一刻，他们知道成功是可能的。步骤5强调了每个团队对于组织整体成功的重要性，并让全体成员拥有了获胜的心态。

　　电影《阿波罗13号》中有一个场景完美地捕捉到了这种感觉。NASA的工程师们发现由于空气过滤器故障，3名宇航员的氧气即将耗尽，他们开始试图用损坏的太空舱将3名宇航员送回地球。工程团队的领导者（一线团队的领导者）召集他的工程师们说："好吧，上面的伙伴需要我们的帮助。"

　　然后，他把一系列不相关的零件——宇航员在太空舱里会接触到的东西——倒在桌子上，并向他们展示了一个有缺陷的空气过滤器和一个能正常工作的空气过滤器。然后，他说出了他们的团队至关重要目标："我们需要把这个（他举起坏的空气过滤器）变成这个（他举起好的空气过滤器），而且只能用这些东西（他指着桌子上的零件）。"一阵沉默之后，十几名工程师开始钻研那一堆零件。这是电影中最引人注目的时刻之一。在那一刻，他们知道，整个任务，以及宇航员的生命，都取决于他们共同解决这个问题的能力。当一线团队看到他们的团队至关重要目标可能会带来重大改变时，最高层次的主人翁精神和参与度也就随之产生了。

给大型组织高层领导者的提醒

　　本章所讨论的心态和流程也可用于将至关重要目标从最高领导层（如C级领导）

向下传递给下属的每个组织层级的领导（如副总裁、总监等，他们本身都是高层领导者）。然而，为了使这一过程获得成功，至关重要目标必须传递到每一个层级，直到一线团队的领导者为他们所带领的团队创建好团队至关重要目标。

第**9**章

利用高效执行4原则执行项目

多年来，我们多次被问到高效执行4原则是否可以应用到项目之中，特别是在项目中已有其他项目管理原则被应用的情况下。答案是什么？答案是当然可以。

事实上，高效执行4原则可以很容易地应用于小型和大型项目，项目至关重要目标的实现为我们的一些客户带来了最显著的成果。然而，当至关重要目标是完成一个项目而不是改进运营（数值上的）结果时，利用高效执行4原则的方式会有些许的变化。在本章中，我们将为你提供指导，以确定你的项目是否应该成为至关重要目标，如果是的话，你该如何利用高效执行4原则来实现它。

你的项目是否应该是至关重要目标

在两种情况下，我们可以看到领导者会考虑选择一个项目作为他们的至关重要目标。其中一种情况，运用高效执行4原则是理想的；另一种情况则不然。在本章中，我们将帮助你了解你所面临的是哪种情况，以及当至关重要目标是一个项目时，应该何时、以何种方式运用高效执行4原则。

情况1 专业项目团队

我们使用这个术语来描述一个主要职责是管理和完成项目的团队。例如，一个不断创造新的应用程序的软件团队，一个总是推出下一个活动的营销团队，甚至是一个帮助公司各个团队完成几十个不同项目的项目管理小组。如果你的日常工作经常以项目的形式出现，这一小节就是为了帮助你而设计的。

如果你的职责几乎总是涉及项目，那么你很可能有某种形式的项目管理流程，这个流程或许是复杂详细的，或许只是一套你经常用到的、简单的操作。无论是哪种情况，我们都需要明确：高效执行4原则不是项目管理方法论的替代品；它是确保项目成功的准则。

对于专业项目团队来说，第一个见解是，高效执行4原则最成功的应用不是在某个单一的项目上。相反，高效执行4原则可以应用到所有项目的运行中。

例如，如果你有一个团队，其职责是测试新的软件应用程序，通常每3个月需要测试12个新的应用程序，那么对于每一个应用程序的测试都可以被看作一个必须完成的项目。但是由于这些测试项目需要时间和精力，而且有些项目可能比其他项目更重要或更紧急，因而团队可能会纠结于应该选择哪个项目作为他们的至关重要目标。但说实话，这个做法是错误的。

与其问"我们应该选择哪个项目作为我们的至关重要目标"，一个专业项目团队应该把他们所有的项目看成一个工作主体，并提出高效执行4原则中关于原则1的问题：

"如果一切都保持不变，我们最需要改进的地方是哪里？"

这个问题可以引导他们考虑：

"我们是否需要提高我们的按时完成率？"

"我们是否需要改进预算？"

"我们是否需要完善我们的资源分配流程？"

"我们是否需要减少完工后的返工？"

对于一个专业项目团队来说，理想的至关重要目标通常源于一个（或多个）关于项目整体绩效的时间、质量或成本等制约因素。

现在让我们考虑一下同样情况下的"原则2"。如果应用测试团队选择的至关重要目标（滞后性指标）是"在12月31日之前将项目的按时完成率从72%提高到90%"，那么引领性指标最有可能的来源之一可能是他们现有的方法。例如，他们的项目管理过程有9个关键步骤，他们可能会问这样的问题：

"在这些步骤中，是否有某个步骤是目前导致项目延迟的瓶颈？"

"如果我们改善其中一个步骤的性能，是否能够极大地提高我们的按时完成率？"

"是否可以增加一个新的步骤到流程中，从而提高按时完成率？"

以一个至关重要目标是提高按时完成率的项目管理过程为例，我们从中选择了两个引领性指标，如下图所示。之所以选择这两个步骤，是因为团队认为这两个步骤的改进对至关重要目标的实现影响最大。无论你现在的流程是有几个步骤还是几十个步骤，选择一两个可能会对至关重要目标产生最大影响的步骤作为你们的引领性指标，通常是一个明智的选择。

请记住，这只是一个可以帮助人们确定引领性指标的思考过程的例子。我们并不是主张至关重要目标要永远源于项目制约因素，也不是说引领性指标永远需要从现有的项目管理流程中产生。但这里所展示的这个思维过程，对于专业项目团队可能是有帮助的。

情况2　非专业项目经理的项目类至关重要目标

在这种情况下，我们关注的是确实在运行一个关键项目，且正在考虑将该项目作为其至关重要目标，但主要职责不是运行项目的团队。

让我们先暂停一下，以区分情况1和情况2之间的差别。

- 在情况1中，团队有很多项目。在情况2中，团队只有一个项目。

- 在情况1中，运行项目是团队的主要职责。在情况2中，运行项目不是团队的主要职责。

虽然这看起来很简单，但倘若你准备将高效执行4原则运用于项目中，几乎总会遇到这两种情况中的一种。毫无疑问，在情况2中，高效执行4原则的运用将对重要项目的成功完成产生最有力的推动作用。

请记住，高效执行4原则是一个集中精力（尚未被日常事务消耗）的过程，在情况2中，项目的成功完成恰恰需要这种重要精力。然而，正如下面的例子所显示的，高效执行4原则的应用是不同的。

山地康复中心（Mountain Land Rehabilitation）在美国西部地区经营着37家理疗诊所。他们的顶层至关重要目标是增加达到顶级绩效的诊所数量——这是一个针对特定质量和特定财务绩效的目标。

最初，他们的至关重要目标是"在年底前将达到顶级绩效的诊所数量从3个增加到12个"。他们实现了这一目标，并在接下来的6个月里，在此业绩水平上更进一步，达到了19个。

然而，康复中心办公室那些不直接参与诊所管理的职能领导——例如人力资源、信息技术、财务和质检等部门的领导——起初并不知道为了支持康复中心的这一顶层目标，应该如何制定他们部门的至关重要目标。经过一番思考与讨论，他们为整个支持服务团队制定了一个至关重要目标，他们认为这将最大程度地帮助诊所达到至关重要目标。但这个至关重要目标也是困扰了山地康复中心超过12年的项目——为整个公司设计和开发一个全面的特定工作培训系统。他们中的大多数认为，缺少这种培训会限制公司采纳最佳实践的能力，增加提拔和引进新人的难度，因为员工只能在工作中非正式地接受相关培训。

"它总是很重要，但从来不紧急，"康复中心老板之一、高效执行4原则的拥护者里克·利伯特说，"每年我们都会再次确认这件事有多重要，但每年总会有其他的事情来阻碍，即使我们一早就在预算中留出了部分资金，以确保我们可以完成它。"通过将此确定为整个支持服务团队的项目至关重要目标，他们在不到半年的时间里，完成了全部239项已确定的培训单元。

我们通过这个例子来观察一个应用高效执行4原则的项目。

原则1

制定一个项目的至关重要目标比制定一个以达到某个数值为目的的运作类至关重要目标需要更高的清晰度。"在什么时间之前从X到Y"是衡量数值至关重要目标的一个很好的滞后性指标，因为数字是客观的，但在确定项目的完成情况时我们却不能仅凭数值就一概而论。因此，山地康复中心在定义他们的至关重要目标时需要提供更多的信息，而不仅仅是一句"在12月31日前完成全部培训单元"。事实上，完成百分比是最不精确的衡量指标之一，因为它很少被客观地衡量，而且项目往往会受到范围蔓延（项目范围的意外扩大）的影响。

一个更好的方法是给你的项目设定一个明确的完成日期，但也要包括团队必须产生的实际产品或成果。成功是由实际产生的成果来定义的，而不是一个不精确的完成百分比。要做到这一点，你的团队必须非常清楚"完成"的含义。

山地康复中心最终的至关重要目标

12月31日前全部完成确定的培训模块。每个模块必须：

· 包括简明和详细的学习要点；

· 包括一个后测；

· 通过培训委员会的最终验收。

这种方法可以根据已完成的单元进行记分，其中当前的分数始终能真实地反映出为完成最终结果团队所取得的进展。

原则2

对于这种类型的至关重要目标，最经常选择的引领性指标是根据项目具体确定的阶段性目标。然而，为了使阶段性目标最有效地发挥作用，它们需要满足一定的标准。例如，阶段性目标过于宏大，能够反映这一项目主要的成果，那么这些阶段性目标的时间间隔就可能被安排得过长，而无法有效地作为引领性指标。或者，阶段性目标过于细致，那么团队可能会没有足够的时间去建立完成项目所必需的执行习惯。理想的阶段性目标通常以2到6周为时间间隔。对于山地康复中心来说，引领性指标是12个高级阶段性目标，时间间隔为一周或更长时间（具体见下图）。乍一看，你可能会觉得12个引领性指标太多；但请记得，团队在努力完成项目的过程中，每次只关注其中的一两个。

引领性指标（阶段性目标）

6月1日	完成当前的职位描述。
6月20日	就模块要求采访领导层利益相关者。
7月7日	提交所有职位描述的培训模块列表。
7月14日	确定培训模块列表。
7月21日	完成模块格式的指南。
7月28日	确认所有模块的作者/主题专家（中小企业）。
8月4日	中小企业/作者完成第一份职位描述。
8月11日	为作者提供关于他们第一个模块的指导意见反馈。
10月18日	完成前三分之一模块审批。
11月4日	为中小企业/作者提供前三分之一模块的反馈。
11月10日	完成前三分之二的模块审批。
12月15日	完成最后三分之一的模块审批。

原则3

为项目至关重要目标创建记分牌的主要难点是让团队专注于当前"活跃的"引领性指标（阶段性目标）——团队目前正在进行的工作。

例如，在6月25日，团队的阶段性目标将是"提交所有职位描述的培训模块列表——截止日期为7月7日"。这是团队在那一天应该关注的任务，因此，这也是记分牌上应该可见的阶段性目标。另外，它还应该是团队成员在原则4中作出承诺时要关注的阶段性目标（下文会做进一步详述）。

虽然创建记分牌以显示这些类型的阶段性目标的方法有很多，但这里我们将使用高效执行4原则的应用程序来演示原则3。

当你在高效执行4原则的应用程序中输入引领性指标（阶段性目标），它在记分牌上变成可见状态时，你可以指定激活日期。一旦完成，它就会重回到不可见的状态。

有了这个功能，团队可以选择将激活日期与完成日期重叠，一次进行多个阶段性目标的工作。如果有必要，还可以在项目中修改激活日期。

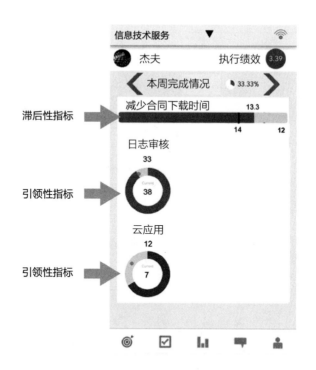

此外，如果团队错过了一个阶段性目标的完成日期，不管你如何操作，下一个阶段性目标都会被激活，且错过的这个阶段性目标仍会显示。这将有助于增加团队

的紧迫感。

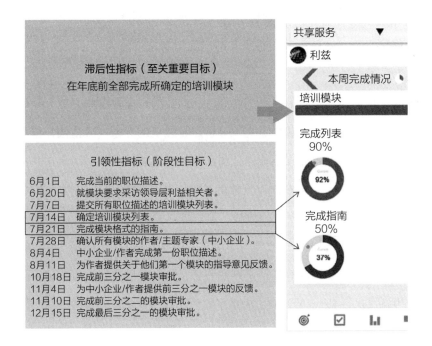

原则4

对于项目来说，要想实践原则4，只需要对作出承诺的问题做一个小小的调整，即："这周我能做的事情有哪些（一两件即可），以确保我们达成下一个阶段性目标？"

最后一个想法：

2004年，一家大型军事承包商邀请我们指导世界上最先进战斗机的前50名开发者学习高效执行4原则。这是在本书第一版出版的8年前，而且这种方法对于当时来说还非常新颖。此外，我们的业务负责人吉姆·斯图亚特（本书献给他）无法参加这次活动，重担落在了团队其他成员的肩上。我们越是准备与这些"火箭科学家"的合作，就越是紧张。

有一个问题一直在困扰我们。关于执行，我们能教些什么给这些世界上最好的项目经理呢？我们就这个问题请教了吉姆·斯图亚特。在短暂停顿（以及失望的叹息声）之后，他用一句话回答了我们："项目计划不是记分牌！"

不管你信不信，这就是我们想听到的。我们对这位伟大的导师表达了感谢后，继续回去工作了。

吉姆的一句话引发了我们一系列的想法，即我们可以在哪些方面为他们提供真正有价值的东西。即使一个领导者是某一特定领域里的专家，哪怕他知道在最微小的细节上需要做什么，也照样不能保证团队的执行力是优秀的。因为这并不能解决有关执行力的主要挑战——在面对日常事务时，人们将精力投入非紧急的关键活动中去。吉姆是对的。为了应对这一挑战，他们需要的不仅仅是一个项目计划——他们还需要一个激励性记分牌。"火箭科学家"们遇到高效执行4原则，如鱼得水。他们突破了好几个数月来都没有任何进展的瓶颈，并在最后让我们收获了很多关于在项目中应用高效执行4原则的经验，为本章的大部分内容奠定了基础。

第 **10** 章

维持高效执行4原则的成果与团队参与度

> 当领导者明确职权，并为员工赋能时，他们就播下了成功的种子，
> 并得以让员工能够对自身行为负责。
>
> ——利兹·怀斯曼

高效执行4原则最大的影响力不仅仅在于帮助团队产生了突破性成果，更在于帮助团队培养出了能够长时间维持（甚至改善）这些成果的能力。要想培养这种能力，就得养成出色的执行习惯，当执行习惯变得根深蒂固时，团队就不会再意识到它们是出于业绩的要求。正如我们最大的客户之一所说，"我们甚至不再把高效执行4原则当作一种方法论了。它只是我们执行的方式。"

对高层领导者来说，向员工灌输这些习惯是其最重要的成果。虽然完成顶层至关重要目标永远是最直接和最明显的目的，但更大的成就在于你拥有了建立一种执行文化的能力——在这种文化中，顶层至关重要目标可以一次又一次地实现，不受任何条件波动的影响。

实现你的顶层至关重要目标永远是一个值得庆祝的结果，但它并不能证明你的团队有能力持续有效地执行。毕竟，除了你团队的持续努力外，这个顶层至关重要目标的达成还受制于许多其他方面的因素。宏观经济、市场趋势、竞争对手令人惊讶的创新成果、立法和政府法规、货币估值、技术进步，甚至天气，都可以促进或

阻碍你最终成果的实现。正因为如此，将"是否达成至关重要目标"作为你是否已经创造出了一种执行文化的唯一评判指标，是非常危险的。作为一个高层领导者，你需要一个更明确的衡量指标。

为了帮助明确这一重点，我们希望有一个单一的指标，不仅能衡量至关重要目标的结果，还能衡量推动这些结果实现的执行习惯——我们希望在你（高层领导者）追求实现你的顶层至关重要目标的过程中，这一指标将成为你的重点。这个指标定得越高，你的成果就越大，你维持（或改善）成果的能力就越强。随着时间的推移，我们发现，将高效执行4原则的4个最容易观察到的元素汇总起来，就可以得到这样一个衡量指标。我们把这个指标称为"执行力分数"（富兰克林柯维有一套运行4DX的系统，可以实现相关数据的采集和分析）。

理解执行力分数

将执行力分数的定义与高层领导者使用它的方式加以区别，是很重要的一项工作。首先，让我们先给它下个定义。执行力分数有4个组成部分：

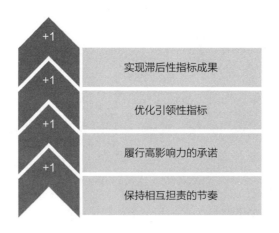

• **保持相互担责的节奏。**该部分表明了团队通过建立每周会议的节奏来关注记分牌的表现。

- **履行高影响力的承诺**。该部分表明了团队始终如一地作出承诺并贯彻执行的情况。

- **优化引领性指标**。该部分表明执行引领性指标在一致性方面的表现。

- **实现滞后性指标成果**。该部分表明前3部分帮助团队实现其至关重要目标的有效性方面的表现。

计算执行力分数只需确定每个部分的分数，然后将它们加在一起。由于每个部分的最高分为1分，因而完美的执行力分数应该是4分。请注意，执行力分数的每个组成部分的最大值都是1，所以任何一个领域的超常绩效表现都不能掩盖另一个领域的低绩效表现。我们非常高兴的是，执行力分数的计算是简单明了的。而且，这种计算是可以在高效执行4原则应用程序中自动进行的。

得出计算结果后，你的执行力分数可以用来为分析你的团队表现及其产生的效果提供参考。

3.6至4.0　**高水平的执行力**。这个分数表明，你的团队对高效执行4原则的运用程度很高，并且正在产生效果。

3.2至3.59　**良好的执行力，但仍有改进空间**。这个分数表明，你的团队对高效执行4原则的运用情况良好，但还有改进的余地，之后可以产生更大的效果。

2.5至3.19　**执行水平尚可，但有需要注意的地方**。这个分数表明，需要进行相关调查，并可能需要干预。低水平的执行力很少产生可接受的结果，更糟糕的是，它会使团队内部产生怀疑，团队成员不再相互信任，从而导致团队四分五裂。

0至2.49　**需高度关注**。这个分数表明，你的团队在现实中根本没有执行力。团队成员努力方向不一致、低水平的参与度以及团队缺乏成果，都是团队被大量日常事务湮没，或团队成员抵制执行的显著表现。

执行力分数范围	等级	描述
3.6 – 4.0	A	高水平的执行力
3.2 – 3.59	B	良好的执行力，但仍有改进空间
2.5 – 3.19	C	对所关注的领域有较好的执行力
0 – 2.49	×	需高度关注

执行力分数具体可以应用于以下情境：

• 应用于整个组织，表明你的整体执行能力。

• 应用于一个单独的业务单位或团队，表明他们的执行能力，以及他们相对于其他团队的排名。

• 应用于一个领导团队，表明高层领导者执行力实践的示范作用。其执行力实践是他们希望他们的团队采纳的。

• 应用于一个领导者个人，表明其个人执行力实践的示范作用。

运用执行力分数

从根本上说，高层领导者有两件事必须做。第一，维持目前的运作（日常事务）。第二，推动未来的成果（至关重要目标）。日常事务似乎总是能得到更多的关注——我们为之采取的措施，甚至可能比我们希望的还要多。但是，当涉及改善未来的成果时，情况就不太一样了。

在缺乏明确的衡量指标的情况下，领导者往往没有客观指标来判断团队是真的（且经常）将精力集中在了至关重要目标上，还是将精力仅仅都花在了处理那些紧急的日常事务上。这是你将面临的最关键的问题之一——虽然有些难以回答，但你还是会不禁好奇："他们是真的参与，还是只是在走过场？"

这让人回想起，在可衡量的客户满意度如此盛行之前的日子——一条评论，不管是正面的还是负面的，都可能让你想知道所有你需要确切知道但实际却不知道的事情。今天的高层领导者也面临着同样的困境，他们不知道相对于处理日常优先事务，他们在实现新的、突破性的成果上到底投入了多少精力和心思。这就是执行力分数要回答的问题。因此，我们认为，执行力分数可以作为高层领导者在实现顶层至关重要目标的过程中用来衡量自己的聚焦领域（而非一线团队的聚焦领域）的理想引领性指标。

在高效执行4原则应用程序上，高层领导者可以清楚且持续地看到执行力分数。最常见的是执行记分牌，实时显示了高效执行4原则各个元素的实时状况。

在执行记分牌中，高层领导者可以监控每个团队的执行要素，包括：

- 至关重要目标（滞后性指标）的成果
- 引领性指标的执行
- 作出的承诺
- 履行的承诺
- 至关重要目标会议

在此章节的剩余部分，我们使用执行力分数作为一种基本框架，来分享高层领导者是如何在长期践行高效执行4原则的过程中，持续不断地取得成果的。

保持相互担责的节奏

原则4里规定的至关重要目标周会（或是为一线团队所设的至关重要目标会）是实施高效执行4原则的过程中最重要的基础性工作。此类会议一般不超过20到30分钟，为团队设定了基本的相互担责的节奏（我们将在第三部分进行详细论述），是高效执行4原则中实施的第一个"战术标准"。通常情况下，即便是那些对自己的原则表示出极大信心的领导者也会发现，他们很难始终如一地坚持每周召开例会，而不被其他事物打扰、被迫中断或延期。如果你总是让紧急的日常事务打断或中止这个会议，那么你就正面对着执行的真正挑战：不管有多少日常事务，仍要聚焦于至关

团队名（团队领导名）	会议	邮箱	至关重要目标	次级目标	引领性指标	不包括	工作计划遵守情况	工作计划制订情况	工作计划履行情况	工作计划指数	工作计划完成质量
东南区域团队1	会议	▶	43.24%	--	103.13%		100%	100%	100%	100%	14天（科里·彭迪尔顿）
东南区域团队2	会议	▶	111.4%	--	102.72%		100%	100%	100%	100%	4天（肖恩·特米）
东南区域	会议	▶	63.99%	10.95%	--		100%	100%	100%	100%	7天（彭迪尔顿）
东南质量控制	会议	▶	114.48%	--	100%		100%	100%	100%	100%	
东北区域团队1	会议	▶	97.49%	--	103.26%		100%	100%	100%	100%	14天（科里·彭迪尔顿）
东北区域团队2	会议	▶	133.63%	--	1742.81%		100%	100%	100%	100%	4天（肖恩·特米）
东北区域团队3	会议	▶	101.53%	--	96.36%		50%	100%	100%	83.33%	
东北区域	会议	▶	143.65%	--	--		92.31%	100%	100%	97.44%	
中西区域团队1	会议	▶	150%	--	162.5%		100%	100%	100%	100%	4天（肖恩·特米）
中西区域团队2	会议	▶	156.64%	--	108.42%		87.5%	100%	100%	95.83%	7天（唐·施密特）
中西区域	会议	▶	96.12%	153.32%	--		89.47%	100%	100%	96.49%	7天（科里·彭迪尔顿）
太平洋地区团队1	会议	▶	127.5%	--	113.13%		50%	100%	100%	83.33%	13天（唐·施密特）
太平洋地区团队2	会议	▶	146.86%	--	93.75%		100%	50%	100%	83.33%	4天（唐·施密特）
太平洋地区团队3	会议	▶	107.96%	--	106.88%		75%	100%	100%	91.67%	7天（杰德·索尔夫）
太平洋地区团队4	会议	▶	150.39%	--	137.5%		100%	100%	100%	100%	7天（杰德·索尔夫）
太平洋地区	会议	▶	111.81%	--	--		84%	90%	100%	91.33%	14天（唐·施密特）
ABC公司	会议	▶	-20.74%	--	320.28%		93.75%	100%	100%	97.92%	
平均		▶	100.91%	67.9%			91.83%	97.14%	100%	96.32%	8天

重要目标。

对于高层领导者来说，建立每周定期的相互担责的节奏就是在向他的团队最明确地表明，顶层至关重要目标及其实现是至关重要的。当高层领导者以身作则时，一线团队的领导者很快就会跟随。但遗憾的是，反过来也是如此。如果你经常取消、延期举行或不亲自出席这个会议，你很快就会发现一线团队的领导者也在这么做。而当这种定期的相互担责的节奏停止时，成果也会因此终止。

如果你想改善组织，你必须先改善自己，然后组织也会随着你的改善而得到提升。我不会要求任何人去做连我自己都不愿意做的事情。

——英德拉·努伊，百事公司前CEO

请记住，你的一线团队正面临着大量的日常事务，而他们所能作出的最简单（也是最熟悉）的决定就是屈服于日常事务的迫切需求。而且从他们的角度看，这甚至是一种正确的做法。在日常事务繁杂、召开至关重要目标会议极有必要的关键时刻，高层领导者所树立的榜样将对一线团队坚守原则产生最大的影响。

当然，如果你生病了、在休假或面临真正的紧急情况，你可以将会议委托给你的团队成员，但会议总是要召开的。坚持这一标准，你就是在向团队传递这样一个信息——"紧急情况时有发生，但执行要始终不断"。这个标准同样适用于准时召开会议，并将讨论限制在与至关重要目标相关的行动和结果上，让每个人都为自己承诺的落实负起责任——这些主题将在本章的后半部分介绍。

现在，把执行力分数的第一个要素看作房子的地基——后面的一切都将建筑在它上面。通过塑造高标准来建立一个强大的基础，这将是强大执行文化的基础。不一致或低责任感建立起来的基础或薄弱或有缺陷，只会导致你执行的失败。因此，高层领导者在"保持相互担责的节奏"部分的执行力分数应该始终是满分。

履行高影响力的承诺

执行力分数的第二个要素是作出承诺和履行承诺，这使得组织能持续产生成果。在高效执行4原则中，领导者每周都会作出承诺，没有例外。但高层领导者每周作出承诺是为了支持或加强一线团队的执行能力。这就是为什么我们将此称为"第二级承诺"。

一线团队的领导者作出承诺，主要是为了提高有助于团队至关重要目标实现的引领性指标，这一点我们会在第三部分进行详细讨论。相比之下，高层领导者作出承诺是为了产生更大的影响，这往往能提高整个团队的绩效。

让我们以苏珊为例，她是某公司销售副总裁，领导着两个不同的销售团队。每个一线销售团队都有自己的负责人，都有一个由两个引领性指标驱动的团队至关重要目标，如下图所示。

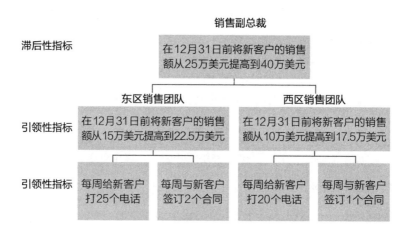

在一周的时间内，东西两区的一线销售团队负责人都会作出承诺，致力于推动"给潜在客户打电话"和"签订合同"的引领性指标，例如：

- 本周我将听取团队成员打的10个电话，并就他们如何改进提供反馈。
- 本周，我将指导两名在签订新合同方面有困难的团队成员。

作为高层领导的苏珊，会在更高的影响层面（即第二级）作出承诺，如：

● 本周我将审查我们对潜在客户的资格审查标准，并作出必要的改变，以确保更高的质量。

● 本周我将确定一个培训计划，以培养我们整个销售团队寻找潜在客户的技能，并将其列入下个季度的计划。

● 本周我会和法律团队一起审核我们的合同语言，并作出修改，以简化新客户的成交流程。

● 本周我将发送电子邮件，对执行力分数高且作出并履行了明确承诺的个人表示感谢或祝贺。

请记住，通过执行记分牌，苏珊可以看到她所领导的每个团队的执行力分数表现，并可以将她的承诺（精力）更精准地用于最需要她帮助的和她可以发挥最大影响的团队。

这些简单的例子说明了高层领导者如何在"系统之上"工作以影响更广泛的结果，同时一线团队的领导者如何在"系统之内"工作，作出承诺，推动引领性指标的达成。

执行力分数的另一个方面是履行你作出的承诺。如果你不贯彻执行，即使是最精确的目标承诺也将毫无意义。这就是履行承诺与作出承诺同样重要的原因。你必须同时做到这两点才能提高你的执行力分数并促进成果实现。

这一章的背景是在形成习惯的基础上建立一种执行文化，没有一种习惯比履行你的承诺更有影响力。就绩效而言，第二级承诺对你的团队将产生能够衡量的影响。但就领导力而言，没有什么能比每次都按照你说的去做这样简单的行动可以更快地建立起信任和尊重。如果你能始终如一地树立这一标准，一线团队的领导者很快就会效仿。这样，不需要很长时间，你就能建立起一位杰出CEO所说的"业绩自信"，即一种内在自信的外在反映，这种自信来自知道你的团队所做的任何承诺都绝对会实现。你在"履行高影响力的承诺"部分的执行力分数应该是0.9分（或者更高）。

优化引领性指标

高效执行4原则最强大的一方面在于它的杠杆原理。将团队的精力集中在少数几个能够产生最大成果的行动上，这个想法很简单，但非常强大。在二十多年的时间里，我们几乎总能看到两种团队动态力量在发挥作用。

- 每个团队都觉得他们在以最大的能力工作；
- 每个领导者都觉得团队的真正能力尚未被完全开发。

有趣的是，这两种情况往往都是真的。领导者觉得团队的真正能力并没有完全反映在团队的结果中，但是没有洞察到团队应该做些什么不同的事情，领导者不得不将不足归因于努力不足。另一种相反的情况是，团队看到他们目前的努力没有产生足够的成果，所以抵制去做更多已经不奏效的事情。要想解决这两方面的问题，方法就是优化你的引领性指标。这就是为什么它是执行力分数的另一个要素，它包括了以下两个重要方面：

- 团队是否在贯彻正确的引领性指标？
- 引领性指标是否充分促进了滞后性指标（至关重要目标）的实现？

在进一步讨论之前，我们要明晰，一线团队的领导者有责任确保他们的团队创建并执行能够推动团队至关重要目标实现的引领性指标。高层领导者有责任确保团队贯彻引领性指标，为推动至关重要目标实现提供杠杆作用。

它是你需要关注的重点领域——在那里，一个微小的变化都可以产生显著的效果。当不错的引领性指标被优化为出色的引领性指标时，效果最为明显。

以下几个例子，就形象地说明了优化引领性指标的重要性。

- 市内一家大型医院的外科团队将他们的引领性指标从"每次手术前检查手术盘"优化为"术前检查手术盘，并对每个步骤进行口头确认"。结果，围手术期的事故发生率减少了17%。
- 美国最大的一家酒店的前台团队将他们的引领性指标从"热情欢迎每一位客

人"优化为"与每一位在前台7英尺范围内的客人进行眼神交流、微笑并表示欢迎"。结果，客人到达满意度提高了38%。

• 一家大型家装零售商的进货团队将他们的引领性指标从"在早上8点开门前完成所有货架的上货"优化为"每位员工每天绕每条过道走两次并填补货架上所有的空缺"。结果，缺货的问题大大减少，销售额显著提升。

以上每个例子可能看起来都很简单，甚至很微妙，但对团队来说，结果是戏剧性的——微小的改变带来了巨大的回报，或者用他们的话说，是一种更聪明而不是更努力的工作方式起作用了。作为高层领导者，你的角色不是确定单个引领性指标的变化——只有一线团队可以这么做。你的角色是确保一线团队的每一位领导者定期评估和挑战他们团队的引领性指标，并在必要时修改（或用新的指标取代）它们。执行力分数成了一块透镜，通过它，你可以清楚地看到这点。

要确保你的团队在使用最有效的引领性指标，首先要提出并回答这5个优化问题。

1. **引领性指标是否直接预示着滞后性指标的成败？** 这是创建引领性指标时最常见的困惑——是选择一个"好做"的引领性指标，还是选择一个直接影响滞后性指标结果的引领性指标。

2. **引领性指标的标准定得够高吗？** 团队可能已经找到了正确的引领性指标，却常常因执行的标准不够高，以至于无法推动记分牌的分数。

3. **记分方式是否可靠？** 一个团队对记分"轻松随意""满不在乎"，只是简单地估计一下分数，这并不罕见。但如果记分不可靠，就无法对引领性指标的可预见性进行真正的评估。

4. **执行引领性指标存在质量问题吗？** 很多时候，一个团队可能会以特定的标准执行引领性指标，却没有执行得足够好。如此一来，他们只是做到了持续地执行引领性指标，但执行的质量不行。如果一个团队只是在走过场，那么即使选择了最好的引领性指标，也不会发挥出其最大的影响力。

5. 这是团队的游戏还是领导者的游戏？ 一线团队领导者有时会制定完全是他们自己职责的引领性指标：质检部主管进行质量审核，客房部主管检查客房，领班主管（在制造业）监督加班情况，等等。这些职责都很重要，甚至可能会影响到至关重要目标的实现。这样做的问题在于，这些行动都仅仅是由领导者自己执行的，而不是由团队执行的——结果是成果不理想，影响力不足，甚至是无人参与。

倘若能够认真、细致地思考以上这些问题，你将能从中得出优化你大部分引领性指标的方法——要么修改你的引领性指标，要么用一个新的指标来取代它。无论何时，当一线团队在执行他们的引领性指标，却没有看到他们的团队至关重要目标取得任何进展时，高层领导者的作用就是要确保一线团队领导者提出正确的问题，然后为改善结果作出正确的改变。作为高层领导者，你应该要求一线团队每周都要以达成目标的90%（或更多）为标准来执行他们的引领性指标。

实现滞后性指标（至关重要目标）成果

毫无疑问，执行力分数的前3个要素（保持相互担责的节奏，履行高影响力的承诺，优化引领性指标）是实现至关重要目标的主要驱动力，也是你需要关注的重点领域。但作为高层领导者，还有另外两个领域对你来说同样重要：

- 尊重他人，同时让他人担起责任。
- 认可高绩效。

尊重他人，同时让他人担起责任

责任感是人类行为最有力的驱动力之一。当有效使用时，它能使个人和团队达到更高的绩效，同时在各个层面建立信任和尊重。你可以在人类发展进程中的几乎每一个方面看到它的作用：运动员不辜负优秀教练的期望；军人不辜负他们的誓言所要求的奉献精神；医生和护士为病人付出全部，即使需要巨大的牺牲。这只是其中的几个例子。当然，在这些例子中，有许多力量在起作用，但贯穿这些例子的共同主线是责任感——对承诺、对标准，以及最重要的，对彼此负责。当一个高层领导者在他们的团队中培养出这种责任感时，团队就几乎是战无不胜的了。

这个层次的责任感不是一个不切实际的崇高理想；它是务实的，是可以实现的。只要团队的每个人都能以始终如一、真实和尊重的态度，对他人负责，这种责任感就不难创造。为了说明这一点，让我们再次使用本章前面提到的销售副总裁苏珊的例子，她与她领导的两个一线团队的负责人比安卡（领导东区团队）和马库斯（领导西区团队）每周都会召开至关重要目标会议。

此时，苏珊的团队正在朝着实现他们第二季度的顶层至关重要目标努力着：在12月31日前将来自新客户的销售额从25万美元提高到40万美元。

东区团队（由比安卡领导）正在积极实现他们东区的团队目标：在12月31日前将来自新客户的销售额从15万美元提高到22.5万美元。然而，西区团队（由马库斯领导）却遇到了麻烦。他们已经落后于实现团队至关重要目标所需的速度：在12月31日前将来自新客户的销售额从10万美元提高到17.5万美元。让我们来看看苏珊是如何使用责任感、真实和尊重来推动一线团队领导者业绩的。

苏珊：大家早上好。现在是8点15分，我们会议开始吧。

（回顾记分牌）

正如你们看到的，我们在增加来自新客户的销售额的至关重要目标上取得了不错的进展，但目前我们尚未达到我们的目标。今天我想让大家关注的是，作为一个团队，我们能够做些什么才能让我们的业绩表现回到正轨。

先做一个总结，本季度开始时我们的收入是9.2万美元，而我们的目标是10万美元。比安卡，恭喜你的东区团队以5.7万美元的成绩，略微领先于目标的5.5万美元。做得很好！马库斯，你的西区团队虽然也取得了一些不错的成绩，但你也知道，你们现在只实现了3.3万美元，而目标是4.3万美元。

苏珊对数据的评估是坦率而明确的，她传递的信息也是如此——她强调，他们是一个团队，无论输赢都是一个集体。她的评论没有羞辱或责备之意，但有一个明确的信息：我们必须找到解决办法。

[汇报上周工作计划完成情况]

苏珊：现在，我向大家汇报一下我上周工作计划的完成情况。上周我计划参加我们最大的客户之一的季度复盘会议，协助客户讨论修改价格。我已经完成了这项工作。会议进行得很顺利，我们也收获了一个很好的结果——增加了两个额外的业务单元作为新客户资源。

我还计划重新检查并设法简化我们合同中的语言，使新客户更愿意与我们签约。这项工作，昨天晚上我完成后，已经通过电子邮件给你们各发了一份新的合同模板。

本周，我计划跟随马库斯进行3次客户拜访，拜访对象都是潜在的新客户。希望我们可以至少实现两次成交。

苏珊从以身作则开始——她汇报了她的工作计划及其完成情况。她对自己的工作负责，让自己成为团队的一员。这让她有能力引领团队也朝着同样的标准努力，不仅仅是因为她的头衔，更是因为团队成员对她的认可与尊重。同样重要的是要注意苏珊所作出的工作计划的类型——简化合同并帮助签约新客户——这是对整个团队都有利的"第二级承诺"。她是在"系统之上"下功夫。

比安卡：谢谢你，苏珊，特别感谢你在简化合同上所做的工作。这真的很有帮助。我们很高兴能稍稍领先于我们定的目标，但我们都知道，这种领先可能很快就会维持不住。因此，上周我计划了与团队一起审视我们的引领性指标，并确定可能使我们取得更多成果的改进方案。通过这次审视，我们形成了一个给潜在客户打电话的新话术流程，我们认为这样会更有效。本周我们会实践一下，下周我会汇报我们的进展。

作为一线团队的领导者，比安卡致力于优化执行引领性指标。改进销售话术，使得那些打给潜在客户的电话能够赢得更多新客户。她是在"系统之内"下功夫。

比安卡：我下周的工作计划是亲自指导我们的新队员杰夫。他一直在努力给客户打电话，我想帮助他建立一个更好的日常流程。

苏珊：你认为杰夫最基本的问题是什么？

比安卡：我不确定。他很聪明，沟通能力也很好，但他似乎不太投入。

苏珊：这确实是个值得关注的问题，尤其是对于新员工而言。我们想知道你与他相处得如何以及你下周的打算。请准备好你的分享。我也想说清楚一点，对于杰夫，我们是公平且明确的。如果有什么我们可以帮助他的地方，那我们就去做。团队中，我们需要他。个人生活中，我们关心他。但我们也要清楚，就他的工作职责而言，实现目标是绩效中的一个关键要素。祝你在下次会议中有个好表现，如果有任何我可以帮忙的，尽管来找我。

苏珊的回应是支持性的，同时也很坚定。苏珊向比安卡表达了自己的期待——希望在下周之前比安卡能调查清楚杰夫遇到的问题，如果可能的话，解决这个问题，并且让比安卡知道她要在下周会上报告情况的进展。尽管苏珊对杰夫成功的期待是真实的，但苏珊同样清楚地知道绩效也是必要的。这是一条兼顾了责任感和尊重的信息，对于比安卡和杰夫来说都是如此。

马库斯：正如我们所说，我的团队已经落后于目标。对我来说，困惑之处在于每个人都在非常努力地工作，但我们似乎就是跟不上。我怀疑我们是否把目标定得太激进了。我甚至没能完成上周的工作计划，因为我之前决定仅仅靠自己打电话来帮助我们提高业绩。我知道业绩才是真正重要的。

苏珊：马库斯，我知道这对你来说很困难。其实，对我们所有人来说，都是如此。今年每个团队的目标都在增加，压力都很大。我知道你以前的表现，知道你是如何找到解决方案，如何一贯把你的团队提升到更高水平的。我相信你可以再次做到，而且我也一定会帮助你。你不是在独自面对这个难题。

在这个时刻，苏珊知道她正面临着一个问题——一个一线团队的领导者，一个过去表现出色的领导者，现在不堪重负，变得消极。她需要解决这个问题，但首先，她要确保马库斯知道她对他的尊重，她没有忘记他过去的出色表现。在这种尊重的基础上，现在，她可以以一种激励马库斯提升到更高领导水平的方式，让他担负起自己的责任。

苏珊：但我也需要向你明确，马库斯。我担心你的心态是问题的一部分，可能会影响你的团队和团队成员的表现。我需要知道我可以依靠你来找出你的团队所欠缺的部分。我希望你能考虑一下这个问题，然后这周我们花时间一起讨论一下。

苏珊知道，在他同事面前说的这些话会对马库斯产生影响。她认真谨慎，充满尊重，同时也很直率地表明：有些事情必须改变。

马库斯：虽然我不想承认，但我知道你是对的。我决心成为一个比过去几周更好的领导者，但我仍然不确定该为我的团队做些什么。

苏珊：谢谢你，马库斯。其实我们可以这周碰一下面，一起讨论你的引领性指标。我们可以利用那5个优化问题，开动脑筋，找出一个调整或替代方案，从而对你的团队产生更大的影响。

比安卡：马库斯，我可以把我们新的电话话术流程发给你。也许那个新流程值得我们两个团队都试一试。如果可以的话，我也想参加你们的会面，与你和苏珊一起探讨引领性指标。这样可能找到一些改进方法，对于两个团队都有所帮助。

现在，苏珊让整个团队都变得齐心协力，使业绩达到一个新的水平。但更重要的是，她已经证明了：

- 他们可以因她的真实清晰而信任她。
- 她会以尊重的态度对待他们和整个团队。
- 她会始终如一地让整个团队以及她自己对工作高度负责。

这才是能产生成果的领导力。

认可高绩效

在每个团队绩效的核心要素里，有两种基本力量在发挥作用：责任感和投入感。正如我们所讨论的，责任感是人们做什么和如何做的关键驱动力。它是使团队发生改变的力量。而投入感是我们为什么要做这些工作的关键驱动力，它影响到团队绩效的质量。责任感导致了迅速和有目的的行动。投入感则促进了长期保持这种绩效的能力。

在一个团队中，担责几乎总是存在的（以某种形式），但真正的投入却很少。当一个领导者的影响力主要基于担责时，他所创建的团队就是高度顺从的团队：让他们做什么，他们就做什么。但这往往导致了一个问题，这就是让他们做什么，他们就顺从服帖，仅此而已。但是，当高层领导者将担责与真正的投入结合起来时，他们创建的团队不仅是积极肯干的，还是尽心尽力的。

基于绩效的真正认可，是人类绩效最有力的驱动力之一。盖洛普的一项调查发现，82%的员工表示，真正能激励他们提高工作表现的是认可，不是奖励。虽然没人说奖励不重要，但如此高的比例认为得到认可更重要，实在是令人震惊。

我们从一开始就说过，执行从根本上来说是人面临的挑战。每个领导者都看到（或感觉到）他们所领导的人需要得到认可，这既是高质量工作的体现，也是对完成工作的个人的肯定。

我们遇到的投入式领导的最好的例子之一来自万豪国际集团美洲区前总裁戴夫·格里森。戴夫被认为是一个强大的、务实的领导者，他给他的团队带来了强烈的责任感。而结果也刚好证明了，他的团队相对应地作出了怎样优秀的回馈。但

（在万豪集团之外）鲜为人知的是，戴夫一直利用认可的力量来推动业绩，并向所有员工都灌输忠诚和价值感的重要性。每周，戴夫都会给两个大洲的管家、厨师、维修工程师和行李搬运工写几封信——有些是他个人的经历，有些是他从周围的人那里学到的东西。

戴夫的信件现在已经成为佳话。人们对这些信函非常珍视。有的人将信装裱起来，挂在办公室或家里的墙上。还有一些人把信拍下来，在社交媒体上与朋友和家人分享，非常自豪。这些信很重要，不仅仅是因为它们是公司总裁所写，更是因为它们传达了公司每个人对于戴夫的重要性。

> 领导力是向人们传达他们的价值和潜力，使他们在自己身上看到这一点。
>
> ——史蒂芬·柯维

戴夫的每封信都传达了这样的信息：他看到了他们每个人的价值，更重要的是，他感谢他们每个人为公司的发展所做的一切。他所创造的投入是一个团队的直接结果，他们知道自身的价值受到关注，他们的贡献受到重视。

请记住，我们所倡导的认可并不宏大或正式。大多数组织都有正式的表达认可的方式，这种认可方式对于提高员工表现也是有益的。但其实向员工表达对他们工作的认可，并不需要你每次都召开公司表彰大会或颁发水晶奖杯。事实上，如果认可是自发的、非正式的、真实的，效果会更好。无论你是写表扬信、发送电子邮件、在会议上坦言，还是简单的私下交谈，认可都应该是你作为高层领导者所拥有的最强大的工具之一。

经过多年的努力，我们已经提炼出了这种非正式认可的关键特点，可以让这种认可切实成为业绩的强大驱动力。如果你是新上任的领导者，或者你希望提高自己在这方面的水平，以下建议会对你有所帮助。

- 可信。实实在在承认你所认可的表现。避免陈词滥调（"出色工作""杰出贡献"等），而应包含足够的细节，使你的信息具有可信性。

- 简明扼要。克制住写一篇论文或发表演讲的冲动。将注意力放在你所认可的贡献以及对他人表达赞赏上。

- 有个人色彩。避免使用正式语言或官话套话。

- 真实。只说你想说的话，保证你说的每句话都具有真情实感。缺乏诚意的表扬会产生疏离感，削弱员工对你的信任。

在本章的最后，我们想简单回顾一下我们提供的基本"脚本"，将执行力分数作为一个评估执行力的框架：

- 保持相互担责的节奏。这一要素的关键是持续性。无论你的工作有多紧急，都要坚守每周一次至关重要目标会议的相互担责节奏，这是执行文化的基础。

- 履行高影响力的承诺。这一要素的关键在于作出"第二级承诺"——在"系统之上"起作用的承诺——并为后续的贯彻执行设定一个高标准。

- 优化引领性指标。这一部分的关键是通过发人深省的问题来挑战一线团队的引领性指标，并在引领性指标不能充分推动滞后性指标（至关重要目标）时为修改引领性指标或寻找替代方案做好准备。

- 实现滞后性指标（至关重要目标）成果。这一部分的关键是以尊重的态度让一线团队领导者对绩效和结果负责，并以有意义（和难忘）的方式实实在在地对他们的工作表示认可。

在本章中，我们曾强调过万豪酒店是高效执行4原则目前最大的全球实施项目。到目前为止，万豪公司内部已有超过7万名领导者通过了高效执行4原则的正式认证，并已使用执行力分数和本章提供的原则维持业绩超过10年。这些领导者已制订了超过700万个本周工作计划，并且完成率超过97%——每个工作计划都专注于改善客户的入住体验。正是这种高度的专注，使它成为世界上最大和最受推崇的酒店管理公司之一。

这些数据说明，简单的方法，在重视责任感与投入感的领导者手中，可以持续产生突破性成果。

正如我们在本章开头所引用的客户的话："我们甚至不再把高效执行4原则当作一种方法论了。它只是我们执行的方式。"这才是执行文化的真正含义。

PART 3

第三部分

一线团队领导者如何
运用高效执行4原则

Applying 4DX as a Leader of a
Frontline Team

第11章

希望所在

正如你们在第一部分了解到的，高效执行4原则是一个用于实现你们必须达成的目标的操作系统。高效执行4原则不应该仅仅被看作一套教你们如何思考的建议或理念。高效执行4原则是一套原则，虽然运用高效执行4原则需要你们付出最大的努力，但回报却是整个团队持久出色的表现。因此，本书不仅告诉了你们该做什么，而且还将给予你们该如何做的详细指导。

在第二部分中，你们了解了作为高层领导者在带领其他领导者运用高效执行4原则的过程中所要注意的关键之处。如果你是一线团队的领导者，在带领着你的团队运用高效执行4原则，那么在第三部分中你将能够找到运用高效执行4原则的详细路线图，它包含了确保你成功所需的所有信息。

整体情况

在希腊神话中有这样一则著名的故事：西西弗斯受到了宙斯的惩罚，他将一块巨石推上山顶，但是每次当他抵达山顶的时候，巨石就又从山顶滚下来，然后他就要永远重复推下去。

这有点类似于下班时候的感觉，忙活了一天却没有取得一丁点重要的进展，而且自己心里知道，明天又得从头来过了。

吉姆·迪克森是一家大型连锁超市334号店的总经理，他每天的工作感受就是这样的。在所在大区250家店当中，334号店的财务表现是最差劲的，人们不但不喜欢来这里购物，甚至不喜欢到这里来工作。

每一天吉姆来上班的时候，他都要处理反复出现的老问题：停车场里到处都是购物车和垃圾，过道里有打碎的瓶子，货架上很多商品缺货。只要吉姆不找人或者亲自来做，谁都不会管这些事情。经常到了半夜，人们还可以看到他在往货架上上货，或者在清理洒在地上的牛奶。他不但雇人来做这些事情，甚至还要雇员再雇人来做这些事。

和西西弗斯一样，吉姆感觉自己每天都在推一块大石头上山，然后一次次眼看着它滚落下来。他没有时间和精力去提升这家店的业务绩效。

刚被委任负责334号店的时候，吉姆一度被认为是一个潜力无限的领导者，但是到现在，他看上去只是一个毫无前途的小经理罢了。在我们见到他的时候，他已经连续工作16天没有休息了，而在过去的一年多里，他都没有休假。销售额日益下滑，员工流动率却不断上升，主管人事的副经理悄悄对我们说："再不有所改变的话，吉姆要么选择自己离开，要么就会被我们赶走。"

你可以想象，得知去参加高效执行4原则工作小组，吉姆有多高兴，并且时间是在12月，是超市一年当中最忙的时候。

对于吉姆和他手下的部门领导来说，至关重要目标毫无悬念。如果他们不能完成年度的收入指标的话，这家店就有被关闭的危险。与此相比，其他的都不重要了。但是，难题在于如何找到合适的引领性指标——他们可以做些什么之前没有做过的事呢？什么事，才能对拉动超市收入产生最大的影响呢？

吉姆和他的团队很肯定地表示，只要超市环境改善了，收入就会变好。一个环境卫生好、有吸引力、商品库存充足的超市可以吸引来更多的顾客。然后，每个部门各自提出了两三个最重要的衡量指标，最终决定每天按照1到10分给自己打分。

- 肉制品部门：要把鲜肉陈列在干净透明的柜台里。
- 农产品部门：要在每天早上5点钟把各个货架装满。

● 面包店：每两个小时供应一次新出炉的热面包。

当课程结束时，吉姆和他的团队有了计划！他们马上就行动起来，副总经理和各部门领导负责每天更新记分牌。他们认定只要商店环境改善了，他们的收入就会提升。他们觉得这样做是有用的。

他们当天早上就张贴出了记分牌，可员工们当天晚上就把记分牌撕掉了。尽管有些灰心丧气，店领导们第二天还是再次把记分牌贴出来，不过各部门领导们却在日常事务的压力下，又退回到了原来的状态。两周以后，在他们自己的记分牌中，5个部门的平均得分只有13分，而满分是50分。吉姆感到沮丧，他们在运用高效执行4原则实现至关重要目标的过程中遇到了麻烦。

也就是说，他们所做的没起作用。

例如，有一天，吉姆发现面包店的货架上只剩下过期的面包和碎掉的曲奇饼干。

"尤兰达！"他将面包店经理叫过来，把记分牌指给她看。她过来的时候，满身面粉，火急火燎。

"我有好多事情要忙，顾不上你的记分牌。"她叉着腰反驳道，"我接了一个大的食品订单，需要花费我一整天的时间。我还要补充库存，时间完全不够用，人手也不足。"

就像西西弗斯的情形一样，尽管他们所有的努力都瞄准了至关重要目标、引领性指标以及记分牌，但是并没有带来任何实质性的改变。下面我们就来解释一下原因。

因为原则4完全被忽视了。

他们没有建立相互担责的节奏！

他们没有定期每周担责地说："为了推动记分牌，这是我上周做的工作，这些是我这周将要做的。"所以，我们建议吉姆把全体员工召集起来，问每个人一个同样的简单问题："这周你所能做的，对记分牌贡献最大的一件事是什么？"

第二天，吉姆召开了他们的第一次至关重要目标会议。他向大家承诺，这个会议只会围绕记分牌展开，仅占用大家几分钟时间。当各部门领导都到齐之后，吉姆首先从面包店经理开始。

"尤兰达，你认为这周你所能做的，对超市环境记分牌贡献最大的一件事是什么？一件就好。"

尤兰达对吉姆认真的表情备感惊讶，反问道："你让我自己做决定？"吉姆点了点头，然后等着。

尤兰达回答道："我想，我可以把库房打扫干净。"

"很好！不过，这件事能怎样改善我们超市的经营环境呢？"

"嗯，库房太混乱了，我们在地面上堆了太多的货架。如果我能把库房清理一下的话，就能把地面上的一些东西清理掉，这样看上去会舒服一些。"

"好的，就做这件事吧，尤兰达！就是它了。"然后吉姆转向海鲜部经理，"泰德，你认为这周你所能做的，对超市环境记分牌贡献最大的一件事是什么？"

"这周我们有一个大促。"泰德回应道，"我将专注于我们正在准备的龙虾大促，这也是我正在做的。"

"不错，泰德。我知道这很重要，而且你也需要去做这件事。但是，这对我们超市的经营环境有何助益呢？"

"哦，我知道你的意思了。"泰德灵光一现，龙虾大促虽然是件很重要的事情，但是它对于超市经营环境的改善确实没什么帮助，而这（超市经营环境的改善）才是他们的至关重要目标，"嗯，好。鲍比来到超市工作已经3个星期了，每天早上却还不知道怎样陈列货架，我将对他进行这方面的培训，他也会支持我的工作的。"

"非常好！"吉姆回应道。

问问你自己，是谁带来了这些好主意？是吉姆，还是部门经理？你能看出这其中的区别吗？

吉姆是在事无巨细地进行管理吗？当然没有，是那些超市员工自己选择了做哪些事情去改善超市环境。他曾经事无巨细地进行管理，不是因为他希望自己是超负荷工作的领导，而是他不知道除了这些还能做什么。

之后，吉姆的团队每周围绕记分牌定期开会，围绕一件事情制订工作计划。随着团队工作节奏的建立，定期的彼此担责机制也得以建立，他们的态度改变了，超市也发生了改变。

10周之后，超市环境的平均分从13分提高到了38分（50分为满分）。更重要的是，他们的付出得到了回报，超市的环境改善了，他们的收入也提升了。

334号超市，曾经是250家连锁超市中最差的一个，现在却成了该区域同比营业额最好的一家超市。

几个月后，我们应邀参加了吉姆所在部门的总裁主持的汇报会议，听到了吉姆就超市的进步所做的报告。

他告诉他们："现在超市运行得非常好，我这个早上甚至都可以不用去。"部门总裁问他："这一改变对你个人意味着什么呢？"

吉姆回答道："之前，我打算把超市背在我背上，直到我可以被调离。现在，你想把我留在那里多久都行。"

吉姆·迪克森和他的团队现在知道在至关重要目标上获胜是什么感受。他们不需要外界的激励。

每个人内心深处都渴望赢，每个人都想为实现重要的目标作出贡献。日复一日地工作，却不知道自己究竟改变了什么，这实在令人沮丧，这就是高效执行4原则如此重要的原因，334号超市的团队明白了这个道理。高效执行4原则带来了全新的局面，使人们把西西弗斯的石头一起推到了山顶，而不是反反复复把石头推上山。

改变的5个阶段

改变人们的行为是如此困难，以至于许多领导在运用高效执行4原则的时候都面临着这样的挑战。实际上，我们已经发现大部分团队在改变行为的过程中会经历5个阶段。在本章，我们希望帮助读者了解并顺利度过这5个不同的阶段。

第一阶段　理清思路

在此我们来学习一下玛丽莲的故事。玛丽莲是一家市中心大型医院的外科护士长，她在自己的团队里实施了高效执行4原则。她和她的团队面临的日常事务和其他人不大一样，他们一天要进行几十台人命关天的手术。

玛丽莲的团队发现，最近围手术期意外事故频次显著上升。尽管在手术室中也有很多日常事务，但他们都拿出了最大的热忱来减少这类事故。

在一次高效执行4原则工作会议上，他们将至关重要目标定义为：在12月31日前将没有围手术期事故的手术比例从89%提高到98%。

然后，这个团队认真回顾了造成大多数事故的原因，以及给患者生命带来最大风险的因素，总结出来两个能产生最大杠杆作用的引领性指标：在手术前至少30分钟全面检查手术用具是否准备到位，在手术结束后再次认真清点手术用具。

现在，玛丽莲团队已经有了一个至关重要目标（原则1）和两个引领性指标（原则2），他们还设计了一个简单的记分牌用来跟踪团队的表现（原则3），并安排每周召开一次至关重要目标会议来保证团队持续担责（原则4）。

在会议结束之后，玛丽莲很期待下周开始实施执行4原则，她从来没有过这样清晰的工作目标和计划。她想，接下来的事情就是小菜一碟了。

显然，她低估了这项任务。原因就在于，在日常事务纷扰的迷雾中，改变人们的行为有着天然的难度。明确至关重要目标和高效执行4原则的过程，是成功的开端。请记住以下在实施高效执行4原则过程中的关键行为。

- 做聚焦于至关重要目标的模范。
- 识别出有高杠杆作用的引领性指标。
- 创建运动员记分牌。

- 至少每周安排并举行一次至关重要目标会议。

第二阶段　开始施行

在周一早上7点钟，玛丽莲在当周的第一台手术中开始了她对高效执行4原则的

> **第二阶段　开始施行**
>
> 现在，整个团队都在准备起跑了。无论你是主持一个正式的动员会议，还是召集团队所有成员开一个简短会议，你都在带领团队开始向至关重要目标进军。但是就像火箭需要巨大的能量才能脱离地球引力一样，一个团队在施行高效执行4原则的起步阶段，需要团队领导的高度投入。

运用，但是到中午的时候，大家都开始感到吃力了。他们的引领性指标要求护士比原来提早20分钟清点手术用具，但是工作时间表的变化和新的检查清单，让每个人都感到困惑。

第一天早上，面对安排得满满的手术时间表，再加上有位护士因生病请假，玛丽莲忙得不可开交，她的团队也很混乱。玛丽莲意识到在日常事务的迷雾中实施高效执行4原则的问题。

玛丽莲还发现，有些人比其他人更愿意改变。表现最好的人做得非常出色，尽管做到这一点并不容易，但是他们都很享受这种挑战。但是，玛丽莲手下两个最高级别的护士，还是在抱怨为什么要改变清点手术器具的流程，抱怨因此增加的工作压力。更有甚者，玛丽莲还注意到一些对自身职责还不太有自信的新护士，实际上使清点的流程变得更慢。

这一周，玛丽莲意识到，计划起来很容易的事情，实际做起来竟是如此困难。她面临的不只是日常事务的烦琐，还有一个动机不一的团队。

实施高效执行4原则的过程绝不会保证一帆风顺。你会有"榜样"（积极投入的人）、"尚未"（起初挣扎的人）、"从不"（那些不愿参与的人）。以下是成功实施的几点关键所在。

- 意识到实施阶段需要聚焦和能量，特别是来自领导的聚焦和能量。
- 保持聚焦，并勤奋地去落实高效执行4原则的过程。你可以信任这一过程。
- 辨别清楚你的"榜样""尚未"和"从不"。

第三阶段　接受适应

玛丽莲努力去保持在至关重要目标上的聚焦。她的团队调整了时间安排，修正了记分的方式。她对那些"尚未"进行了培训，还向"从不"耐心解释了进行改变的必要性。

> **第三阶段　接受适应**
>
> 团队成员采用高效执行4原则的过程，并且新的行为驱动至关重要目标的达成。你可以期待随着高效执行4原则开始产生成效，抵制的心态逐渐消失，积极的热情不断增长。尽管仍有日常事务的工作需要，他们开始学会以高水平的工作表现对彼此负责。

每一周，他们都为引领性指标而努力工作，并渐渐取得进步。在召开每周至关重要目标会议的时候，他们首先回顾了记分牌，然后每个人都分别作出自己的工作承诺。

不久以后，玛丽莲感觉整个团队已经找到了新的工作节奏，手术事故率也大幅降低。当大家看到引领性指标开始起作用时，他们的工作积极性就更加高涨。好几个月以来，他们第一次感受到了自己是在胜利之中。

需要注意的是，人们采用新的高效执行4原则的过程需要时间。但是为了至关重要目标的成功，坚持这一新过程是必要的，对此既要心怀敬畏，也要坚持不懈，否则，日常事务工作会很快占据团队所有时间和精力。以下是成功采用高效执行4原则的几个关键点。

- 首先聚焦于坚持新的工作过程，其次才是结果。
- 在每周至关重要目标会议上作出工作承诺，并让彼此担责。
- 每周在可见的记分牌上追踪结果。
- 在需要的时候进行调整。
- 对"尚未"进行额外的培训和指导。
- 直接回应"从不"的问题，必要的时候帮他们扫除障碍。

第四阶段　优化调整

在接下来的两个月里，玛丽莲对团队的进步感到高兴。手术事故在平稳、小量

第四阶段　优化调整

在这个阶段，整个团队的思维模式已经转移到高效执行4原则的工作方式上来了。当他们的工作取得成绩后，你可以期待他们更加主动、投入地进行工作。他们开始寻找优化工作的方法。大家已经找到那种"为了胜利冲锋"的工作状态了。

地减少。但是这个团队需要加快步伐，才能在年底达到预定的至关重要目标，而玛丽莲还不确定大家还可以在哪方面更加努力。

出乎她意料的是，在之后一天的至关重要目标会议上，她手下的护士提出了对引领性指标的修改建议。第一，他们建议重新调整手术室器具托盘的位置，从而方便更快、更精确地清点器具。第二，如果在一天的开始，就提前对前两台手术的器具进行清点，可以让接下来一整天的计划提前完成。第三，他们建议让负责运送患者的团队在准备护送患者到手术室时，提前通知他们一下，这样就可以在最后时刻再清点一次。

玛丽莲对此感到又惊又喜，没想到她的团队可以想出这些提高工作表现的好主意。她也由此感到，如果这些建议是她自己想出来的，恐怕会有很多人抵制因此增加的额外工作负担，但由于这些建议是护士们自己提出来的，因而大家都很高兴地去执行。

玛丽莲创建了重要的比赛，现在，她的团队开始向胜利冲锋了。

那些护士们掌握了执行过程的主动权，他们想出新办法来推动引领性指标，滞后性指标也持续提升。每周的工作计划都清晰明确，执行起来也非常出色，每次至关重要目标会议都紧紧聚焦于结果。

但是，最使玛丽莲感到激动的还是大家的工作激情和投入程度达到了全新的高度。

如果你能始终如一地坚持运用高效执行4原则，就可以期待团队成员自发对工作方式进行优化调整。以下是成功落实本阶段的关键。

- 鼓励与认可大量可以推动引领性指标的新主意，哪怕有的主意比其他的更好。
- 认可出色的执行，并庆祝胜利。
- 鼓励团队成员互相为彼此清除障碍，并在这类事情发生时进行庆祝。

- 当"尚未"的工作表现追赶上"榜样"时，对他们予以认可。

第五阶段　塑造习惯

11个月前，玛丽莲面临一场危机——不断上升的事故率会影响她的工作，更重要的是，威胁患者的生命。现在，她和她的团队超越了目标，创造了医院有史以来最低的事故率，也因此赢得了大家的认可。

玛丽莲知道，她的团队的变化，远不止达到降低事故率的目标。他们从根本上改变了自己的工作方式。

> **第五阶段　塑造习惯**
>
> 当高效执行4原则成为一种习惯时，你不仅可以看到工作目标的达成，更可以期待整个团队的工作水平上了一个新台阶。高效执行4原则的终极目标不仅仅是要达成某个确定结果，还要创造一种拥有出色执行力的团队文化。

在这一过程中，他们养成了新的执行习惯，这为将来的成功奠定了基础。改变人的行为是如此之难，然而她的团队做到了。从根本上来说，降低事故率的行为现在已经成了她的日常事务之一，但她的日常事务也因此更加易于管理。

最终，她知道团队可以保持一个全新水平的专注和投入。当他们转向一个新的至关重要目标时，他们将获得胜利。

高效执行4原则是一个塑造习惯的过程。一旦新的行为在日复一日的工作中变得根深蒂固，你们就可以建立新的目标，而且可以同样出色地完成。以下是让高效执行4原则成为团队工作习惯的关键。

- 庆祝至关重要目标的达成。
- 迅速转向一个新的至关重要目标，从而让高效执行4原则成为你们的操作系统。
- 强调新的工作标准依然是在引领性指标方面保持出色表现。
- 帮助每个团队成员取得更好的工作表现。

荷兰鹿特丹市的伊拉斯谟医学中心就是一个表现突出的例子。大部分欧洲医院都深受致命的医院内感染带来的困扰，据统计，欧洲每年在医院死亡的25000名病人里，大约有三分之二的病人是因院内感染死亡的。

在伊拉斯谟医学中心，医院内感染率也是在可接受的范围之内的，但是医院管理者决定根除院内感染。为了达到这个至关重要目标，他们引入了一套引领性指标——"搜寻并消灭"。在这套指标的帮助下，他们花了5年时间，终于消除了几乎所有的院内感染。最值得他们骄傲的是，荷兰的所有医院都效仿和引入了这套指标。

顾名思义，医院里总是充满各种病人，致命的细菌也因此大量滋生。大多数医院对此的态度就是，把院内感染率控制在一个正常范围内就好，但是对于伊拉斯谟医学中心来说，他们的目标就是要做到零感染。

经过医院数年的努力，体质虚弱的病人不再因为医院内感染而生病甚至死亡。

根据我们的经验，不论是医院、连锁超市、机械化农场，还是酒店、软件公司、制造工厂，运用高效执行4原则的结果总是惊人的相似：高绩效的新文化得以建立，持久的高水平业绩也随之而来。

做到这一点并非一夜之功，它需要对至关重要目标持久的聚焦和对高效执行4原则持久的落实。这一过程的模式可以用下图来表示。

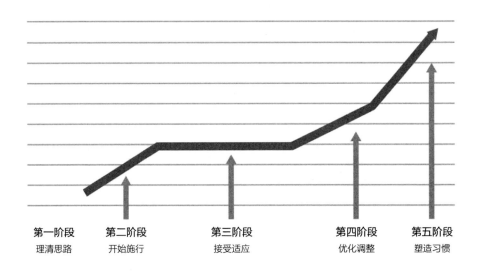

第一阶段	第二阶段	第三阶段	第四阶段	第五阶段
理清思路	开始施行	接受适应	优化调整	塑造习惯

最开始，成绩总是提升很快，但是到了接受适应阶段时，整个团队都在调整适应新的思维模式，这时候工作表现就到达了一个停滞期。一旦高效执行4原则成了团

队成员的习惯，真正的效益就将开始迸发。

　　我们在本书的开头就提到，作为一个领导者，你面临的唯一真正挑战，就是如何改变人们的行为。高效执行4原则已经被实践一再证明是应对这个挑战的良方。

　　在接下来的章节里，我们将带你一步步逐个学习运用每个原则，了解应该怎样把高效执行4原则运用到你的团队中去。

第 12 章

运用原则1：聚焦至关重要目标

出色的团队表现始于选定一个团队至关重要目标。聚焦于一个突破目标，是高效执行4原则的基础准则，不然，你的团队就可能迷失在日常事务的重重迷雾之中。

很多团队同时拥有多个目标，甚至几十个目标，所有的目标都有着最高优先级，但这也意味着任何一个目标都没有最高优先级。

我们的一个客户这样总结道："当你同时为很多目标奋斗的时候，实际上没有为任何一个目标奋斗，因为你在每一个目标上投入的精力太少，对哪个目标都不起作用。"

因此，选择正确的至关重要目标是非常重要的。很多领导对于缩小聚焦点犹豫不决，因为他们害怕选错了至关重要目标，或者担心完成不了。尽管如此，当你选定了一个至关重要目标，你就创建了一场重要的比赛，赌注很大，并且团队可以带来真正的改变。如果你决心去赢得胜利的话，原则1是必不可少的。

举例来说，想象一下，在加州最穷的城市中，当一所为最穷的学生服务的学校校长。这所学校有700多名学生，其中近90%的学生在经济上处于弱势，且这一比例还在上升。学生在全州范围内的标准化评估成绩却一直难以提升。这就是卡梅尔小学校长克雷格·冈特曾经遇到的情况。

在富兰克林柯维公司的职业发展日，克雷格接触到了高效执行4原则。作为一名经验丰富的教育家，克雷格精通目标设定，但高效执行4原则的一些东西却让他感到有所不同。高效执行4原则似乎是能帮助他实现目标的方法。它不是简单地设定一个目标然后期望结果出现，或是写一个包含太多管理策略的、庞大的学校改进计划。克雷格认为高效执行4原则可能就是他们一直寻找的解决方案。

在学生层面设定了至关重要目标后，卡梅尔小学立刻建立了全校范围的记分牌来反映学生阅读方面的至关重要目标的进展。学生们有了共同的引领性指标：每晚阅读30分钟，在读完一本AR分级阅读体系图书后，阅读理解测试评分达到85分。当学生们达到预期分数以及阅读理解准确度目标时，学校就会举行庆祝活动。那最后结果如何呢？学校从以前的一年只有240名学生可以达成AR分级阅读体系的阅读理解准确度目标，变为有超过600名学生达成目标。

第一步：考虑各种可能

最开始，不妨来一场关于至关重要目标的头脑风暴。尽管你觉得自己已经知道至关重要目标应该是什么，头脑风暴后你可能得到完全不同的至关重要目标。根据我们的经验，这经常发生。根据你所属的组织类型以及你的团队的角色，你开展头脑风暴的方式也会有所不同。

在开始之前，需要注意的是，如果你的组织没有顶层至关重要目标，那么在本节中我们只要提到顶层至关重要目标，你应用公司战略中的现有元素（盈利能力、收入、质量、客户满意度等）来替代。你的团队至关重要目标应该始终与能够推动公司战略前进的成果保持一致。

如果		那么
团队所在的组织拥有多个目标，		汇总关于哪些组织目标是更关键的想法。
组织已经设定了顶层至关重要目标，		汇总关于怎样达到组织至关重要目标的想法。
团队就是组织（即小公司或者非营利机构）。		汇总能对达成使命或者实现组织增长产生最大影响的方法。

收集想法

你有3个选择。

1. 和同级别的负责人展开头脑风暴，尤其是当你们聚焦于相同的组织顶层至关重要目标时。即使你担心他们可能不懂你们团队的业务，他们的意见依然是有价值的，尤其是如果你依赖他们或他们依赖你。

2. 和你的团队成员或者一部分成员代表展开头脑风暴，很明显，如果他们加入到制定至关重要目标的过程中来的话，他们更容易投入其中。

3. 独自头脑风暴。之后当你将至关重要目标介绍给团队时，你仍可以和团队成员确认。

自上而下VS自下而上

至关重要目标应该是来源于领导还是团队成员呢？

自上而下：一个不听取团队成员意见就制定至关重要目标的领导，可能会面临如何调动团队积极性的问题。如果他仅凭自己的权力来让团队成员担责的话，可能很难得到整个团队的高水平工作表现，并将以低留存率和有限的创造力和创新为代价。

通过运用高效执行4原则，领导者可以明确至关重要目标，进而提供自上而下的战略指导，团队成员则提供了积极的输入，这提升了他们对至关重要目标的参与与承诺。

自下而上：完全来自团队成员内部的至关重要目标，可能会与整个组织的至关重要目标关系不紧密。因为缺乏强有力的指导，团队在每一点上达成一致可能都会花费宝贵的时间和精力。

自上而下+自下而上：理想情况是，团队领导和团队成员都加入到制定至关重要目标的过程中来。只有领导才能弄清什么是最重要的。归根结底，领导是要对至关重要目标负责任的，但需要积极地让团队成员参与此过程中。想要达成目标、改变团队，在确定至关重要目标时，团队成员必须能积极地提供想法。

发现问题

在寻找至关重要目标的过程中，我们发现有3个问题非常有用。

"为了实现组织的顶层至关重要目标，假设其他方面不发生改变的前提下，我们团队提升哪方面的表现可以对顶层至关重要目标的实现产生最大的影响呢？"这个问题要比"我们能做的最重要的事情是什么"更加好用。

"为了保证组织顶层至关重要目标的实现，可以利用的团队最大优势是什么？"这个问题将让你思考团队在什么领域已经取得成功，但是他们的表现还可以提升到更高的水平。

"为了实现组织的顶层至关重要目标，我们团队有哪些最薄弱环节亟需改进呢？"这个问题让你思考在什么领域表现欠佳，如果不加以改进的话，就会威胁到顶层至关重要目标的实现。

不要仅仅想出几个团队至关重要目标的候选方案就心满意足。尝试收集尽量多的合适候选方案。经验证明，团队至关重要目标的候选清单越长、越有创意，最终选出来的质量就会越高。

在这个阶段，你们只需要想"什么是至关重要目标"，而非"怎样实现"，不要把注意力从选择团队至关重要目标转移到如何实现上去。如何实现至关重要目标往往需要新的、更好的行为（引领性指标），而我们将在原则2中进行讨论。

一家五星级酒店制定了自己的顶层至关重要目标：在12月31日前将总利润从5400万美元提高到6200万美元。这家酒店的各部门就其团队至关重要目标展开了头脑风暴。

客房服务	将客房清洁到前所未有的干净，做到极致，我们准备好了——加油！
餐饮服务	和当地的体育及文化场馆加强合作。
代客泊车	保证客人提车无须久候。
前　台	提高办理业务速度，做到前台无排队。

下面让我们来看一下其中活动管理部门实际的目标候选清单。由于这个部门既可以通过增加收入，也可以通过减少开支来影响利润，围绕如何做到这两点，他们展开了头脑风暴。

第二步：按影响力排序

在你对候选清单感到满意之后，接下来要做的就是，从候选的团队至关重要目标中选择最有可能给顶层至关重要目标带来最大影响的选项。

计算一个团队至关重要目标对顶层至关重要目标的影响力大小，取决于顶层至关重要目标的性质：

组织整体至关重要目标	为团队至关重要目标排序，依据……
财务目标	预期收益、利润率、投资表现、现金流、节省的开支
质量目标	获得的功效、循环时间、生产率提高、客户满意度
策略目标	服务于使命、获得竞争优势、把握机会、降低风险

瑟琳娜是该酒店领导活动管理团队的经理，负责组织会议、宴会和其他特殊活动。在第一步，他们确定团队至关重要目标要为酒店提高利润的顶层至关重要目标服务。

为了精简目标清单，他们开始计算每个候选目标的经济效益。找出能让自己团队产生最大利润的候选目标并不难，但这个聚焦点不对。

真正的挑战在于，根据对酒店顶层至关重要目标的影响力来对候选的团队至关重要目标进行排序。换句话说，他们要找的是那些最能提高整个酒店利润的团队目标。当这样排序后，排在前面的是公司活动和婚礼，因为其产生的收入不仅来自活动本身，还来自客房预定、餐厅用餐甚至spa服务。

在进行排序的时候，避免落入这样的陷阱：选择可以提高团队表现，但对实现组织整体目标意义不大的至关重要目标。

最后，瑟琳娜和她的团队选择了两个候选至关重要目标，它们对顶层至关重要目标产生最大的影响。

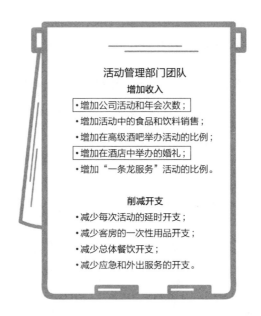

第三步：测试几个最佳主意

一旦你确定了几个候选的团队至关重要目标之后，就可以根据以下4个标准对其进行测试，从而最终选定团队的至关重要目标：

- 这个团队至关重要目标是否与组织的整体至关重要目标相一致？

- 这个目标是否可衡量？

- 谁拥有对目标的控制权，我们团队还是其他团队？

- 谁控制整个游戏，领导者还是团队成员？

是否一致？ 某个候选的团队至关重要目标和顶层至关重要目标之间是否有直接联系？为了创建一个有意义的团队至关重要目标，团队至关重要目标和整个组织的至关重要目标之间应有直接的联系。

尽管这项测试看似显而易见，但在实际中确实有很多团队，他们对一个好主意激动无比，却忽视了实现组织整体至关重要目标才是最重要的。如果一个目标不符合这一条的话，果断把它划掉，看下一个候选目标吧！

是否可衡量？ 我们一个客户曾这样说："如果不去记分，你就一直都是在练习。"一个没有清晰、可计算的记分的比赛，是不能够成为重要的比赛的。

团队至关重要目标要求从开始执行那天起，就有一个令人信服的记分牌。如果在你开始记分之前，就需要巨大的努力，比如你需要在开始记分前建立一个系统来追踪结果，那应该现在就划掉这个选项。一旦系统开始运转，再次考虑这个选项。但在没有记分的比赛中投入时间就是浪费时间。

谁拥有对目标的控制权？ 你的团队能否达到对一个目标80%以上的控制权？这项测试是为了减少在实现目标的过程中对其他团队的依赖。80%这个比率，是用来衡量你的团队为了达成这个目标对其他团队的依赖程度有多高。

如果你们对一个目标的控制权不足80%，那么团队将不愿意对此目标承担责任，最终也不会对其承担责任。

当然，如果两个团队拥有同一个至关重要目标，只要两个团队和团队领导理解他们成败是一起的，共同拥有一个至关重要目标可以强有力地推动绩效。

谁控制整个游戏，领导者还是团队成员？ 这是领导的游戏，还是团队的游戏？最后一个测试比其他的更微妙，但同样重要。这个问题是关于结果是由领导者的表现还是团队的表现所驱动。

如果一个至关重要目标过多依赖团队领导的表现的话，团队成员很容易失去对这个游戏的兴趣。团队至关重要目标应该主要依赖团队的共同努力，而不仅仅是领导。

4项测试中的任何一项没有通过，你就需要重新考虑候选清单上的选项。不要让团队去进行一个有瑕疵的游戏，在责任的压力下，这些瑕疵很快就会显现出来。

第四步：定义至关重要目标

一旦你测试并选定了最终的团队至关重要目标，让它尽可能清晰、可衡量。

定义一个至关重要目标通常可以遵循以下原则。

- 以一个动词开头。
- 以"在什么时间前，使指标从X到Y"的形式定义滞后性指标。
- 保持简洁。
- 聚焦于"做什么"，而非"怎么做"。

以一个动词开头

简单的动词可以一下子把人的注意力吸引到行动上来，几乎任何复杂的动词都有简单的替代表达方式。

对至关重要目标来说，过分冗长的描述也是不必要的，你只需要像下面的例子这样来进行表述就好。

理想的表述	欠妥的表述
削减开支…… 提高效益…… 提升客户满意度…… 增建一座工厂…… 推出新产品……	为了提高投资者的信心，保障员工的工作待遇，继续夯实巩固公司的基本价值，我们将在今年落实一个……的至关重要目标。

定义滞后性指标

滞后性指标告诉你你是否达到了目标，它们为团队标记了一条终点线。以"在什么时间之前，使指标从X到Y"的形式定义滞后性指标，可以参考以下的例子。

当前状态（从X）	预期状态（到Y）	截止时间（在什么时间之前）
错误率为11%	错误率为4%	7月31日
年存货周转率为8	年存货周转率为10	本财年结束时
投资年回报率为12%	投资年回报率为30%	3年之内

至关重要目标应该表述成下面的样子。

- 在7月31日之前，将错误率从11%降低到4%。

- 在本财年结束前，将年度存货周转率从8提升到10。

- 在3年之内，将投资年回报率从12%提升到30%。

保持简洁

前文我们曾说过一个惊人的事实：85%的员工都不知道他们所在团队的最重要目标是什么。大多数组织的目标过于模糊、复杂而又假大空。

理想的表述	欠妥的表述
在年底之前将客户忠诚度从40%提升到70%。	"我们承诺将进一步深化并丰富和客户之间的关系。"
在本年度将客户采用我们投资咨询服务的比例提升到25%。	"在即将到来的一年里，我们的目标是进一步促进投资和基础建设，并通过良好地协调客户关系来实现业绩的增长。"
在5年之内，推出3种销售额在1000万美元以上的新产品。	"我们希望强化产品创新，利用生物科技解决生物型资源的需求问题。"

聚焦于"做什么"，而非"怎么做"

很多团队定义了一个清晰的至关重要目标，却画蛇添足地附加了一大堆描述"怎么做"的话。

理想的表述	欠妥的表述
在今后两年内将客户保留度从63%提高到75%。	通过提供更好的客户体验,在今后两年内将客户保留度从63%提高到75%。

你可以在运用原则2制定引领性指标的时候,详细筹划如何才能达到你们的团队至关重要目标,但在制定目标的阶段,只需要关注"做什么"。

确保至关重要目标是可以达到的

我们常常会遇到这样的领导,他们喜欢制定一些完全超出自己团队能力范围的目标,但是私下里又认为只要达到75%的目标,就可以心满意足了。这种做法会极大地削弱你推动团队参与度和结果的能力。

希望大家在这一点上要谨慎。我们并非鼓吹去建立一些很容易达到的目标。一个好的目标,应该既有一定的挑战性,可以激发出团队的最高水平表现,又是在他们的能力范围之内的,简单点说,就是"跳一跳,够得着"的目标。

可行性

原则1中的可行性是指,在什么时间前,使指标从X到Y(滞后性指标)的团队至关重要目标。

你现在应该知道了,至关重要目标的表述上的简单具有欺骗性——达到目标极具挑战。然而,团队现在关于什么是最重要的有了清晰的聚焦,可以在日常事务之外持续聚焦于此了。这个团队至关重要目标就像指南针一样,为团队取得某个成果提供清晰、持续的指引。

试一试

使用下面的至关重要目标创建工具,为团队制定一个至关重要目标。

至关重要目标创建工具

1. 利用头脑风暴得出候选目标。

2. 利用头脑风暴，为每个候选目标制定滞后性指标（"在什么时间前，使指标从X到Y"）。

3. 按照对整个组织或者顶层至关重要目标的重要性将以上候选目标排序。

4. 按照前文的4个标准，测试候选目标。

5. 写下你最终选定的至关重要目标。

候选至关重要目标	当前状态（从X）	预期状态（到Y）	截止时间（在什么时间前）	影响力排名

最终选定的至关重要目标

_____

_____

_____

_____

_____

_____

_____

_____

_____

_____

你做得对吗?

按照以下内容逐项检查你制定的至关重要目标和滞后性指标,看它们是否满足这些标准。

☐ 你是否收集了足够多的自上而下和自下而上的意见?

☐ 团队至关重要目标是否对整个组织的至关重要目标有清晰、可预见的影响力,而不仅仅是对本团队表现有影响力?

☐ 团队至关重要目标是否是最能驱动组织至关重要目标的事情?

☐ 团队本身是否有足够的力量来完成目标,而不需要过度依赖其他团队?

☐ 这个至关重要目标是否需要整个团队的聚焦,而不仅仅是领导或一个小组的聚焦?

☐ 滞后性指标是否是"在什么时间之前,使某指标从X到Y"的形式?

☐ 至关重要目标的表述是否还能更加简洁?它是否包含一个简单的动词,并有明确的滞后性指标?

第13章

运用原则2：贯彻引领性指标

一个伟大的团队，会把他们最好的努力投入于对团队至关重要目标影响最大的事情，这些事情就是所谓的引领性指标。这一点既关键，又独特，但真正理解这一点的人却很少，所以我们将其称为卓越执行力的秘诀。滞后性指标（在什么时间前，使某指标从X到Y）只是告诉你是否达到了目标，而引领性指标可以告诉你是否可能达到目标。你可以使用引领性指标，去跟踪那些对达成团队至关重要目标拥有最强大杠杆作用的行为。

如前文所述，引领性指标必须能预见团队至关重要目标的实现，同时也是团队可控的，就像下面几个例子一样。

团队	滞后性指标	引领性指标
医院服务质量改进团队	到年底之前，将死亡率从4%降低到2%。	每天检查两次重症病人的体征，以减少肺部呼吸障碍。
船运公司调度团队	在本季度，将货车运输开支削减12%。	保证90%以上的运输卡车是满载的。
酒店	在年底前，将每单平均成交额提高10%。	建议每桌客人品尝特制鸡尾酒。

以上每一个引领性指标都有预见性，同时也是可控的。这些团队可以贯彻这些引领性指标，最后将推动滞后性指标。

贯彻引领性指标对于出色的表现具有重要的意义，但这也可能是高效执行4原则当中最难实践的一环，理由有三。

- 引领性指标可能违背直觉。大多数领导都会关注滞后性指标，毕竟这是最终说明成绩的指标。这种思维也是很自然的，但是你不可能再改变一个滞后性指标了，它只意味着过去。

- 跟踪引领性指标是有难度的。引领性指标往往是衡量新的行为的指标，跟踪人们的行为，显然要比跟踪结果难得多。而且，在大多数情况下，并没有现成的引领性指标跟踪系统，所以你可能不得不自己创造一套这样的系统。

- 引领性指标有时候看起来太简单了。引领性指标需要精确地把精力聚焦在一个特定的行为上，而这个行为有可能看起来不那么重要，特别是在外人看来。

举例来说，一家零售商店选择这样的引领性指标来推动使团队增加销售额的团队至关重要目标——将每周热销货品的脱销种类控制在20种以下。这样普通的措施真的可以产生重要影响吗？他们不应该已经这样做了吗？但是如果他们不能持续地做好这个简单的指标，找不到他们想要的商品的顾客就不会继续光顾了。

在多数情况下，引领性指标为"知道"和"行动"搭建了桥梁，从而达到知行合一。一根小小的杠杆就可以撬动巨石，一个好的引领性指标也可以提供同样强大的杠杆力量。

两种引领性指标

在你和团队开始制定引领性指标之前，我们希望你们能够更多地了解这个强大工具的类型和特点。首先要了解的是，引领性指标可以分为两类：阶段成果指标和具有杠杆作用的重要行为指标。

阶段成果指标　是指那些关于团队每周达成什么成果的指标，但是给团队成员自由选择具体做法的空间。"将每周脱销货品种类控制在20种以下"就是这样一个阶段成果指标，人们可以采用多种不同的方法来达到这个指标，但是不论他们采用什么样的方法，最终都要为每周达标负责。

重要行为指标　是指那些跟踪人员行为的指标，这些行为是你希望大家在一整周都做到的。这样的指标使团队坚持以同样的水准采用新的行为，并对他们的行为表现加以衡量。有了这种具有杠杆作用的重要行为指标，团队成员就是对采用新的行为负责，而不是对产生成果负责。

这两种引领性指标是运用原则2的有效方式，也都可以为促进结果达成提供强大动力。

至关重要目标

在12月31日前将平均月事故发生次数由
12次减少到7次

阶段成果指标	重要行为指标
平均每周安全守则落实率 达到97%	确保95%的员工每天 穿安全靴

上面这个例子来自我们在年轻兄弟集团的实践，他们的团队至关重要目标是降低事故发生率。他们选择"遵守安全守则"作为阶段成果指标，这导致他们需要引入多种新的行为。其实，如果他们认为同时聚焦这么多新的行为很难成功的话，他们就应该先选择一个具有杠杆作用的行为，例如穿安全靴（6条安全守则之一），然后随着时间的推移，将其他新的行为逐渐纳入整个团队的行为习惯中。

以下这个例子来自我们和一家大型连锁超市的合作项目，团队的至关重要目标是增加销售额，其中一个强有力的因素就是保证最畅销的货品不脱销。他们选择了这样的引领性指标（一个具有杠杆作用的重要行为指标）——每天完成两次额外的货架检查，每一个超市员工都可以参与这份工作。

至关重要目标

在12月31日之前，将每周平均销售额从
100万美元提高到150万美元

阶段成果指标	重要行为指标
将每周热销商品的脱销种类控制在20种以下	每天完成两次额外的货架检查，并对热销商品及时补货

我们举这两个例子的目的，是让你明白，这两种引领性指标都可以对达成至关重要目标产生杠杆作用。这两种指标本身并无优劣之分，你需要做的是选择适合自己团队的指标类型。

以下是选择具有强大杠杆力量的引领性指标的几个步骤。

第一步：考虑各种可能

首先展开一场头脑风暴，考虑各种可能的引领性指标，要注意抵挡过早下决定的诱惑。经验一再证明，开始时准备的候选项越多，到后来制定的指标质量才越高。

我们发现这些问题有助于寻找引领性指标。

• "我们可以做哪些之前从来没有做过的事情，帮助我们达成团队至关重要目标？"

• "我们团队的哪些力量（优势），可以对团队至关重要目标产生杠杆作用？我们有哪些局部优势？我们表现最好的员工有什么不同的做法？"

• "哪些不足限制了我们团队至关重要目标的达成？我们更应该坚持去做哪些事情？"

例如，一个超市的团队至关重要目标是"实现5%的年销售额增长率"。以下是一些候选的引领性指标。

确定新的、更好的行为
• 在傍晚5点到7点之间的高峰期，派人在门口迎接顾客，并帮助他们寻找商品。 • 准备好纸质和电子版的商品目录供顾客参阅。

有力的局部优势
• 每个月在每个部门举办有创意的新商品展览会。 • 将面包店使用的顾客满意度检测表推广到所有部门。

修正不持续的行为
• 每两个小时检查一次货架是否有空缺。 • 在任何时候让顾客排队少于两个人。

只关注那些可以驱动团队至关重要目标的主意，不要把注意力偏移到讨论一般化的好做法上去，不然，你最后得到的就会是一大堆毫不相干的清单。

关于有效的引领性指标，一个著名的案例就是3M公司的15%法则。在几十年的时间里，这家大公司都坚持"创新产品，永无止境"的战略目标。为了驱动这个至关重要目标，他们采用了这样的引领性指标——要求他们的研发团队将15%的时间用在自己选择的项目上，以此促进创新。畅销书作家吉姆·柯林斯这样评论道：

"对3M公司的研发人员来说，没有人告诉你在什么新产品上投入工作，只会有人告诉你要投入多少工作时间。这样宽松的氛围最终孕育了大量的创新发明，从著名的即时贴，到不太出名的反光车牌，甚至是可以在外科手术中替代心脏功能的机器。在15%法则的刺激下，3M公司的销售额和盈利增长了40倍。"

像3M公司的15%法则这样完美的引领性指标，将会极大地推动至关重要目标的实现，而且完全是在团队的控制能力之内的。

第二步：按影响力排序

在得到满意的候选清单之后，下一步就要从中寻找对团队至关重要目标潜在影响力最大的引领性指标了。

对前面那家将提升利润作为顶层至关重要目标的酒店来说，瑟琳娜主管的活动管理部门制定了这样的团队至关重要目标——"在12月31日前，将来自公司活动的收入从2200万美元增长到3100万美元"。

在一次高效执行4原则工作会议上，瑟琳娜带领她的团队就这个团队至关重要目标的引领性指标展开了热烈的头脑风暴。

现在，瑟琳娜和她的团队已经将注意力集中到了对达成团队至关重要目标最具有影响力的3个候选指标上了。

- 增加客户现场参观的次数。根据经验，瑟琳娜的团队知道，不论何时，只要他们能够成功邀请一个客户来酒店进行现场参观考察，这个客户选择在这里举办活动的可能性就会提高很多。

- 提高酒吧增值服务的销售。由于酒吧增值服务的利润率很高，因此如果每个活动都选择了这个增值服务，将可以大幅提升酒店收入和利润。

- 产生更多高质量的提案。提案是销售流程的最后一步，所以报给客户的提案越多，成交的可能性就越大。这个主意要求提供给客户的每一个提案都是达到一定标准的高质量提案。

注意！

在生成了引领性指标候选清单之后，我们经常可以听到一些团队成员这样说："我们需要做所有这些事情。"没错，能进入清单的都是值得做的好事情，但同时去做的事情越多，分散给每一件事情的精力就越少。

另外，将精力集中在少数引领性指标上，可以产生更强大的杠杆作用，就像我们常说的："一根杠杆必须移动很长距离才能撬动巨石一点点。"换言之，一个团队必须在一个引领性指标上付出大量的努力，才能推动滞后性指标。如果引领性指标太多的话，你们的时间、精力都会捉襟见肘。

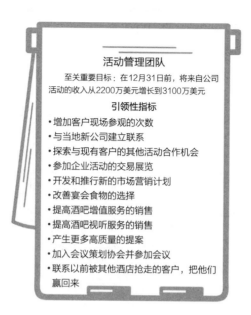

活动管理团队

至关重要目标：在12月31日前，将来自公司活动的收入从2200万美元增长到3100万美元

引领性指标

- 增加客户现场参观的次数
- 与当地新公司建立联系
- 探索与现有客户的其他活动合作机会
- 参加企业活动的交易展览
- 开发和推行新的市场营销计划
- 改善宴会食物的选择
- 提高酒吧增值服务的销售
- 提高酒吧视听服务的销售
- 产生更多高质量的提案
- 加入会议策划协会并参加会议
- 联系以前被其他酒店抢走的客户，把他们赢回来

第三步：测试几个最佳主意

一旦确定了几个最具杠杆作用的候选指标之后，你们就可以根据以下6个标准来对它们进行测试了。

- 这个指标是否对至关重要目标具有预见性？

- 这个指标是否是团队可控的？

- 这是一个长期指标，还是一次性的？

- 这是一个领导者的游戏，还是整个团队的游戏？

- 这个指标是否可衡量？

- 这个指标是否值得衡量？

这个指标是否对团队至关重要目标具有预见性

这是第一条也是最重要的一条测试。如果一个候选指标在这项测试中失败，即便它是一个好主意，也要划掉它，从清单中选择下一个最有影响力的指标。

你的团队是否可以影响这个指标

团队是否可以影响指标，我们是指团队对这个指标是否至少达到80%的掌控。就像原则1中所说的一样，这项测试排除了对其他团队有严重依赖的指标。

下面是瑟琳娜的活动管理团队列举出来的候选的引领性指标，来替代不可控的滞后性指标。

不可控的滞后性指标	可控的引领性指标
将食品饮料的利润率提高20%。	改进宴会可选菜谱，提高酒吧增值服务的销售。
挽回流失的老客户。	联系流失到其他酒店的客户，并利用有说服力的提案再次签约。
预定更多的会议。	积极参加会议筹备协会的月度会议。

记住，一个完美的引领性指标不需要太多依赖其他团队，就能有效推动滞后性指标。

这是一个长期指标，还是一次性的

完美的引领性指标是使行为改变成为习惯，并持续地提升滞后性指标。虽然采取一次行动可能带来暂时的提升，但这并不是行为的改变，对团队文化也起不了多少作用。

下面是瑟琳娜团队用过的一些例子，清楚描述了这两种指标的区别：

长期指标	一次性指标
确保让每一个客户都留意到我们的多媒体功能，并得到定制化的个性服务。	更新所有的多媒体设备。
全部满足宴会餐桌设置清单。	就餐桌设置进行一次员工培训会议。
参加商会会议，并联系在本地最新开业的每一家公司。	加入商会。

尽管那些一次性指标所涉及的行动，往往可以带来暂时的效果，可能还是相当可观的效果，但是只有整个团队养成了良好的行为习惯，才能带来持续的提升。

这是一个领导者的游戏，还是整个团队的游戏

团队的行为，必须能驱动引领性指标。如果仅仅是团队领导或者某一个人的行为可以驱动引领性指标，团队的其他成员很快就会对该游戏失去兴趣。

例如，一个质量检测体系需要领导经常对流程进行检查，目标是持续提升检查的结果。如果一个候选的引领性指标是进行更频繁的检查，那该候选指标就通不过这一项测试了，因为只有领导可以进行检查。但如果一个候选指标是要求每个团队成员都能及时对检查结果作出回应的话，它就成了整个团队的游戏，每个人都可以参与和投入进来。

类似的，很多组织中，填补某个人事空缺、减少加班时间、改进日程计划等指标，通常都是只属于领导们的游戏。记住，只有引领性指标属于整个团队时，它才能把每一个人和团队至关重要目标联系起来。

这个指标是否可衡量

如我们所说，引领性指标的确切数据往往很难获得，大多数团队也没有现成的对引领性指标的跟踪体系，但是要想达到滞后性指标的成功，就必须能够成功地跟踪这些引领性指标数据。

如果这个团队至关重要目标确实至关重要，你就必须设法去衡量那些新的行为。

这个指标是否值得衡量

如果一个指标需要的投入超过了它的价值，或者会产生严重的不确定后果，那么它就不适合作为引领性指标。

例如，一个大型快餐公司雇用了专门的巡视员对每家加盟店进行巡视，以检查

其是否遵守了公司的统一标准。然而这些巡视员被广泛看作侦探，团队成员也感到不受尊重。这样一来，除了雇用巡视员的直接成本之外，该公司还不得不付出信任的代价，也会影响员工士气。

最终，瑟琳娜团队选择的几个引领性指标通过了全部这些测试。在测试过程中，他们发现几乎每一次客户来现场参观都会带来成功的提案，所以他们决定把精力投入到邀请更多的客户来进行现场参观，以及提高酒吧增值服务的销售上来。

第四步：定义引领性指标

在确定引领性指标的最终形式时，回答以下几个问题。

我们是跟踪每个人的表现，还是跟踪团队的表现

这个问题将会影响到如何设计你的记分牌，进而影响到如何让你的团队保持责任感。对每个人的表现进行跟踪可以有效激发人们的责任感，但这会是很难赢的游戏，因为这需要每一个人有相同的表现。与此不同的是，对团队表现进行跟踪则允许个体表现差异的存在，同时仍能使团队达成目标。

个人分数	团队分数	
每个员工每天热情地接待20名顾客，并提供帮助。	团队每天热情地接待100名顾客，并提供帮助。	每天跟踪
每个员工每周热情地接待100名顾客，并提供帮助。	团队每周热情地接待700名顾客，并提供帮助。	每周跟踪

我们应该每周还是每天跟踪引领性指标

为了让团队有最高的参与度，团队成员至少每一周都要能看到记分牌上的更新变化，否则他们很快就会丧失兴趣。每天跟踪可以创造出最高水平的责任感，因为它要求每天有相同的表现。而每周跟踪则允许绩效表现每一天有一定的起伏，只要在一周内能完成指标就好。

下图是对同一个引领性指标每天/每周/个人/团队的跟踪对比。

这些考虑因素应该在你做决定时起作用。

个人分数	团队分数	
·每个团队成员必须达到引领性指标。 ·个人责任感很强，因为是追踪到每个人的分数。 ·记分牌很详细。	·即使个别成员表现不好，整个团队也能成功。 ·高绩效员工的结果可以掩盖个别成员的不佳表现。	每天跟踪
·即使个人在某几天的目标上失败了，他也可以成功完成周计划。 ·只有每个人都成功达标，团队才能成功。 ·记分牌很详细。	·即使团队某几天的目标没有成功，也可以成功完成周计划。 ·高绩效员工的结果可以掩盖个别成员的不佳表现。 ·团队会一起成功或者失败。	每周跟踪

引领性指标的数量标准是什么

引领性指标的数量标准，换句话说，指"我们行为的强度、频率、持续时间等是什么"。

在年轻兄弟集团，引领性指标就是6条安全守则落实率达到97%。他们怎样才能达到97%的目标呢？换作是你，你会怎样做？

你会基于团队至关重要目标的重要性和紧急程度来做决定，就像用杠杆撬石头一样，杠杆得移动很大的幅度，石头才能被撬动一点点。如果原来安全守则的落实比例只有67%的话，那么提高到97%将会产生显著的效果。如果涉及生命和人身安全时，需要这样突出的效果。在选择引领性指标中的数字时，要对团队有挑战，但也不能让其成为不能赢的游戏。

例如，在荷兰，每一个送到医院的病人都要进行检测以确定是否感染，这个动作是清除医院内感染的一个关键的引领性指标。显然，对每一个病人进行这样的检测是需要消耗时间和资源的，但这是可操作的。其他国家的卫生标准要低一点，他们只会对部分病人进行这样的检测，对他们而言，医院内零感染并非至关重要目标。

有时候，你可以从不断的尝试中发现合适的指标值。一个建筑材料供应商每周都会给所有客户发送两封电子邮件，但是得到的回应却很少。当他们试着每周给每个客户发送3封邮件时，他们的业务就纷至沓来。3封邮件与两封邮件相比，有何神奇之处呢？天知道！

如果你要制定的指标，是关于你们已经在做的事情的话，必须把标准制定得比当前的水平高得多，不然，你们可能会犯这样的常见错误，即做和之前相同的事情，却希望得到不一样的结果。

引领性指标的质量标准是什么

引领性指标的质量标准，换个说法，指"要做得多好"。

并非所有的引领性指标都需要回答这个问题。但是，绝大部分重要的引领性指标都不仅仅需要确定一个数量指标，它们还需要说清楚这个团队需要做得多好。

在年轻兄弟集团，6条安全守则是引领性指标的质量标准。而对于一个侧重于生产设备的企业，他们需要遵守的可能就是质量控制流程。

引领性指标的核心词汇是否是动词

简单的动词可以将人的注意力集中在行动上。

至关重要目标	引领性指标
在季度末前，完成200万美元的额外收益。	每周额外拨出500次业务电话。
在财年末，将我们拍卖商品的成交率从75%提高到85%。	确保我们的拍品质量鉴定书能和拍品达到98%以上的符合度。
在两年内将顾客忠诚度从40分提高到70分。	每周满足该周99%的顾客服务需求。
今年将库存周转率从8提高到10。	就每一件特价商品向联系人发出3封电子邮件。

引领性指标的表述是否简洁

用尽可能少的语言来表达你的引领性指标，去掉前面的解释性话语，例如："为了达到我们的至关重要目标，为了超出我们客户的预期，我们将要……"这个"将要"之后的内容才是引领性指标的实质内容，才是所有你需要说的。而且，一个清晰的至关重要目标的表述就涵盖了这些前缀解释性的话语。

关于面向流程的引领性指标的一些注意事项

寻找有用的引领性指标的另一个途径是，将你的工作视为流程步骤，特别是当你知道，你的团队至关重要目标来自一个流程，例如，一个来自销售流程的销售收益目标，一个来自制造过程的质量目标，或者一个来自项目管理流程的项目完成目标。

下面是一个十一步销售流程的例子。

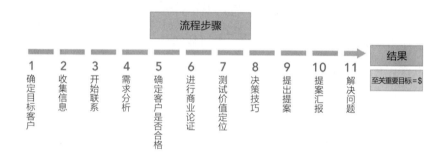

关于流程，通常有相同的挑战：这个流程是否能够带领我们达成目标？我们在遵循这样的流程吗？我们的流程是否合适？

在每一个流程中，都有一些可以起到杠杆作用的关键环节。如果将这些关键环节作为引领性指标，团队就可以对其集中更多的精力。

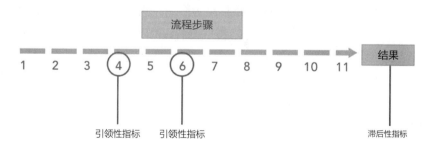

在上图中，这支团队认为，如果在需求分析（步骤4）和进行商业论证（步骤6）上做得更好，最有助于达成目标。

现在，这个团队从这些关键环节中确定了引领性指标，他们就会这样问："我们怎样才能衡量一个需求分析好不好？""我们怎样才能确定完成了一个成功的商业论证？"这样瞄准关键环节的引领性指标，比妄图一下子改进整个流程的方法更为有效。如果想要改进整个流程，领导将不得不把精力分散到整个流程中，团队也不会改变旧习惯。

高效执行4原则让领导能够锁定最关键环节，然后再锁定其他关键环节。

项目阶段性目标是否可以作为好的引领性指标

如果你的团队至关重要目标是完成一个单独的项目，那么你的项目阶段性目标可能可以作为有效的引领性指标，但这需要你对它们进行细致的评估。如果这些项目阶段性目标既能预测项目的成功，又是团队可控的，那么它们可以是很好的候选方案。然而，这些引领性指标也必须足够重要，以至于每周都要作出针对它们的工作计划。

需要注意的是，项目阶段性目标越小或越细，你每周都作出工作计划的机会就越小。需要不到6周时间就能达到的阶段性目标通常不足以作为一个好的引领性指标。

而如果你的团队至关重要目标包含完成多个项目，那么将你用来确保所有项目成功的关键流程环节作为你的引领性指标更为合适，例如有效的沟通和测试环节。在这种情况下，你应该以对项目成功是否最具预见性、可控性作为测试引领性指标的标准。

可行性

原则2中可行的指标是指那些可以推动滞后性指标完成的引领性指标。瑟琳娜团队最终的引领性指标清晰，但也有挑战性。

- 每个员工每周完成两次有成效的现场参观。
- 在90%的活动中推广我们的酒吧增值服务。

原则2为瑟琳娜提供了一个清晰、简洁、可衡量的策略，这不但提高了她团队的业绩，也为整个酒店增加了效益。

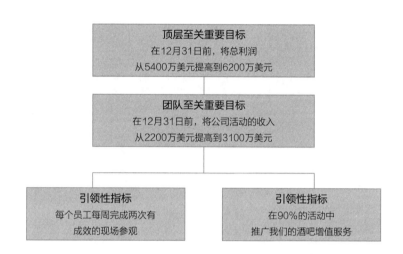

对于许多团队来说，原则2是激动人心的。他们不但有了一个清晰、包含终点线的至关重要目标，还有了精心构建起来的引领性指标来实现团队至关重要目标。对于很多团队来说，这是他们有史以来制订的最具有执行力的计划。他们坚信，他们已经完成了所有必要的工作，从现在开始，一切都很容易。

他们大错特错了。

尽管他们设计了一场漂亮的比赛，但是如果不采取原则3的话，他们的完美计划依然会被湮没在日复一日的日常事务中。

试一试

使用下面的引领性指标创建工具，试着为你们的至关重要目标确定引领性指标。

引领性指标创建工具

1. 将至关重要目标和滞后性指标插入表格最上方。
2. 开展头脑风暴，列出候选的引领性指标。
3. 开展头脑风暴，列出衡量这些候选指标的方法。
4. 按照对至关重要目标的影响力对候选指标排序。
5. 按照下页的检查清单测试你的候选指标。
6. 得出最终的引领性指标。

候选的引领性指标	如何衡量	影响力排序

最终的引领性指标

_____

_____

_____

_____

_____

_____

_____

你做得对吗？

逐项检验，确保团队的引领性指标可以有效推动团队至关重要目标的达成。

☐ 你们是否从团队内外收集了足够多的候选指标？

☐ 选定的引领性指标是否对至关重要目标具有预见性？就是说，它们是不是你们团队所能做的最能影响至关重要目标结果的事情？

☐ 选定的引领性指标是否具有可控性？就是说，你们团队是否具有足够的能力去推动这些指标？

☐ 选定的引领性指标是否完全可衡量？就是说，你们能否从第一天开始就对团队在这些指标上的表现进行跟踪评测？

☐ 选定的引领性指标是否值得努力？或者说，收集它们所消耗的资源会不会比得到的收益更大？这些指标会不会导致不可预测的后果？

☐ 是否每个选定的引领性指标都有一个核心动词？

☐ 是否每个选定的引领性指标都是数量指标，还是也包括一些质量指标？

第14章

运用原则3：坚持激励性记分牌

原则3是关于参与度的原则。即使你们已经利用原则1和原则2设置了清晰有效的比赛，但是除非整个团队的激情都被调动起来，否则团队仍旧发挥不出最好水平。只有人们随时知道自己的输赢时，他们的激情才会迸发。

调动团队参与热情的关键在于要有一个可见、持续更新的运动员记分牌，无论它是高效执行4原则应用程序中的电子记分牌还是团队创建的实体记分牌。我们为什么要如此强调记分牌的作用呢？

在富兰克林柯维公司最近对零售商场的调查中，我们发现73%的行业领先者遵从这样的观点：我们的成功指标是可见的、可达到的，且可以持续更新。相比之下，在那些业绩平平的落后者中，只有33%的团队认同这一观点。因而对这种可以让人们随时知晓自己输赢的记分牌，领先者的认同比例竟然是落后者的两倍还要多。为什么会这样呢？

首先我们来回顾一下3个原则。

一旦开始自己记分，人们的表现会更好

如果没有记分，人们的表现更差，付出的努力更少，这是人的本性。请注意重点：人们在记分时的表现是不同的。使用教练型记分牌和运动员记分牌，人们表现的差别也是非常显著的，因为使用运动员记分牌意味着团队成员共同拥有对比赛结

果的控制权，这是属于他们的比赛。

教练型记分牌不等同于运动员记分牌

一个教练型（或领导型）记分牌是很复杂的，其中会充斥各种数据，而一个运动员记分牌则非常简单，它只需要显示出几个关键的指标，告诉选手们他们是输还是赢。这两种记分牌有不同的用途。

运动员记分牌的目标是为了激励所有团队成员取胜的士气

如果一个记分牌不能有效激发人们工作热情的话，对于团队成员来说，它就不是一个具有足够激励性的记分牌。所有团队成员都应该能够看到这个记分牌，随时了解它的更新变化，每时每刻。它们会经常被大家挂在嘴边，人们永远不会忽视这样的记分牌。

创建一个实体记分牌

高效执行4原则应用程序为你和你的团队提供了实时的电子记分牌，它既引人注目又简单，而且还长期可以供你和团队使用。我们将在本章的末尾详细讨论这一点。

对于一些团队来说，允许团队构建一个他们自己的实体记分牌还有一个额外的好处。在本节中，你将学会怎样把所有成员组织起来，一起建立一个激励性记分牌。

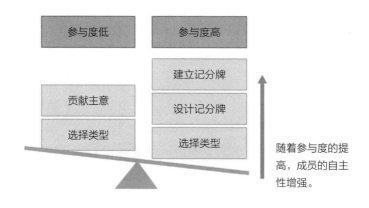

你也将会了解到，不同的记分牌设计将会导致人们采取不同的行为。

我们发现，一个团队在设计记分牌的时候，全体成员的参与度越高，他们对这个记分牌的责任感就越强，主动性也就越强。

第一步：选择类型

为你的记分牌选择一个类型，以此来清晰地跟踪你们所关心的指标。以下是几种记分牌类型。

趋势线

展示滞后性指标的记分牌方式中，这是最有用的记分牌。趋势线可以直观展现出"在什么时间前，使某指标从X到Y"。

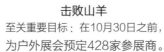
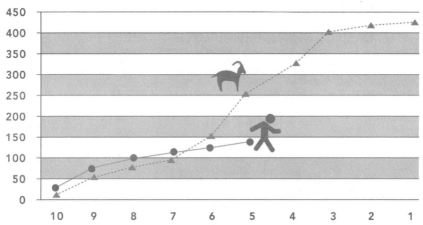

击败山羊

至关重要目标：在10月30日之前，
为户外展会预定428家参展商。

速度表

就像汽车上的速度表一样，这种记分牌可以用来即时展示当下的指标情况，这对于有关时限的指标（周期时间、处理速度、上市速度、回复时间等）是非常理想的。同理，还有温度计、压力表、标尺或磅秤等形式的记分牌。

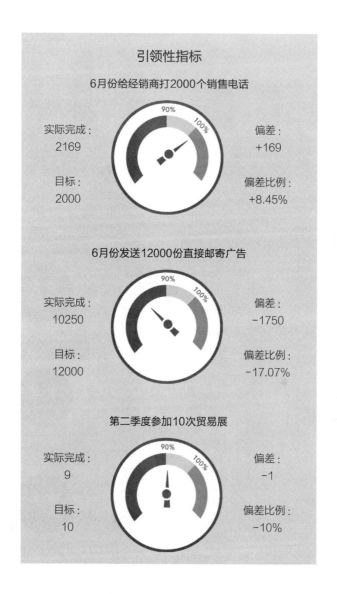

柱状图

这种记分牌对比较团队之间的表现或团队内部小组的表现非常有用。

引领性指标

每周专心阅读时间累计达到300分钟

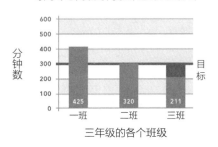

每周对每个学生进行一对一辅导课

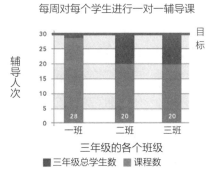

现场图

一个现场图中包括一些不同颜色的符号或指示灯，用来表示当前的进度。绿灯表示工作进展顺利，黄灯表示有不达标的危险，红灯表示当前进度已经落后于计划了。这类记分牌对于展示引领性指标的当前状态非常有用。

礼貌服务及提供帮助
目标：9
实际：9
平均年度累计：8.7

入住/退房快捷度
目标：9
实际：6.6
平均年度累计：7.2

个性化设计

当团队成员可以个性化设计属于他们自己的记分牌时，这样的记分牌往往对他们来说更有意义。他们可以在记分牌上添加一个团队名字、成员照片、漫画形象或者其他可以代表该团队的标志。记分牌个性化不仅仅是为了好玩，它还有着更重要的功能。

房间舒适/清洁度
目标：9
实际：6.3
平均年度累计：8.4

人们越觉得这个记分牌是属于自己的，才会越感到这个记分牌所展示的成绩与他们息息相关。团队至关重要目标的实现将使他们倍感骄傲。

我们已经可以看到，那些最严肃的人也会投入其中。医院护士把外科手术工具放在他们的记分牌上，工程师为他们的记分牌添加了手电筒的标志，摩托车赛手把护膝作为自己记分牌的形象。当这些记分牌变得个性化时，他们的投入程度就会大幅提高。

第二步：设计记分牌

一旦你决定了想要采用的记分牌类型，团队就应该开始带着以下问题设计记分牌了。

记分牌是否简单

要坚决抵制把过多的数据都塞到记分牌里的冲动，例如那些背景数据、历史趋势、年度对比、未来展望等，那样会让记分牌变得过分复杂。记分牌并非布告栏，将所有工作报告、状态更新或者其他日常信息都放进去，只会分散团队对他们需要看到的结果的注意力。在烦琐的日常事务中，让记分牌简单是使大家能够持续投入的关键因素。

理想的记分牌

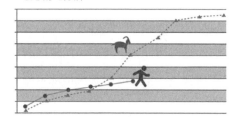

欠妥的记分牌

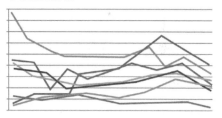

在左边的记分牌中，团队成员可以一眼看出他们是赢是输，但是如果采用右边的记分牌的话，他们可能就不得不仔细研究之后，才能看出这一点，因为里面的干扰信息太多了。

记分牌能否让大家容易看到

要把记分牌张贴在大家都能经常看到的地方。记分牌越醒目，团队就越能保持和至关重要目标的紧密联系。如果你还想要更进一步地激发团队的参与度，那就去把记分牌放在其他团队也能看到的地方。如果你的团队成员分布在不同的地理区域，可以使用高效执行4原则应用程序中的记分牌。

记分牌里是否同时包含了引领性指标和滞后性指标

一个好的记分牌需要同时涵盖实际工作成果和工作目标。它不仅要能告诉人们现在处于什么状态，也要告诉大家我们现在应该达到什么状态。

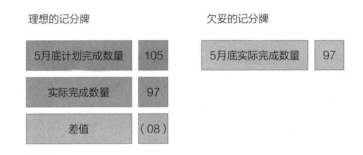

如果该团队从记分牌上只能看到他们每个月完成的数量，那么他们就不能判断自己是输是赢。他们需要能够看到计划完成数量，并且可以计算一下差值，看他们实际工作是超额完成了还是没有达到目标。

一个好的记分牌还需要同时涵盖引领性指标和滞后性指标两方面内容。要在记分牌中包含必要的图例和其他符号来解释你们的这些指标，不要想当然地以为大家都应该知道它们的含义是什么。请记住，我们所调查的85%的团队成员都不能清楚地说出他们团队的最重要目标。

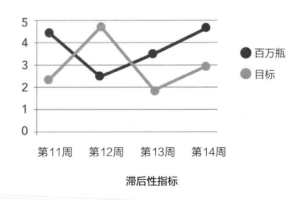

滞后性指标

周	流水线1	流水线2	流水线3	流水线4	流水线5	流水线6	流水线7	流水线8	流水线9
11		√							√
12	√	√		√	√		√	√	√
13	√	√	√	√		√	√	√	√
14	√	√		√	√	√	√	√	

引领性指标

这个团队的至关重要目标是每周生产一定数量的瓶装水，他们的引领性指标是严格按照时间表对流水线进行维护。只要每条生产线正常运行，他们就能完成目标。

当他们注意到未做好维护和产量不达标之间的联系时，就会更加持续地对这个引领性指标进行跟踪，并最终超额完成计划任务。

记分牌能否让我们一眼看出输赢

一个好的记分牌，应该能让团队在5秒之内看出他们是输是赢，这也是判断一个记分牌是否是运动员记分牌的标准。

第三步：建立记分牌

现在可以建立团队的记分牌了。人们越投入，效果越好。如果由团队成员自己来建立记分牌的话，他们就会觉得这是他们的记分牌。

当然，记分牌的建立会因团队的规模和性质而有所不同。如果一个团队的成员只有很少的灵活机动的时间的话，团队领导可能就得在建立记分牌的工作上承担更多的工作。然而，大多数团队都有机会建立属于他们自己的记分牌，甚至会把自己的业余时间奉献出来。

最后要说的是，你实际使用的记分牌媒介真的不是很重要。你可以使用电子显示牌、海报、白板或者是黑板，只要它能满足我们本章所讨论的设计标准就好。

第四步：保持更新

记分牌的设计，应确保容易做到至少每周更新一次。如果一个记分牌难以更新，当面对繁重的日常事务工作时，你就有可能去放弃它，然后你的至关重要目标就会在这样的琐碎和纷扰中消匿得无影无踪。

一个团队领导应该明确以下三点。

- 谁负责张贴和更新记分牌。

- 何时张贴记分牌。

- 多久更新一次记分牌。

案例分析

现在我们回到瑟琳娜的活动管理团队，他们现在要设计、建立他们的记分牌了。

通过运用原则1，他们将团队的至关重要目标确定为"在12月31日前，将来自公司活动的收入从2200万美元提高到3100万美元"。接下来，他们运用原则2确定了两个高影响力引领性指标。

- 每个员工每周完成两次有成效的现场参观；

- 在90%的活动中推广我们的酒吧增值服务。

在比赛设定好之后，瑟琳娜和她的团队现在准备建立记分牌了。他们首先在记分牌上明确至关重要目标和滞后性指标。

至关重要目标：

在12月31日前，将来自公司活动的
收入从2200万美元提高到3100万美元。

然后，他们增加了第一个引领性指标，用一个详细的图表来跟踪每一个员工的表现。

最终，他们增加了第二个引领性指标，用柱状图来跟踪增值服务的推广情况。

至关重要目标在最上面，同时引领性指标都得到了清晰的展示，他们的记分牌符合前文的设计标准。

它足够简单。没有冗余数据，其中只有三个主要成分，而且每个成分都是非常清晰并且经过量化的。

它足够明了。通过大字号的黑体字突出显示了关键数据。

它足够全面。整个比赛都得到了展示，团队的至关重要目标、滞后性指标、引

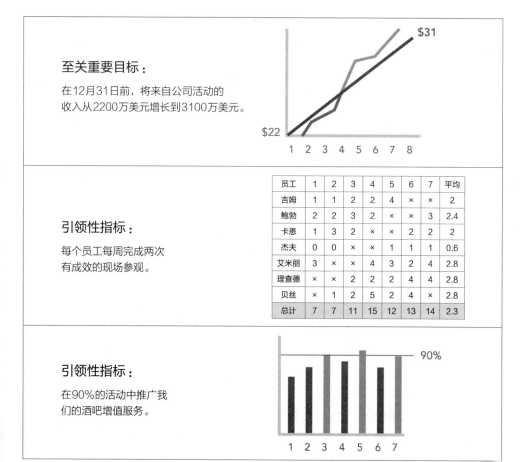

领性指标都明确地展现其中，团队的实际工作和工作目标也都足够清晰。这个记分牌是具有激励性的，因为有颜色更深的工作目标线，使得团队可以对比他们的实际工作结果和每周应达成的目标。

在这个案例中，团队的滞后性指标是基于组织的至关重要目标的财务指标。如果采用其他至关重要目标，例如提高顾客满意度或者提高服务质量，也许并没有一种预先确定的方法来衡量进度。在这样的情况下，可根据你的预期以及对团队工作表现的了解程度，来主观地画出工作目标线。

但是，不论是通过正式严谨的计算，还是主观的决定，工作目标线在记分牌中都必须是直观可见的。没有它的话，团队就无法得知自己每天的工作是输是赢。

对于引领性指标来说，工作目标线通常可以设定为一个简单的指标值（如左下柱状图中的90%线）。这个指标值不但要达到，而且要保持下去。有时候，你可能会用一条上升线来作为工作目标线，之后是一条水平线，表明需要保持这个表现（如右下图）。

引领性指标：
在90%的活动中推广我们的酒吧增值服务。

引领性指标：
在90%的活动中推广我们的酒吧增值服务。

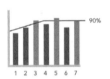

"每个员工每周完成两次有成效的现场参观"的引领性指标，需要跟踪单个团队成员的工作表现，每一个成员每周完成的工作情况都要记录在记分牌上。

员工	1	2	3	4	5	6	7	平均
吉姆	1	1	2	2	4	X	X	2
鲍勃	2	2	3	2	X	X	3	2.4
卡恩	1	3	2	X	X	2	2	2
杰夫	0	0	X	X	1	2	X	0.6
艾米丽	3	X	X	4	3	2	4	2.8
理查德	X	X	2	2	2	4	4	2.8
贝丝	X	1	2	5	2	4	X	2.8
总计	7	7	11	15	12	13	14	2.3

1.每个员工跟踪自己的工作表现。

2.每个员工更新记分牌。

3.领导者检查员工表现，对照记分牌，并在必要时对员工进行辅导。

为了确保记分牌的可靠性，团队领导需要定期地检查团队的表现，确保他们登记在记分牌上的分数和实际工作表现相符。这里的规则是信任，但也需要核实。

因为记分牌同时展示了实际工作结果和工作目标两个内容，团队成员可以一眼看出他们在至关重要目标和引领性指标上是输还是赢。如果使用绿色和红色来标记的话，更能让团队对自己的表现轻松做出判断。

至关重要目标：
在12月31日前，将来自公司活动的收入从2200万美元提高到3100万美元。

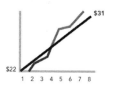

引领性指标：
在90%的活动中推广我们的酒吧增值服务。

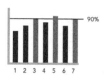

注意下面的这个引领性指标，只有每个团队成员都完成了工作计划时，整个团队才能赢。当每个人都完成了两次以上有成效的现场参观，整个团队才是真正达到了工作目标。

员工	1	2	3	4	5	6	7	平均
吉姆	1	1	2	2	4	X	X	2
鲍勃	2	2	3	2	X	X	3	2.4
卡恩	1	3	2	X	X	2	2	2
杰夫	0	0	X	X	1	1	1	0.6
艾米丽	3	X	X	4	3	X	X	2.8
理查德	X	X	2	2	2	4	4	2.8
贝丝	X	1	2	5	2	4	X	2.8
总计	7	7	11	15	12	13	14	2.3

可行性

原则3的可行性是指一个记分牌要能调动团队成员积极参与。

一个确切知道自己记分牌分数的团队，和一个只知道至关重要目标和指标这个概念的团队，在工作表现上是有着巨大差异的。就像吉姆·斯图亚特所说的："没有清晰可见的指标，同样一个目标，对一百个人也意味着一百个不同的事物。"如果指标不能记录在有高度的可见性的记分牌上，不能定期更新，至关重要目标就会湮没在烦琐的日常事务中。简单来说，不知道自己工作成绩的人是不会全身心投入工作的。

赢的感觉驱动团队全身心投入，而没有其他任何事物能比全身心投入的团队能驱动结果。每一次更新记分牌，你都将会发现这一点。

通过运用原则1、2和3，你已经为团队设计了一个清晰的、可以取胜的比赛，但这个比赛依然在画板上。在原则4中，你将把这个比赛付诸实践，让每一个团队成员都对此保持高度的责任感，并展现出他们最好的工作表现。

试一试

使用下面的记分牌创建工具，为你的至关重要目标创建记分牌。

记分牌创建工具

使用下面的样表建立一个激励性记分牌，按照后面的检查清单逐项测试你的候选指标。

团队至关重要目标	滞后性指标
引领性指标1	图表
引领性指标2	图表

你做得对吗?

逐项检验，确保你们团队的记分牌是具有激励性的，并可以有效驱动团队成员高水平表现。

☐ 你们的团队是否深度投入到了创建记分牌的过程中?

☐ 你们的记分牌是否涵盖了团队至关重要目标、滞后性指标和引领性指标?

☐ 记分牌中是否用图表对至关重要目标和指标进行了全面的阐述?

☐ 是否每一个图表展示了实际工作结果和工作目标两部分内容?（我们现在处于什么状态？我们应该处于什么状态？）

☐ 是否可以从记分牌中一眼看出每一项指标的输赢?

☐ 记分牌是否被张贴在醒目的位置，使大家都能经常看到它?

☐ 记分牌是否易于更新?

☐ 记分牌是否个性化，团队都有自己独特的记分牌形式?

第15章

运用原则4：建立相互担责的节奏

原则4是一个关于担责的原则。即使你已经设定了一个清晰有效的比赛，但如果缺少贯穿始终的担责机制，你的团队也不会全力以赴投入工作中去。你们可能会有一个良好的开局，你的团队可能有最好的意愿去执行，但是随着日常事务的不断侵蚀，你们不久之后就可能被拖回到疲于应付各种紧急性事务的恶性循环中。

在《公司》杂志的一篇文章中，作者约翰·凯斯完美描述了这种情形：

经理们使用白板、黑板、软木公告板，罗列出残品率、平均控制时间等数十个性能指标。任何一家工厂、一个车间或者一间办公室都能看到他们在墙上挂着的各种图表。

有时候，那些图表中的数据确实会增长。人们关注那些图表，并思考怎样才能提高工作表现。但是，在这之后会发生一些有趣的现象。有时候，一周过去了，却没有人来更新记分牌，甚至是一个月。终于有人想起要更新数据的时候，却发现没有取得什么进步，这意味着下次也没有人积极地更新记分牌了。不久，这些图表就会变得毫无用处。很快，它们就被取了下来。

这样的结果也不出乎意料。因为人类本性的真相其实就是衡量指标确实能推进工作，但只能是暂时的。然后人类的其他反应此时就可能会打断进程，例如问道："为什么他们总要衡量我们的工作？""有谁真正在意我们是否完成了这些数据呢？"

原则4通过不断加强团队成员与至关重要目标的联系，打破了这个恶性循环。更重要的是，它通过作用于每个个体的方式加强了这种联系。因为他们频繁地、规律性地相互担责，都更努力地参与其中，为成功而并肩奋斗。

当领导们第一次听说原则4的时候，他们会很自然地提出一些质疑："又要开一个会，还每周都要？""你确定能在这么短的会议里解决那么多问题吗？"

仅仅在几周之后，同样是这些领导们，开始不时地告诉我们他们态度的转变，例如我们的一个大客户就这样说："我曾经以为我们并不需要新的会议了，但是现在，我们已经不可能再离开它，因为这是我们所做的最重要的事情之一。"

原则4要求团队频繁、规律性地召开至关重要目标会议，每个团队成员都要在会议上作出自己推动引领性指标的工作计划。

因为至关重要目标会议听起来可能像是一个新的小会议，你现在可能还感受不到它有任何新颖之处，但是不久之后你就会发现，如果想让团队达到最高水平，建立相互担责的节奏需要真实的技巧与精确度。

什么是至关重要目标会议

至关重要目标会议不像你之前参加过的任何会议。

它只有一个目的：使团队注意力的焦点从日常事务中转移到至关重要目标上来。它需要定期召开，至少每周一次，或者更频繁。它有固定的议程，如后图模型所示。

• 担责：汇报上周工作计划完成情况。每个团队成员就自己上次会议作出的工作计划（承诺）汇报完成情况。

• 回顾记分牌：从成功与失败中学习。团队评估他们的工作计划是否在推动引领性指标，引领性指标是否在推动滞后性指标。他们讨论哪些工作有效，哪些工作效果不佳，以及如何调整。

• **计划**：清除障碍，制订新的工作计划。基于团队作出的评估，每个团队成员为这一周作出工作计划，来推动引领性指标。因为这是他们自己作出的承诺，因为这是公开作出的承诺，他们势必会坚定地、始终如一地兑现——这对他们个人来说变得重要。

尽管这种定期的担责看上去相当简单，但它足以在日常事务的纷扰中使人们保持对至关重要目标的聚焦。

至关重要目标会议是简短的专项会议，它解决并且只解决三件事。至关重要目标会议的目的是对之前的工作计划担责，并制订新的工作计划，以推动记分牌。

为什么要召开至关重要目标会议

尽管有其他各种紧急事务的不断打扰，至关重要目标会议使团队保持了对至关重要目标的专注。

至关重要目标会议使团队成员相互学习如何推动引领性指标。如果一个成员率先取得成功，其他成员就可以吸取他的经验，调整自己的方法。反之，如果某一种行为效果不大，团队其他人也能尽早发现，及时汲取前车之鉴。

至关重要目标会议给予团队成员完成工作计划必要的帮助。如果有人遇到了困难，团队可以帮助他排除障碍。

至关重要目标碰头会

一些团队，例如一家市中心医院的急诊室团队，在没有太多可自由支配的时间的情况下，可以对至关重要目标会议的形式进行一些压缩调整，同样定期召开，我们可以称之为"至关重要目标碰头会"。

至关重要目标碰头会每周召开一次，每次5到7分钟，全体团队成员在记分牌周围围成一圈，做以下3件事：

1. 回顾记分牌
   重申他们对结果的责任。
2. 汇报上周团队工作计划的完成情况
   制订一个团队的工作计划，以提升他们的工作表现。
3. 制订这周新的工作计划

至关重要目标会议使团队能够在过程中根据业务的变化及时作出调整。至关重要目标会议就最新情况作出新的工作计划，来应对年度计划无法预测到的挑战。

至关重要目标会议为团队提供了庆祝进展的机会，这将为整个团队重新注入活力，也将一次次提升每个人的参与度。

在向成功的商业领袖斯蒂芬·库珀学习之后，我们开始认真思考至关重要目标会议。当库珀收购硅谷一家名叫"Etec"的小公司时，该公司每月亏损100多万美元。库珀制定了要在7年内将收入提高10倍的至关重要目标，为了实现这个目标，他要求公司每一个团队确定一些可衡量的目标，然后将他们的工作计划缩减到一张纸上。

这个做法为每个团队明确了目标，但是库珀最终取得成功的关键还在于他的每周例会。他建立了3条规则来确保例会的快速和聚焦，"每个人的报告都被限制在4分钟以内。对于每一个目标，人们的报告内容应该包含工作目标、状态、问题以及建议。最后，召开例会的目的并不仅仅是要陈述问题，更重要的是鼓励大家解决问题"。

库珀手下的一个团队领导这样评价他们的每周例会："通过例会，大家避免了问题向危机的转化……人们可以以一种舒服的方式，而非混乱的方式来回应问题。每一个经理都花几分钟时间陈述汇报所负责工作的进展状态、面临的问题，以及解决的思路。这样的例会帮助我们集中注意力，大家都直奔最重要的方向，每个人都在做自己应该做的事情。"

受库珀的启发，我们花费了数年时间，来研究不同形式的至关重要目标会议。现在，至关重要目标会议已经发展得很完善，得到了成百上千的组织的采用，从而来促进他们最重要工作的开展。

至关重要目标会议的内容

现在我们继续利用瑟琳娜活动管理团队的例子，来分析至关重要目标会议应该如何组织。

他们已经将团队的至关重要目标确定为"在12月31日前，将来自公司活动的收入从2200万美元提高到3100万美元"，并确定了两个对该目标具有高影响力的引领性指标。

至关重要目标

截至年底，将来自公司活动的收入从2200万美元提高到3100万美元。

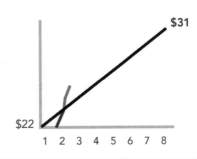

引领性指标

每个员工每周完成两次有成效的现场参观。

员工	1	2	3	4	5	6	7	平均
吉姆	1	1	2	2	4	×	×	2
鲍勃	2	2	3	2	×	×	3	2.4
卡恩	1	3	2	×	×	2	2	2
杰夫	0	0	×	×	1	1	1	0.6
艾米丽	3	×	×	4	3	2	4	2.8
理查德	×	×	2	2	2	4	4	2.8
贝丝	×	1	2	5	2	4	×	2.8
总计	7	7	11	15	12	13	14	2.3

引领性指标：

在90%的活动中推广我们的酒吧增值服务。

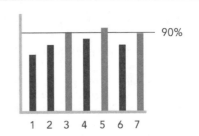

- 每个员工每周完成两次有成效的现场参观；

- 在90%的活动中推广我们的酒吧增值服务。

他们也已经建立了恰当的记分牌。

瑟琳娜和她的团队在一个周一的早上召开他们的至关重要目标会议，那时他们刚刚完成了第三个月的执行，他们的记分牌也是最新的。

瑟琳娜：大家早上好，现在是8点15分。首先，我们来回顾一下记分牌。

【回顾记分牌】

今天有个好消息。我们刚刚完成了第三个月的执行，而且超额完成了增加来自公司活动的收入这个团队至关重要目标。我们上个月的滞后性指标是1400万美元的收入，而原定目标是1040万美元。恭喜大家！

正如大家所看到的，上周我们的第一个引领性指标——接待的现场参观次数达到了14次，这是我们过去7周最好的成绩。在此祝贺表现最好的两位——艾米丽和理查德，他们分别完成了4次现场参观。

此外，我们的第二个引领性指标也得到了突破，95%的活动选择了我们的酒吧增值服务，但在过去的7周里，我们总的增值服务推广指标离目标还有4%的差距。当然，上周的成绩值得庆祝，我们要在下一步的工作中将其保持下去。

【汇报上周工作计划完成情况】

现在，我向大家汇报一下我上周工作计划的完成情况。我计划要与吉姆和卡恩分别一起工作20分钟，改进他们的酒吧增值服务推销话术，以及帮助练习他们的表达方式。我已经完成了这些工作。

我还计划参加商会会议，并在会议上联系至少3家以前没有在我们酒店举办过活动的客户。我现在可以很高兴地告诉大家，我成功拉到了5家客户，下午我将把这些客户的具体情况和相关人员进行交流。

本周，我将对酒吧增值服务的一些市场推广材料完成最终的审核。另外，我还要对3个应聘人员进行面试，并录用其中最符合我们团队需求的一个。

吉姆：我的上周工作计划是去两家最新入驻我市的公司进行面对面的交流。我还给大家带来了一个好消息，下周其中一家将来我们酒店进行实地考察。

关于记分牌上的内容，我完成了两次客户现场参观，可惜的是，只向其中一家客户推销了我们的增值服务，完成度50%，下周我将注意改进这方面的工作。

本周，我将与两个客户进行电话会议或者面谈，他们去年都曾在我们酒店召开公司年会，但是今年还没有确定要来。我打算邀请他们来参观我们新的晚宴大厅，有可能的话，建议他们签今年的合约。

鲍勃：我上周的工作计划是为酒吧增值服务打造一个特别体验活动，并邀请3个客户前来参观体验，他们都是潜在的大客户。我请大厨搞了一个红酒品尝展，并配有精美的饭前小点心。这3个客户对此都表示很满意，他们都为自己的活动计划追加了这项服务。

记分牌上的项目，我接待了3次客户现场参观，并百分之百地向他们推销了我们的酒吧增值服务，完成度100%。

至于本周的工作计划，我到现在只联系了一个客户来现场参观，所以我将至少联系5个新客户，而且使其中至少一个客户在本周结束前来进行实地考察。

卡恩：我上周的工作计划是，向10个去年在我们酒店里举办过活动的老客户寄送纪念包。在每个纪念包中，我都插进了两到三张他们的活动现场照片，附带了他们当时的晚宴餐单，以及我手写的一张问候卡，诚挚地希望他们今年再次光临。我完成了这项工作，并且可以很高兴地告诉大家，他们当中的4个客户打电话对收到纪念包表示感谢，两个客户答应来参观我们新的晚宴大厅。

在记分牌上，我完成了两次客户现场参观任务，并向他们推销了酒店增值服务，完成度100%。

本周，我将为另外5个去年在我们酒店举办过会议的老客户制作纪念包，并寄送给他们。

瑟琳娜的至关重要目标会议就这样展开，直到每个成员都完成了工作报告。注意，他们并不只是要对瑟琳娜负责，同时也在相互为彼此负责，为自己的工作结果负责。

为每一周作出高质量的承诺

至关重要目标会议的效力取决于坚持开会的节奏，而记分牌的结果取决于会议上大家作出的承诺。作为领导者，你需要引导整个团队作出高质量的承诺。

首先从这个问题着手："本周我可以做的事情中，最能影响整个团队工作记分牌指标的一两件事情是什么？"

下面我们将这个问题分解来讲，以便读者更好地理解它对于至关重要目标的意义。

• **"一两件事"**。在原则4中，专注于几项高质量的承诺远比同时完成很多工作计划重要得多。你希望团队专注于几件事情，把它们做到极致，而不是让他们去做一大堆事情，却做得很平庸。计划做得越多，可能跟进得越少。从这个意义上讲，专注于一两个高质量的承诺，并努力去达成它们，远比制订5个工作计划而勉强去实现它们要好得多。

• **"最重要"**。不要在不重要的事情上浪费时间。把你最佳的精力和努力投入到那些可以产生最大影响的事情上，结果必然大不一样。

• **"我"**。所有在至关重要目标会议上制订的工作计划都是个人的职责。你不是让别人作出承诺来完成工作，你是自己作出你将要完成的工作的承诺。尽管将会和他人合作，但承诺只负责你个人能负责的那部分工作。

●**"本周"**。原则4需要保持至少每周一次的担责节奏。你制订的工作计划任务量要能在一周时间内完成，这样才能保持担责的节奏。如果你制订了一个为期4周的工作计划，那么在前3周的时间里不需要承担责任。如果这确实是一个需要好几周才能完成的工作，你也只需要每次就一周的工作量作出工作计划。每周一次的工作计划会营造出一种紧张的氛围，督促你克服日常事务的影响，集中精力完成这些事情。

●**"记分牌指标"**。这是最为关键的，每一个工作计划都必须瞄准推动记分牌上引领性指标和滞后性指标的目标去做。离开了这样的聚焦，你就会不知不觉去围绕看上去紧急的日常事务制订每周计划。尽管它们可能确实紧急，但也确实对达成你们的至关重要目标毫无帮助。

如果每个人在每一次至关重要目标会议上都恰如其分地回答了这个问题，团队就会建立有规律的执行节奏，最终产生积极的影响。

瑟琳娜的至关重要目标会议上制订的工作计划将会带来以下改变。

"与吉姆和卡恩分别一起工作20分钟，改进他们的酒吧增值服务推销话术，以及帮助练习他们的表达方式。"

"参加商会会议，并在会议上联系至少3家以前没有在我们酒店举办过活动的客户。"

"对我们酒吧增值服务的一些市场推广材料完成最终审核。"

"对3个应聘人员进行面试，并录用其中最符合我们团队需求的一个。"

"去两家最新入驻我市的公司进行面对面的交流。"

"为我们的酒吧增值服务打造一个特别体验活动，并邀请3个客户前来参观体验。"

"向10个去年在我们酒店里举办过活动的老客户寄送纪念包，并内附一张手写的问候卡。"

团队成员对他们自己制订的工作计划更可能有强烈的责任感。与此同时，团队领导还应确保他们所制订的计划满足以下标准。

• **具体。** 工作计划越具体，人们对它的责任感就会越强。你无法指望人们会对假大空的工作计划认真负责，工作计划中要有具体的待办事项、执行的时间，以及你预期达到的结果。

• **与推动记分牌有关。** 确保你们制订的工作计划能够有效推动记分牌，否则，你们的精力只会白白消耗在日常事务中。譬如，在年度预算前一周，你可能会将完成预算表作为你的至关重要目标，毕竟这是当下最紧急和重要的事情，然而，如果这个预算表和你的引领性指标无关的话，不论它看上去多么紧急，也无助于你们至关重要目标的达成。

• **及时。** 高质量的承诺必须能够在一周之内完成，但是它们也必须能影响接下来一段时间的团队表现。如果你们的工作计划只能在在遥远的未来产生影响，那么它可能不会有利于你们建立每周获胜的节奏。

下表对比阐释了低质量和高质量的承诺的区别。

低质量的承诺	高质量的承诺
我将在下一周集中精力去做培训。	与吉姆和卡恩分别一起工作20分钟，帮助他们改进他们的酒吧增值服务推销话术，以及帮助练习他们的表达方式。
我将去参加商会会议。	参加商会会议，并在会议上联系至少3家以前没有在我们酒店举办过活动的客户。
我将去做一些面试工作。	对3个应聘人员进行面试，并录用其中最符合我们团队需求的一个。
我将去接触一些新的客户。	去两家最新入驻我市的公司进行面对面的交流。
我将去联系一些老客户。	向10个去年在我们酒店里举办过活动的老客户寄送纪念包，并内附一张手写的问候卡。

请注意，最强大的高质量承诺，总是可以精确瞄准并推动引领性指标的。

注意事项

要注意避免以下几个常见的可能打乱相互担责的节奏的陷阱。

日常事务喧宾夺主。当你们开始运用原则4的时候，这将是你们面临的最常见的一个挑战。永远不要把紧急的日常事务列入你们的至关重要目标工作计划，一个对于衡量工作计划质量的好问题是："完成这个工作计划将对至关重要目标记分表产生什么影响？"如果你很难直接回答这个问题，那么现在所考虑的工作计划，或许就是关于日常事务的了。

召开没有具体成果的至关重要目标会议。如果你们不能坚持至关重要目标会议上的议程，相互担责的节奏就会被破坏掉。每一次至关重要目标会议都需要对上一次会议作出的每一项工作承诺进行担责，同时对本周的工作作出合理计划。

连续两周以上重复同样的工作计划。即使是一个高质量的承诺，如果你连续重复它两次以上，也会变得像例行公务一样。你们应该不断去寻找新的、更好的方法来推动你们的引领性指标，而不是重复同样的工作计划。

接受工作计划未完成。不论日常事务多么纷杂，团队成员都必须完成他们的工作计划。当一个团队成员没有完成工作计划的时候，不论你们过去付出了多少努力去运用高效执行4原则，你面临的都是一个最紧要的关键时刻。

如果你能够将相互担责的节奏引入你的团队之中，那么你的团队成员就会在每一周击败日常事务对他们的影响。但是，如果你对待担责和工作计划的执行结果都漫不经心的话，日常事务就会逐渐吞没你的至关重要目标。

现在让我们来看一看瑟琳娜在这样的关键时刻是怎样做的。

瑟琳娜："杰夫，到你了。"

杰夫："好的，瑟琳娜。嗯，我在上周计划要联系一些去年的老客户来进行现场参观，但是大家都知道，上周在酒店里还有一个很重要的大型活动。由于这是我今年最重要的一个团队客户，必须要确保活动的顺利完成，因此我必须把更多的个人精力投入其中。当时舞厅的投影仪出现了故障，我不得不立即去换一个新的。我花费了大量的时间、精力安抚客户的情绪，并让事情回到正轨。在意识到工作计划没有完成时，这周已经快要结束，没有时间了。"

从本质上来说，杰夫的意思就是由于日常事务的干扰，他没能如期完成工作计划。更危险的是，杰夫认为他处理的这些日常事务有足够的意义，所以他并不需要为他没完成的工作计划承担责任。这时候，执行力就被破坏了。

我们制订的大多数工作计划都是有条件的。例如，当一个团队成员说"我周二早上9点将要为大家做一个报告"，他的话的真正含义是："只要没有特别的急事发生，我就会按时做这个报告。"但某些紧急事务总是有可能发生的，这也是日常事务的普遍特征。

如果你放任日常事务吞没你们的承诺，就永远都不会有足够的时间、精力去推动至关重要目标的实现。执行力原则的成功运行，从头到尾都离不开对至关重要目标会议上作出的承诺的按时完成。

这也是瑟琳娜作为领导的责任，特别是在最开始几次至关重要目标会议上，她需要为大家立一些规矩：高质量承诺是需要无条件完成的。就像我们一个客户所说的："一旦我们的团队作出了承诺，我们就应该意识到无论发生什么事，我们都必须想方设法去完成它。"

瑟琳娜又是怎样回应杰夫的呢？

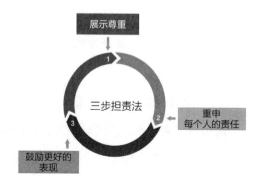

第一步：展示尊重

　　瑟琳娜："杰夫，你上周所做的工作对酒店贡献巨大，活动本身也很成功，如果没有你的努力，我们可能就将遭受重大损失。在座的每一个人都知道你在上一周所付出的辛勤努力，也知道那些客户对我们是多么重要。感谢你对此次活动的付出。"

第一步很重要，瑟琳娜向杰夫展示了她对他的尊重，同时也向整个团队表明了她的态度：她并不忽视日常事务。如果跳过这个步骤，她可能就会发出两个错误信号：其一，杰夫的工作没有价值；其二，日常事务不重要。

第二步：重申每个人的责任

　　瑟琳娜："杰夫，我还想让你知道，你作出的贡献对我们团队很重要。少了你的工作，我们就难以实现目标。也就是说，只要制订了工作计划，我们就必须想办法去完成这个计划，不论中途会发生什么事情。"

这对于瑟琳娜和杰夫来说都是一个尴尬时刻，但是由于瑟琳娜在一开始就展示了她对杰夫的尊重，以及对日常事务的理解，杰夫也应该能意识到，他需要全力以赴，为实现团队的至关重要目标而努力奋斗。

第三步：鼓励更好的表现

　　瑟琳娜："杰夫，我知道，你也想继续为我们的至关重要目标而努力。你看这样好不好，能否在完成这周工作计划的同时，把上周没有完成的工作任务也完成？"

瑟琳娜给予杰夫机会，让他自豪地报告所有的工作计划都已实现。

让这样的交流有一个成功的结束很重要，这对杰夫个人很重要，因为他现在可以继续履行对团队的承诺。这对瑟琳娜也很重要，因为她让其他团队成员看到了她对实施高效执行4原则的决心。这对整个团队来说同样很重要，他们知道对他们有新的表现水准的预期。

如果没有无条件完成工作计划，你就不能将黑区注入灰区。灰区的日常事务会轻易侵入本应是至关重要目标的黑区，执行力就这样被破坏了。

富兰克林柯维公司的创始人之一海勒姆·史密斯曾说："如果你的薪资是基于一项承诺，有两件事会自动发生：第一，你将会更谨慎地作出承诺；第二，你必然会跟进落实。"这也是至关重要目标会议的目的——理智地制订工作计划，并忽略日常事务的干扰，坚持将它们按时完成。

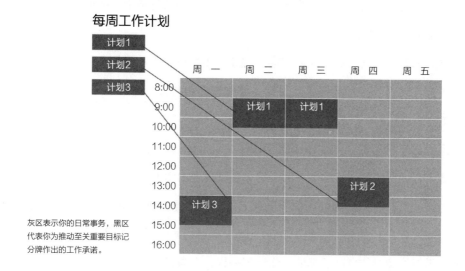

灰区表示你的日常事务，黑区代表你为推动至关重要目标记分牌作出的工作承诺。

至关重要目标会议成功的关键

按时召开至关重要目标会议。不论日常事务如何繁杂，每周在同一天、同样的时间、同样的地点召开会议，电视电话会议也是如此。如果你确实有事不能出席，可以请其他领导临时组织会议。

使会议简短。保持坚定而有活力的步调。至关重要目标会议的首要规则就是，会议时间不能超过20到30分钟。时间过长的话，你们就很有可能会去讨论那些日常事务。

领导要设立标准。每一次至关重要目标会议开始时，你都要回顾一下记分牌的整体情况，然后汇报你自己的工作计划完成情况。通过第一个来汇报，你表明你并没有要求团队做任何你自己不愿意做的事情。

公布记分牌。在每次会议之前更新记分牌，并确保它们是实时记分牌。你的至关重要目标会议离不开记分牌，它将整个团队和至关重要目标联系起来，并清楚地说明哪些工作有用，哪些工作没用。少了它，至关重要目标会议的意义就完全不同了。

庆祝成功。通过表彰出色完成工作计划、有效推动各项指标前进的团队和个人，强化对至关重要目标的承诺。

共同学习。几周之后，人们就会发现哪些工作可以推动引领性指标，哪些不能。他们还会发现对于推动至关重要目标，哪些指标相对于其他的更好，所有人都需要这些信息。

拒绝日常事务的介入。至关重要目标会议的讨论内容必须仅限于那些能推动记分牌的内容，那些关于日常事务的话题，或者其他的无关谈话都应该避免。

为彼此清除障碍。为他人清除障碍并不是要你把皮球踢给别人，而是要利用团队力量解决问题。如果你答应帮助某人解决难题的话，这也将成为你工作计划的一部分，需要你像对待自己的其他工作计划一样，全力以赴。

尽管有日常事务，也要坚决执行。保持团队成员对每周工作计划的责任感，不论日常事务如何紧急繁重，都要坚决完成计划。如果一个工作计划没有按时完成的话，必须要在下一周补上。

可行性

原则4的可行性要求有规律地、频繁地召开至关重要目标会议，不断驱动引领性指标。

但它远不止于此，原则4的终极目标是建立相互担责的节奏，这个原则不只可以提供源源不断的良好结果，还可以打造出一支高效的工作团队。

原则4要求，在制订和完成重要工作计划时需要有技巧和精确度。

原则4让你的团队每一周都能处于对至关重要目标的追求中，并把每个团队成员的个人工作和组织至关重要目标结合起来。这样一来，他们不仅会赢得一个关键目标，更可以成为一支战无不胜的团队。

这也是采用高效执行4原则的终极回报。

试一试

使用下面的至关重要目标会议议程工具，准备你的至关重要目标会议。

至关重要目标会议议程			
地点		时间	
至关重要目标			
个人报告	团队成员	任务	完成情况
记分牌更新			

你做得对吗？

逐项检验，确保你们团队的至关重要目标会议可以有效驱动团队成员高水平表现。

- ☐ 你们的团队是否按计划召开至关重要目标会议？
- ☐ 你们的会议是否保持简洁、明快和热烈（不超过20到30分钟）？
- ☐ 领导是否在汇报和制订工作计划上作出了榜样？
- ☐ 你们是否回顾最近的记分牌？
- ☐ 你们是否分析记分牌中每一项指标输赢的缘由？
- ☐ 你们是否对成员取得的成绩进行表彰？
- ☐ 你们会让团队成员无条件地对工作计划负责吗？
- ☐ 是否你们团队的每一个成员都对这一周制订了具体的工作计划？
- ☐ 有成员面临困难和挑战时，团队成员间是否相互协助完成任务？例如，清除障碍，找到处理问题的合适方法？
- ☐ 你们是否能确保日常事务不出现在至关重要目标会议中？

·附·

在中国的企业实践高效执行4原则的真实案例

本书前面讲述了高效执行4原则的理念和方法，它们都是从数以千计领导者的实际经验中总结出来的精华和原则。不过，其中如果没有"高效执行4原则"在中国的企业的真实实践案例，这本书就有所遗憾。

为此，特邀请5位实践了高效执行4原则的企业领导者讲述他们的真实案例。这些企业领导者拥有超强的组织和战略能力，在组织层面上，借助高效执行4原则出色地发挥了他们的领导能力，达成了卓越的战略结果，并在战略落地过程中塑造和加强了本企业的独特文化。

这些案例反映了现实世界中领导者面临的挑战，也展示了一个组织运用高效执行4原则应对挑战所取得的成效。

红壹佰照明有限公司

红壹佰照明有限公司（以下简称"红壹佰公司"）专注于光源产品的设计、研发、制造和销售。现有员工1200多人和32条全自动生产线，是中国LED能效标准制定单位，主导起草了两个智能照明国家标准。凭着"一生只做一个好灯"的经营理念，经过27年的耕耘，已成为全球智能球泡灯、智能工厂灯以及光源产品专业制造的隐形冠军。为了应对市场的剧烈变化以及公司战略落地的挑战，红壹佰公司引进了高效执行4原则的管理理念，取得了显著的成效。

以下是红壹佰公司董事长林利民先生对运用高效执行4原则的独到见解，以及他们公司实践经验的分享。

红壹佰公司引入高效执行4原则也是一个偶然的机会。一次跟一个企业家朋友探讨战略执行问题的时候，他非常兴奋地和我说：告诉你一个秘密，我引进了高效执行4原则，对我们的启发非常大。他兴致勃勃地给我讲了大半个小时高效执行4原则各种的好处。之后，我抱着将信将疑的态度和富兰克林柯维公司的顾问在上海做了交流。但当时我们也在推进精益生产，我认为引入时机不是特别成熟。

2018年前后，光源行业的商业环境发生了剧烈的变化，很多头部企业面临着生死攸关的选择和变革，我们也相应地制定了"保利润、求生存"的战略。在导入战略以及战略落地过程中遇到了问题，比如，产品总成本领先是公司的运营核心战略，用无敌成本给销售带来无敌价格，提升利润并推动销售增长，但在战略执行中，一方面是产品设计成本不能明显领先对手，另一方面生产成本不能领先行业。销量上去了，但是利润下降了，导致业务乏力，甚至面临全年整体亏损的风险。

我们认为自己的战略很清晰，但在新的商业竞争环境下，我们好像不知道自己到底该怎样去做，或者能做些什么事情，如何去衡量我们的战略能不能达成，能不能落地。大家都很忙，可又感觉还是在原来习惯的思维和工作方式上不断地重复。在这种情况下，我们引入了高效执行4原则，这已经是在第一次知道高效执行4原则一年以后。

接下来，先给大家分享我们引入高效执行4原则的一个经验。就是目标不要贪多，一定要找到少数的一到两个至关重要目标。在这一两个点上突破了，就能带来面的突破，一旦有一两个这种目标的突破，公司的局面很可能就打开了。

针对战略，在公司层面，我们制定了两个至关重要目标，一个是销售方面的，另一个是内部运营成本方面的。这里我更想分享的就是成本方面的。其实一开始我们没有找到好的突破点，经过高效执行4原则的指导，我们确定了对战略影响大、降本难度也大的欧洲9W产品作为突破点。随后，各部门围绕欧洲产品去做了很多工作，最后的结果是欧洲9W产品成本降低超过30%，是一个非常好的成绩。不仅如此，高效执行4原则的引入，对公司各方面的影响也非常巨大。在当年二季度和三季度总结中，我们发现，项目完成率明显比以前高了很多，达到90%以上，而在以前可能达到50%—60%都认为是正常的。市场端营销活动的满意度，从70%提升到92%，订单履约率从不足80%提升到97%，工厂人效提升15%，这些实实在在的结果，是以前我们从未达到过的。

当然，在整个过程中，我们有非常痛苦的时候，团队为寻找突破点而争执，也会有非常开心的时候，目标突破后团队的那种兴奋和成就感是发自内心的。所以，高效执行4原则不仅帮助我们达成目标，更多的是帮助团队获得成长，而且带来了整个工作氛围和文化的变化，这个是完全出乎意料的、实实在在的收获。

这其中，有几个部门的事例我印象特别深刻。

第一个是营业计划部。他们的任务是保证订单交付，绩效指标是订单交付履约率。应用高效执行4原则之前，虽然部门每人每天忙忙碌碌，加班加点去努力地达成指标，但这个履约率一直没有突破过80%，也常常得不到客户部门的认可和满意。营业计划部的领导是个非常认真负责的人，有时为了排产问题，一天要好几次找我们的运营副总协调资源和关系。

启动高效执行4原则后，营业计划部组织所关联的上下部门一起讨论，提炼部门的关键职责，确定关键目标，并结合内部绩效管理，达成共识并签批。执行的过程当中，每个团队组织他们的小会议，互相传递周目标和计划；同时建立了记分牌的数据报表，通过清晰的目标和数据统计分析业务，引导行为习惯的改变。按照高效执行4原则中每周提出最重要的一两件事情的规则，提倡"我承诺，我做到"，坚持不断推进，最终达成了履约率97%的结果。

在总结会上，我们的运营副总认真地说：原来她一天为了订单要找我好几次，现在一个礼拜也来不了一次，搞得我很不习惯……

第二个是关于研发团队的。引领性指标是各个团队最关注，也是感觉最难掌握的部分。我们研发中心的工作很多是项目制的，他们开始找引领性指标很难。但他们坚持使用高效执行4原则的方法，在没有找到行为之前，就先尝试把小成果作为引领性指标，用小成果引出行动，再通过至关重要目标会议机制推动可持续改善，总结项目周担责会议模式，一直到最后的习惯养成。这种一边跑、一边迭代的方式，让他们获得了项目达成率90%、BOM成本下降27%的卓越成绩。

第三个是大功率工厂。他们承担公司的降本目标，明确了围绕"少人化、机器快"的突破原则，各班组按照投入与产出比来抓突破，并进行班组比赛。工厂生产的自动化程度已经很高，为了继续提升人效，他们终于找到了一个以前没有注意到的抓手，将换线时间从原来的一小时减少到半小时。一旦实现这个改变，意味着停机时间减少一半。

在项目过程中，我和富兰克林柯维公司的顾问一起去观摩大功率工厂的周会，那是在一个夏天。厂长除了回顾团队计划、跟踪各团队人效和引领性指标达成情况外，在会议的最后，他从身后拿出一杯奶茶，对这周进步最快的团队长说：这周你们做得非常好，这奶茶是我对你们工作的感谢，希望你们再接再厉！

后来，在项目总结分享中，厂长提到工厂主要的挑战是相互担责环节。刚开始，大家将周会的承诺和担责环节看成是批评，很多好的事项就不能大胆、及时地提出来。发现这个问题后，他们做了一些调整，按照高效执行4原则周会的方法，加强鼓励的氛围，送奶茶只是我们看到的那天的一种鼓励形式，除了表扬第一名，还有鼓励进步最快的团队和做得好的员工，一起聊聊天、一起去食堂等等多种鼓励形式。领导者自身行为的改变，逐渐打消了担责就是批评的概念。"一杯奶茶的激励"成了一个新模式，让团队能更好地发挥自己的主观能动性，真正做到承诺来自团队而非领导的安排。

商业上我们经常说三分战略、七分执行。我们的战略是清晰的，但在执行方面遇到了挑战，好在有执行4原则帮助我们在执行力方面得到了极大的提升。当然，上述的事例其实只是呈现了一个方面。回顾我们引入高效执行4原则的经历、业务结果和事例，我想高效执行4原则对我们公司的影响，不仅仅是从战略到执行这个过程，更多的是对公司文化方面的影响。高效执行4原则的导入，增加了我们企业的文化内涵，比如说执行文化、结果文化、庆祝文化、赛场文化、伙伴文化等，这些都是在高效执行4原则的指引下，结合我们自己公司的实际情况，再提炼和丰富进去的，这个对公司的影响更加巨大。

正如我在本书推荐语中提到的，高效执行4原则就是一套战略执行的思维方式和执行系统。不仅能带来结果，更能建立统一管理思维和语言，让战略和文化双落地。

青岛武船麦克德莫特海洋工程有限公司

青岛武船麦克德莫特海洋工程有限公司（以下简称"青武麦公司"）是中国船舶集团有限公司与美国麦克德莫特的合资企业。一直以来青武麦公司系统而成熟地执行着有百年能源行业大型项目承接及交付经验的股东方麦克德莫特的项目管理体系，但同时仍一直努力寻找在中国本地管理上的突破。2021年公司引入了高效执行4原则项目，旨在助力、赋能项目管理团队运用先进的管理理念以确保公司重大项目的按时交付。

以下是青武麦公司总经理李秋喆先生对高效执行4原则的见解，以及他们公司实践经验的分享。

青武麦公司导入高效执行4原则项目，正值在建的ALNG2液化天然气（LNG）模块建造项目处于完工阶段的中后期。我们特别选择其中一个完工挑战性最大的模块建造管理团队，进行高效执行4原则（4DX）管理模型的学习和实践，目的是通过学习转化，突破管理瓶颈，保证该模块的安全、顺利按期交付。

回顾引入4DX管理模型过程，是一件令人愉快的事。项目管理最终取得质的突破，既保证了该模块的安全、顺利按期交付，又将该管理方法很好地继续推行并融入到了整个项目管理体系中，提升了整个项目管理团队的管理水平和凝聚力。尤其是，它带给大家一个方法论，团队成员能够在充满各种不确定性的项目管理过程中，看清前进的方向，抓住至关重要目标，发挥各层级的积极主动性，最后精准地达成目标。

下面介绍在高效执行4原则落地执行过程中，表现优异的HSE（健康安全和环境）团队的经验。

青武麦公司从事的海洋工程建造行业属于劳动密集型行业。在LNG2模块建造项目的赶工阶段，现场施工人力达到2500人。这些人员包含25%的新员工、辅助工等对于现场作业环境不熟悉的人员。

当时项目管理人员的主要精力，是确保各自负责的专业建造工作向前推进，因为各专业交叉作业，容易产生现场杂乱无章、不同专业作业活动相互影响、管理人员互相埋怨的状态，这也使施工过程中的安全隐患剧增。如何完成项目交付零事故的重要安全指标，是HSE管理团队的重大挑战。

在4月份，公司邀请富兰克林柯维公司顾问老师来公司进行了两天执行4原则工作坊的培训，在各位学员前期阅读了《高效能人士的执行4原则》一书的基础上，大家较快地掌握了4DX的方法论。参加学习的是建造项目的核心管理人员，作为4DX的实践者，他们学习后马上积极投入到对4DX理念的宣传，以及向团队推广贯彻的工作中。

安全团队4DX实践者，组织了所有安全团队成员对高效执行4原则进行学习，并就关键要素进行广泛讨论和识别，充分调动起了团队的积极性。一周内，团队领导者确定了至关重要目标，即实现项目在11月底达到无可记录事故的安全目标。在讨论完成原则1聚焦至关重要目标的同时，还进一步强调：聚焦不仅仅是喊口号，而是真正挑选出来值得我们团队集中精力去完成的最重要的事情。最终所有安全团队成员达成一致意见，决心挑战这个至关重要目标。

接下来，就是落实原则2（贯彻引领性指标）。4DX模型中通过杠杆（引领性指标）推动巨石（滞后性指标）的理念特别打动团队，当时虽心生疑虑，但又非常兴奋，终于找到"四两拨千斤"的方法论了。

通过广泛的头脑风暴、反复的论证和分析，团队清楚地理解到解决问题的关键点：我们无法仅仅通过聚焦滞后性指标来达成目标，而是要灵活地把握引领性指标的走向，充分贯彻落实具有预见性和可控性的引领性行为，这才是推动结果的关键。在这里特别强调，一定要区分好滞后性指标和引领性指标，制定出正确的引领性指标是达成最终目标的最为关键因素之一。

通过阅读书中的案例，在老师的直接指导下，我们敲定了两个引领性指标：每天组织所有安全员开碰头会议和每周策划一次专题早班会。

再进一步的是落实原则3（坚持激励性记分牌）。创建一个简单、通俗易懂的记分表，并将其放置在大家可见之处，这也是达成最终目标的关键因素之一。

根据培训举例、制定引领性指标的学习，团队制定了清晰易懂的记分牌（见附图）。第一个引领性指标的记录周期为每周，但要求每天回顾；第二个引领性指标的记录周期为每月，但要求每周回顾。

安全团队使用的激励性记分牌

至关重要目标（WIG）	实现11月底无可记录事故										
引领性指标1： ·每天组织所有安全员开碰头会议 ·总结每天1—2项模块重点安全关注项		周一		周二		周三		周四		周五	备注
		人数	重点安全关注项	人数	重点安全关注项	人数	重点安全关注项	人数	重点安全关注项	人数	重点安全关注项	
	团队1	4	1.警示隔离 2.合格的工作平台	4	1.工具防坠措施 2.散料管理	4	1.文明施工 2.合格的工作平台	3	1.高处临边作业 2.PPE	4	1.警示隔离 2.合格的工作平台	应到4人
	团队2	6		7		7		7		6		应到7人
	团队3			3		3		3		3		应到3人
	团队4	1		1		1		1		1		应到1人
	团队5	2		2		2		2		2		应到2人
	团队6	1		1		1		1		1		应到1人

引领性指标2：
·每周策划一次专题早班会
·推动现场主管开展实物/道具展示的专项早班会

合格工作平台　动火作业防护　警示隔离　坠物管理

最后是落实原则4（建立相互担责的节奏）。针对第一个引领性指标，每天下午上班后，安全团队所有人员集合在一起反馈出勤情况，并陈述1—2项重点安全关注点，由组织人员完善此记分表并进行问责承诺。

针对第二个引领性指标，每周四固定时间由项目安全经理和团队分管人员审阅第一个引领性指标的输入，并根据当前各个模块的建造阶段出现的关键问题，选出第二个引领性指标，再策划周度专项主题早班会。

每日碰头会 & 周度专项主题早班会

在公司安全管理层面，用了2个月把高效执行4原则的全部要素建立完成。通过对记分表的追踪和定期开展担责会议，项目管理团队明显能感受到引领性指标的杠杆作用，团队成员的行为习惯在潜移默化地改变。

以前现场安全人员懒散的工作状态得到明显改善。每天下午他们会准时到集合点，对其负责区域的安全管理绩效进行汇报，彼此之间还相互学习、比拼进步。在现场安全监管过程中，也能观察到区域安全员更勤快、更负责，对于常见的安全违章能够及时纠正，并帮助一线员工进行整改。

每周开展的专项主题早会起到了很好的安全教育作用。通过实物/道具展示，面向所有施工人员给予更为真实的体验，比如叉车盲区体验、如何规范开展动火作业、开展坠物打击展示、如何有效拉设隔离警示等等，保障监管人员和一线作业人员都能够深刻领悟到各类安全要求的出发点、违反安全要求造成事故的严重后果，从而不断提升自身安全意识，加强整个项目的安全文化建设。通过主抓项目中这25%的人员的安全监管和培训，最终影响到80%甚至更多人员去做好项目安全管理，提升整个项目的安全绩效。

除安全团队外，整个项目中还有其他7个专业团队也在运用4DX方法论来寻求突破，达成他们各自的至关重要目标。在4DX的推动下，设定团队至关重要目标时也因考虑到协调其他目标，因而使项目不同专业间加强了彼此之间的配合，增强了项目各专业的凝聚力，更加有效地提升了项目整体建造的施工效率。明显可见的是，施工现场物料存放规范，井然有序；不同专业管理人员利用各自的引领性指标提前规划好施工顺序，做到不同施工工序的无缝衔接；团队之间的默契度明显提升；公司高层对团队工作的协作给予了高度肯定和认可。

最终除了项目安全团队在11月底实现了制定的至关重要目标外，项目其他的专业团队也都完成了制定的目标任务，整个项目安全、顺利地按期交付。同时，通过运用4DX管理，项目的其他关键绩效指标也取得优异成绩，获得项目客户代表的赞誉。

青武麦公司有着持续改进、敬业好学的企业文化所营造出的不断学习的氛围，在4DX应用过程中，员工之间相互影响、不断进步，同时在管理层的推动下，持续在公司各层级的关键会议上对4DX管理理念进行宣传，并列举突破性成果案例供公司全体管理人员学习借鉴。

目前，公司运用4DX管理已经有一年多的时间，我们把4DX管理融入到我们管理人员的DNA里，也深深地认识到4DX必须要作为一个流程来实施，而不是一个孤立的行为。持续地使用4DX方法，促进团队成员的群策群力，不断挖掘新的目标并设定引领性指标，能够帮助我们将管理列车驶入良性的轨道，不断推动目标的达成。

人的潜力是无限的。当你找到这个可以不断改善工作绩效的4DX方法后，你会乐在其中，它不仅仅可以让每一位团队成员更好地面对日常繁复的工作，更是能够带来精神上融入团队、作出贡献的满足感。

青武麦公司将继续开展高效执行4原则的实践，助力更多项目的安全、顺利按期交付。

协和麒麟（中国）制药有限公司

协和麒麟（中国）制药有限公司（以下简称KKCN）是协和麒麟集团在中国的全资子公司。公司总部位于上海市浦东张江高科技园区，是"国家上海生物医药科技产业基地"成立后引进的第一个生物高科技医药项目，集药品的开发、生产及销售于一体。

自1993年正式进入中国市场以来，KKCN迄今已在中国上市了数十种高品质的创新药物，覆盖肾脏病、肿瘤、罕见病和皮肤病等疾病领域。本着"追求生命科学与技术的进步，通过创造新价值对世界人民的健康和福祉作出贡献"的使命和愿景，KKCN不断在为提高中国患者的生存质量而努力。

以下是他们公司关于高效执行4原则实践经验的分享。

牛刀初试，启动市场准入开疆拓土

自2020年起，KKCN开始在业务部门全面开展高效执行4原则项目，并在新产品的市场准入方面取得了巨大的成功。自5月份开始，KKCN启动旨在促进新产品市场准入的"东风计划"。到2020年底，在短短7个月的时间里，成功实现新产品市场准入的客户数量超过了200家，达到之前5年总数的45%。这一成绩不仅大大超过了年初制订的计划，也让一线业务人员对高效执行4原则这一方法从"将信将疑"到"深信不疑"。

聚焦目标，促进引领性指标落地生根

2021年，随着内外部环境的变化，根据对各产品的市场分析，经过多轮讨论，最终KKCN决定将2021年至关重要目标聚焦于迅速提高新产品的市场占有率，在较短时间内将其市场价值最大化。具体来说，就是到2021年底，将该新产品的市场占有率在2020年的基础上提高5%。其目的是利用2020年新产品在市场准入方面打下的良好基础，进一步扩大市场优势。

确定好至关重要目标后，很关键的一点就是要确立团队的引领性指标。合适的引领性指标是日常工作的抓手，也是完成至关重要目标的可靠保证。

有了2020年实施高效执行4原则项目的经验，KKCN在设定2021年的引领性指标时显得驾轻就熟。本着"预见性"和"可控性"两大原则，针对2021年如何达成提高新产品市场占有率5%这一至关重要目标，KKCN开展了业务团队的全员大讨论。团队头脑风暴最初的结果五花八门，让人眼花缭乱，大家至少推荐了十几个候选的引领性指标。这时团队管理者的引导就显得尤为重要。根据之前对市场占有率较高区域的调研，以及对相应业务人员日常行为的观察，团队管理者对这些优秀员工日常行为的共性进行了经验萃取。在此基础上，KKCN业务团队对所有的候选引领性指标进行了全面评估，主要的评估维度有两个，一个是对达成至关重要目标的影响力，另一个是实施的难度（可行性）。经过充分的评估分析，最终KKCN确定了两个引领性指标：**进行一次关键拜访；收集一个关键信息。**

通过全体员工的参与和共创，KKCN成功地将原来个别优秀员工的行为（自发）转化为今后全体员工的日常行为要求（自觉）。同时，在讨论确定引领性指标的过程中，团队的至关重要目标不断被思考和强化，无形之中让这一目标更为清晰具体，并由原先的团队目标逐步成为团队每一位成员的目标。

确定好至关重要目标和引领性指标后，KKCN立即召开了项目启动会，对后续工作进行了部署。各部门一声令下，迅速行动，按照要求设计了各自团队的记分牌，并在每周一的上午定时召开项目跟进会。

科技助力，确保计划跟进势如破竹

为了帮助业务部门更高效地开展高效执行4原则工作，在公司IT部门和数字化部门的协助下，KKCN在业务人员的手机工作平台上设计开发了"**执行4原则实施跟进**

系统"，并将这一系统与公司原有的CRM系统实现了数据互通。

通过这一系统，员工可以非常便捷地在手机上进行引领性指标相关工作计划的录入。这些计划录入后，系统就会在计划开始前自动向员工发出相应的工作提醒。员工完成相应工作计划后，还可以用手机在系统上完成相关数据的填报。

"执行4原则实施跟进系统"的导入，大大提高了引领性指标相关工作计划的完成率，避免了之前业务人员常常因为日常工作的繁忙而遗忘重要工作的情况，帮助业务人员排除了日常"旋风"的不利影响，实现了高效的自我管理。

同时，这一系统还可以根据需求，通过后台进行数据抓取、数据分析，生成**"电子记分牌"**。这个电子记分牌可以简单明了地显示各区域两个引领性指标的完成情况，帮助一线业务人员和管理人员随时了解运用高效执行4原则后工作的进展，及时发现存在的问题，真正地实现了记分牌"随时能记录，立刻能分析，结果可视化"的功能。与传统记分牌相比，电子记分牌大大减少了管理人员对海量数据的统计分析工作，可以将更多的精力用于建立相互担责的节奏与跟进。

在"执行4原则实施跟进系统"的帮助下，各部门紧紧抓住两个引领性指标——"进行一次关键拜访；收集一个关键信息"，排除日常事务的不断干扰，将主要精力聚焦于提升新产品市场占有率这一至关重要目标上来。

随着项目实施的进展，到2021年上半年结束时出现了一个非常有意思的现象：凡是引领性指标完成情况好的团队，其至关重要目标的达成情况也很好，两者之间有着非常明显的关联性。

这一结果充分验证了年初设定的两个引领性指标的预见性，业务团队对高效执行4原则又有了进一步的认识。在2021年上半年工作总结会上，完成情况不好的团队均制订了专门的改进计划。

为了充分调动员工开展高效执行4原则的工作积极性，KKCN还专门制定了激励政策，对完成情况良好的优秀员工进行激励并将他们的经验作全员推广。

在全体员工的努力下，到2021年9月底，KKCN提前3个月达到了年初设定的至关重要目标，成功将新产品的市场占有率提高了5%，超额完成了2021年的年度目标。

因势利导，优化工作目标井井有条

2022年是KKCN开展高效执行4原则项目的第3年。由于外部环境的剧烈变化，各省市面临的市场环境均有很大不同，其年度目标也存在着较大差异。在这种情况下，完成公司整体任务的难度和挑战是极大的。有鉴于此，管理层提出2022年的高效执行4原则工作要从之前的唱"同一首歌"变成"黄河大合唱"，从原来的"齐唱"变成不同声部在大合唱中的"和声"。这意味着各部门要从之前统一的至关重要目标和引领性指标，变成不同部门甚至是不同员工都要根据区域的不同情况，设定各自的至关重要目标和引领性指标。在对目标进行迭代升级的基础上，目前2022年的高效执行4原则工作正在如火如荼地进行之中。

回顾过往3年，在贯彻高效执行4原则的实践过程中，KKCN根据自身情况探索了一些实用工具，促进了项目更好地落地。经过3年实战的检验，高效执行4原则项目不仅大大提高了KKCN团队的执行力，取得了超出预期的成果，更重要的是在达成目标的过程中，团队也找到了不断从成功走向更大成功的信心。

山西全球蛙电子商务有限公司

山西全球蛙电子商务有限公司（以下简称"全球蛙公司"）是一家专注于为区域零售商搭建全域全渠道运营体系的新零售赋能平台，通过技术、运营、供应链、数据、营销五大赋能体系，助力区域零售实现门店数字化、员工数字化、商品数字化、会员数字化、管理数字化。目前业务范围覆盖30多个省级行政区，已服务300多家区域连锁零售的上万家门店（其中全国连锁百强客户25家）。

以下是全球蛙公司创始人和董事长原冰女士对高效执行4原则的见解，以及他们在疫情防控常态化情况下赋能区域连锁商超"美特好"的实践经验的分享。

2022年4月3日，受疫情爆发影响，山西太原封城。山西美特好连锁超市集团[①]（以下简称"美特好"）线上到家业务订单激增，但在被封控和管控的小区内无法完成即时配送履约。于是，美特好在这些小区招募了志愿者，协助门店确定小区自提点和集中配送时间，再由小区志愿者协同物业接受订单并分发完成，形成了应急型的社区团购业务。

随着疫情平稳，各个小区逐步解封。对美特好来说，社区团购业务可以算作告一段落，但是否可进一步深化，探索创新成一个常态型线上增长业务呢？美特好提出了这一问题思考。受美特好之邀，全球蛙公司决定用3个月时间，通过高效执行4原则助力美特好进行"社区团购"业务的创新突破，最终形成稳定的线上业务增长途径。

我们首先和美特好核心管理层进行了充分讨论，最终确定了社区团购战的至关重要目标：到2022年6月30日，通过招募1万名小区团长，为30万会员提供社群服务，实现分销额从0元增长到3000万元。这是一个从0到1的突破型项目，非常具有挑战性。

基于这个至关重要目标，我们确定了3个维度的阶段性成果指标。

阶段性成果指标1——【人】达成1万名团长的招募目标；

阶段性成果指标2——【货】为团长精选推荐量贩款分佣爆品4000个；

阶段性成果指标3——【场】建立1万个小区群，邀请入群人数30万，达成注册会员20万。

接下来，我们把100个参战门店划分为10个战队，每个战队选出一名战队长，与全球蛙公司高效执行4原则"帮带领教"共同管理战队目标执行。战队长根据至关重要目标和阶段性成果指标，带着所有门店店长，确定每个战区及每个门店的周作战计划（引领性指标），大店、中店、小店目标值各有差异，但作战维度一致。

---

① 山西美特好连锁超市集团创立于1994年，在中国连锁经营协会最新发布的"2021年中国特许连锁企业TOP100"榜单中位列第49名，2021年销售额为94亿元。美特好集团也是全球蛙的投资方。

战区计划：每周每个战区举办30场600人次的团长见面会，成功招募团长100人；

每周每个战区帮助新加入的100个团长各建立一个30人以上的小区群；

每周每个战区为小区团长推荐100款高品质、高性价比的优质团购爆品。

在达成一致共识后，我们做了非常重要的三件事：一是确定记分表的格式和播报频次；二是确定两个层级的至关重要目标会议的召开时间；三是确定目标会议的发言顺序和表达格式。

每日早9点，各战区召开战队至关重要目标线上问责会，时长为40分钟。召集人为战区团队长，参会人为辖区门店店长和高效执行4原则"帮带领教"。会议首先由战区队长播报辖区内门店滞后性指标及3个阶段性成果指标达成情况的排名。然后各门店根据目标达成情况，依次做分享发言。达标门店，做最佳实践分享；未达标门店，作出当日改善计划的承诺；倒数门店，战队长进行一对一会谈，找到问题卡点，定向帮扶。

每日晚8点，项目至关重要目标线上问责会准时召开，时长为1小时。召集人为集团总裁，参会人为线上新零售总经理和其团队，以及各战区战队长。新零售总经理汇报社区团购最重要目标达成情况及3个阶段性成果指标达成情况，然后针对阻碍目标达成的本部门改善计划和跨部门协同改善计划的关键任务作跟进汇报。接下来，由总经理主持，10个战队长根据晚8点实时记分表排名顺序依次进行发言。

刚开始大家有些紧张，担心因为阶段性成果指标和至关重要目标达不成被问责，我们就告诉大家，巨石不会一天滚落，我们先把确定的行为做到，再去看成果的逐步变化。如果我们的行为不能撬动至关重要目标的达成，要么加码力度和频次，要么更换路径维度，这是一个调优和迭代的过程，只要我们关注行为和结果的关系，必会有改善。

行动计划开始，我们把门店员工转发招募团长的海报或是转发团购商品的链接，都做了页面数据埋点。在记分表上，把转发0次标红，1次标黄，3次标绿。当店长一眼望去红色居多时，他会去跟进转发的业务动作；当黄色居多时，他会去跟进转发频次；当绿色居多时，他会去关注销售转化。

围绕社区团购项目，我们开发了6张核心指标运动员记分表。每日早9点到晚12点，我们进行15次记分表的实时播报。这些记分表也成了大家奋战90天的亲密战友。

我们把达成目标60%以下标为红色，60%以上标为黄色，达到100%标为绿色。每个战区每个门店都可以在一张记分表上快速看到自己战区和自己门店的排序和色块，一眼见输赢。这个最大的好处就是始终有比赛的紧张感，随之而来的行为调优会变得更快速、更及时。

为期3个月的项目中，除了坚持了近90天的每日目标问责会，我们还召开了12次社区团购至关重要目标表彰会。每周一，我们都会对上周至关重要目标达成者、阶段性成果指标达成者、引领性行为指标优异者进行表彰和嘉许，团队士气高涨。

最终我们达成了1万名团长的招募，新增了20多万会员，实现了分销额3712万元，项目取得了圆满成功。美特好集团董事长储德群在项目结束后，给予了项目团队高度褒奖。

在这个项目执行过程中，除了达成了社区团购项目的业务结果，各级领导也在高效执行4原则的应用中收获了更多的成长和感悟。下面分享几个项目团队成员的心得体会。

美特好集团董事长储德群：

我们的企业不论是发现了新商机还是发现了阻碍既定目标实现的问题，都要认真诊断问题的根源，并找到"突破"的行动办法，团队里的每一个成员都要对"突破"性的引领性行为执行到位，0到1，1到2，2到3，坚持干下去，持之以恒，使众人行，目标终将实现。这次全球蛙公司对我们社区团购项目的赋能，让我们见识了高效执行4原则的威力，它也让我们每一个员工在工作中更有成就感。

美特好超市公司总裁张莉娟：

高效执行4原则是助力企业健康持续发展的绝佳管理工具，值得每个企业践行！它带给我们整个企业最大的收获就是认知的改变、习惯的改变，让我们更加深刻地理解到，聚焦至关重要目标时，我们必须有所突破，一定要坚持做难而正确的事。

新零售事业部总经理杜智琦：

高效执行4原则的竞赛机制给每一个成员公平的舞台，带来的势能、团队激情，是任何管理办法不可比拟的。

高效执行4原则是自上而下和自下而上的彼此承诺、彼此协作，谁都不愿意掉队，大家共同为整个团队的目标作贡献，共同打赢一场仗。

新零售事业部·社群运营陈艳丽：

3个月来的坚持，不仅改变了行为习惯，更重要的是改变了对战略目标的落地执行和思维方式，每日固定的时间做固定的事，坚持优秀的习惯。我们坚信只有每日不断地坚持，才能有更好的收获。

丽华苑店店长王俊伟：

高效执行4原则的核心是什么？如何将难而正确的事坚持做下去？纸上得来终觉浅，绝知此事要躬行！高效执行4原则运用到具体工作实践，优化迭代，复盘创新，亦如此。作为新零售行业的参与者、实践者，学习应用的精华是要形得体、形神兼备，二者缺一不可。

滨河店店长王红玲：

好的工作方法是成功的一半。紧跟高效执行4原则的工作方法，实现一群人、一张图、一颗心、一场仗，精诚团结，协同作战，在竞争中实现高速增长。

在今后的工作中，一定坚持使用高效执行4原则的方法，争取获得更大的突破与飞跃，成为卓越的战区区总。

美特好平阳路店店长陈磊：

坚持高效执行4原则的最终目的是让好的行为成为一种习惯。"百店千群战"持续进行的这3个月，互联网思维已深植在我们心里，关注线上分销行为已成了习惯。

迎西店店长李惠君：

除了带来10家门店振奋人心的业务结果，对我个人来说，高效执行4原则也永久性地改变了我的领导方式。本次"百店千群战"，无论称它为一项战略，还是一个目标，作为领导，单纯靠发号施令就能做好事情的并不多，而这次运用高效执行4原则，目标命令一经发布，随之而来的就是改变我们的行为习惯，实现目标的突破。

高效执行4原则带给我们最大的感受，就是只要坚持用正确的、确定性的行为，就可以得到我们起初认为并没有十足把握的不确定性的成果。

谢谢高效执行4原则带给我们的智慧和力量！无论对企业还是对个人，它都是一个确保计划可执行落地的神器。未来，我们将更坚定地应用这套原则系统打造我们超强的创新力和执行力，赢得更大的成果。

灵北（北京）医药信息咨询有限公司

> 天下之事，不难于立法，而难于法之必行；不难于听言，而难于言
> 之必效。
>
> ——张居正

传统医药市场正经历全新洗牌，"三医联动"改革不断深入，深刻影响着医药全产业链。而随着医保目录调整结构、创新药准入谈判常态化、互联网医疗不断完善，整个医药市场"腾空间、调结构"步伐日益加速。与之呼应，灵北（北京）医药信息咨询有限公司（以下简称"灵北中国"）的发展也面临新的机遇和挑战。为弥补战略与执行缺口，助力业务团队业绩提升，灵北中国培训团队推出基于高效执行4原则的卓越执行项目，经过持续3年的执行力提升实践，打造了高效执行的文化，贯彻业务团队"赢"的理念，实现了业务的飞跃，真正助力了组织战略目标的实现！

以下是灵北中国销售培训及数字化渠道总监张鑫磊先生关于高效执行4原则的见解，以及他们公司实践经验的分享。

自2019年起，随着公司重磅产品的同成分产品进入国家集中采购，公司产品市场份额进一步压缩，我们急需通过快速增长以助力公司战略目标的实现。在针对公司全员的调研及日常观察中，我们了解到，业务团队尽管对公司战略目标清晰，但部分团队对个人目标缺乏锚定；有团队日常事务较多，需同时覆盖4个产品，缺乏工作重心；此外，各业务团队普遍存在跟进及汇报机制不完善的情况；部分业务团队则缺乏具体有效的行动方案。由此可见，单有清晰的战略愿景并不足以支撑公司发展，必须针对业务需求，重点关注执行层面建设。

为弥补战略与执行缺口，助力业务团队业绩提升，灵北中国培训团队推出卓越执行项目，秉承以高效执行4原则为基础，结合多种理论工具方法，提升执行力实践，打造出一支具有自我驱动力、高能战斗力和高效执行力的业务团队。

卓越执行项目自2020年启动以来，已经连续运行了3年。在这3年里，公司连续实现超指标达成，在部分同成分产品进入国家集中采购的第二年，也完成了由负转正增长的业内奇迹。公司各产品均实现市场份额连续增长，灵北中国为助力总公司长期发展目标作出了突出贡献。从总经理、业务市场负责人、各层级经理到一线业务团队均对项目表示高度认可。

那么高效执行4原则究竟是如何走入灵北中国的呢？这不得不提到公司的企业文化，那就是打造学习型组织和高绩效团队。通过与管理层共识痛点问题，我们将目光聚焦在如何提升团队执行力这一方向。在与数家培训咨询机构沟通后，我们发现，富兰克林柯维公司的高效执行4原则不论从实用性还是落地难易度来看，都与公司所面临的新挑战存在高度契合。在贯彻执行4原则层面，培训团队带领大家从学习高效执行4原则理论，到以大区为单位辅导共创工作坊，再到每周跟进执行情况，层层推进，不断夯实。同时，通过季度复盘、年底比赛形式，帮助团队之间相互学习、共同进步。该项目结合公司业务发展需要，明确聚焦关键WIG（Widely Important Goal，至关重要目标）及引领性指标等目标，帮助业务团队掌握学习方法论，助力业绩提升。

当公司引入高效执行4原则这套方法论进行全员推广时，首先运用起来的就是业务团队。业务团队是达成公司财务目标的急先锋，也是公司发展的重心所在。在带领业务团队学习高效执行4原则时我们发现，对他们而言，最难的并不是我们开始担心的因目标太多而难以找到聚焦目标，因为公司对业务团队是有明确目标的，大部分地区经理也非常清楚产品在区域中如何侧重；最难的是如何找到引领性指标，从而成功撬动杠杆，提前把控进度。刚开始的时候，大家把引领性指标当作了目标的分解，比如，有些团队的WIG是某产品销量从2000到3000，引领性指标是A区域每周从100到200、B区域从150到230等，这些对引领性指标的理解是完全起不到事前推动作用的，也就变成了阶段性的滞后性指标。再比如，有些团队的引领性指标就是公司对代表的行为KPI，比如每天拜访8位客户、每次传递1条学术信息等，这样的引领性指标虽然能起到一定的引领作用，可本身就是日常在做的，并不足以确保WIG的实现。这类问题层出不穷，我们意识到，仅仅学习方法论还远远不够，需要邀请富兰克林柯维公司顾问与培训团队一道深入一线带领业务团队完成WIG和引领性指标共创工作坊，把高效执行4原则的理论和公司原有的业务规划培训相结合，通过这种深入到业务的分析，每个地区经理团队进而也形成了团队独特的引领性指标，并且根据业务环境变化实时调整，最终提升绩效。

在卓越执行项目运行期间，我们还遇到了一个难点，就是团队很少庆祝成功，而总是关注问题。WIG周会时，地区经理带领团队总是以问责的形式召开，对于按时保质完成引领性指标的伙伴一笔带过，对于没完成的伙伴会进行问责并现场讨论如何改进，这样导致WIG周会时间过长且大家积极性降低。面对这种情况，我们建议地区经理在召开WIG周会时，时间不能超过20分钟。同时，我们又鼓励地区经理每月请完成引领性指标最好的代表分享成功故事，并组织团队共同庆祝。年底，我们会组织卓越执行项目比赛，邀请地区经理和医药代表分享他们在卓越执行项目中的学习和成长。通过不断的鼓励与支持，终于扭转了氛围，使团队聚焦于如何成功！

对于一线地区经理来说，卓越执行项目到底给他们带来了怎样的转变呢？我们从一位加入公司一年多的原某大型制药公司资深地区经理的角度来看看吧！

在年底卓越执行比赛分享时，他说："刚加入公司时，大区经理和培训老师告诉我，公司有个项目叫卓越执行，这个项目对公司的业务发展作用很大，能够有效支撑业务落地，并且天天问我'WIG设定了没？''引领性指标完成得如何啦？''WIG会开得怎么样？'，虽然我心里觉得没什么用，但是公司提了要求，我只好当作任务去完成，同时继续按照原有经验推动团队业务。结果，两个月过去了，我的团队业务目标只完成了84%，9个下属中只有2人能完成，我也没能实现我入职时的承诺！面对这个情况，大区经理为我们团队申请了卓越执行辅导。在培训老师的支持下，我带领团队按照高效执行4原则开展了共创工作坊，从设定WIG、共创引领性指标，到每周召开WIG会更新记分牌，踏踏实实地认真践行卓越执行项目。一个季度的时间，奇迹出现了，我们团队超额完成了业务目标，9位小伙伴中有7人完成，实现了大逆转！对于记分牌得分最高的小伙伴，我们做了'王者蛋糕'以示激励。卓越执行，我们一直在路上。"

卓越执行项目已经在公司落地生根3年的时间了，回首过往，高效执行4原则见证了我们的业务发展和变化，陪伴了我们成长。现在，高效执行4原则已经不仅仅是一套理论工具，还是业务团队日常运作的基础，更是公司管理的重要一环。通过卓越执行项目，我们打造了高效执行的文化，贯彻业务团队"赢"的理念，实现了业务的飞跃，真正助力了组织战略目标的实现！

结语　不可缺失的因素——领导者品质

在本书中，我们提供了创造突破性成果的原则和相关案例。然而，还有最后一个因素——我们通常认为是"不可缺失的因素"，但经常不被提到——而实际上，如果没有这个因素，执行力永远达不到最高水平——那就是领导者品质。在此，我们想与你分享领导者应具有的四个最有影响力的个人品质。另外，需要注意的是，这里我们所讲的不仅仅是能够推动执行的领导者品质，我们更想以执行力为切入视角，来分享一下我们对于卓越领导力的理解。

谦逊

我们每个人几乎都遇到过这样一个矛盾的现象：教会我们要谦逊的领导者并不是那些我们可能会称之为"谦逊之人"的人。这在一定程度上是因为这些领导者拒绝表面上的虚假谦逊。他们从不自我怀疑，从不担心自己会无能为力。他们更喜欢通过行动上的谦逊而不是言语上的谦逊来给我们留下深刻印象，这种行动上的谦逊有两种形式：

- 第一，这些领导者对他们所面临的执行挑战的严重性有着清醒的认识。
- 第二，他们愿意做任何必要的事情去克服它。

擅长执行的领导者从不会寻求捷径、夸大其词的妙计或是表面的改变。他们并不会为了自由地思考自己那些"伟大的想法"，就急于将"执行任务"分配出去。最重要的是，他们从不把自己塑造成"故事中的英雄"。事实上，他们总是有意地远离那种不切实际的幻想，以便他们的团队成员能够得到认可。

观察这些领导者，你会发现他们会花大量的时间倾听下属的意见，努力理解下属面临的各种复杂的挑战，区别其间的细微差别，并寻找能够帮助每个人获得成功的方法。这些领导者对仅仅在概念上理解高效执行4原则并不感兴趣。他们有足够的渴望（和谦逊）去深入研究，愿意去思考和探索我们的经验教给我们的一切，即使他们的职业成就远远超过我们。

一个很好的例子是迈克·克里萨富利，他是美国最大的信息技术组织之一的高级副总裁，也是高效执行4原则的杰出践行者。我们相识于他第一次运用高效执行4原则解决困扰他公司多年的系统和应用程序停机问题。经过4个月的努力，包括46个功能团队一起就停机问题运用高效执行4原则，他的公司取得了非常不错的早期成果。

我们与迈克进行了一次会面，以祝贺他的初步成功，但他的回答却让我们感到大吃一惊。"我对这个结果感到开心吗？"他坦率地说，"老实说，并没有。因为我并不真正明白我们为什么能取得这样的成果。如果明天情况变得糟糕，我也不明白为什么会变得糟糕。我无法处理自己不能理解的事情。"

这就是我们所说的谦逊。大多数领导者会很快接受那些对他们有利的结果（甚至接受对他们功劳的赞许），但迈克不会。他和他公司的高层领导者要求所有46个团队向他们报告自己所取得的成果和收获到的感悟。在这些会议结束时，迈克和他的团队准确地理解了是什么推动了绩效达到新的水平，以及他们该如何维持这一水平。但正是倾听46个不同团队意见的谦逊的态度支付了最大的红利。那一年，他们取得了比原定目标高出3倍的成就。

坚定不移

执行一直以来都与纪律密不可分。但是，如果你并非天生自律（确实很少有人天生就很自律），那么想要依靠高效执行4原则来取得成功就需要你有坚定不移的决心。例如，如果领导交代的迫切的日常事务每天总让你分心，那么你就需要下定决心把注意力集中在最重要的事情上。高效执行4原则不会给你决心，但它们会要求你这样做。在结果可见之前，需要达到你最高水平的决心，这一点对于执行尤其重要。最后，高效执行4原则会慷慨地奖励那些有决心的人，但对那些没有决心的人几乎没有帮助。

关于决心，贝弗利·沃克的故事就是一个生动的例子。她在职业生涯最困难的时候开始采用高效执行4原则，当时她让整个团队的注意力都聚焦于一个非常重要的目标："将导致我们照顾、监护和监督的人员死伤的事件数量减少50%。"

在公众和政治的巨大压力下，贝弗利仍然决心每周与她的部门主管召开一次高效执行4原则的至关重要目标会议，虽然这些主管都是经验丰富的政府领导，不习惯这种聚焦和担责制。这并不容易，但贝弗利的决心是毋庸置疑的——他们将为实现这个目标担负起自己的责任。这样的会议不仅每周无一例外地召开，而且也会邀请当地媒体参加。如果媒体有问题要向贝弗利或她的领导提问，在每次至关重要目标会议结束时，他们会回答这些问题。

每周都能看到这些高级政府官员亲自汇报他们工作计划的完成情况，没有任何一场公关活动比这更能在媒体中赢得如此高的尊重了。更重要的是，通过这样的方式，担责制的影响扩散开来，从而推动了高效执行4原则的全面采用，并最终产生了深远的影响。

另一个体现决心的重要例子来自迈克尔·斯坦格尔，当时他是位于纽约时代广场的马奎斯万豪酒店的总经理。他对高效执行4原则的践行十分坚定，以至于即使在中国，迈克尔也会在凌晨两点（北京时间）起床，通过电话与他酒店的领导者们一起召开每周的至关重要目标会议。通过这种坚持，迈克和他的领导团队向酒店全体工作人员表明了他们贯彻执行高效执行4原则的决心，从而带动了全员的高度参与。那一年，这家酒店取得了20年来的历史最高收入、最高利润和最高客人满意度。

勇气

勇气总是存在于强大的执行者身上——不是没有恐惧，而是不顾恐惧采取行动的意愿。指定一个结果为"至关重要的"，然后投入不相称的精力去实现它，需要真正的勇气。在许多结果上投入一点精力可能（一开始）看起来要更安全，至少在边际效用递减规律再次证明你专注的越多，你取得的成就越少之前是这样。

还有一种勇气是，在一开始就明确地说出目标从X到Y的时间，让你对最终结果和团队实现目标的日期负责。如果这两项都失败了，你就错失了机会。定义终点线和最后期限是一个高标准，它总是伴随着巨大的不确定性。要做到这一点，领导者必须有勇气去克服他们对许多无法控制的变数的恐惧。

最后，还有一种勇气（甚至是无畏的勇气），那就是致力于一个代表真正突破的至关重要目标——达到一个前所未有的水平。在高效执行4原则中，承诺永远先于成就，没有勇气，就不可能做到。

我们总是以更微妙的方式看到这种动态的发展。例如，当一个大公司的政治风向转变时，领导者如何应对？当他们面临看似无法克服的挑战时，他们是躲起来安全行事，还是奋起反抗？

当利安·塔尔博特接手康卡斯特公司芝加哥大区时，它既是公司规模中最大的，也是业绩最差的地区。她担心她的新团队已经习惯了失败，她想通过让他们体验早期胜利来打破这种心态。她有时未经允许，就先从小型试点开始。但是随着结果的提升，她能够让她的领导团队，最终是她的整个地区，采用高效执行4原则。3年内，芝加哥地区成为康卡斯特所有地区中业绩最好的地区。

利安的赌注高吗？当然。但因为她有勇气接受挑战，她把一个气馁的团队变成了赢家，为她的公司带来了巨大的成果。

爱

我们要提供的最后一个特征是爱。

如果感觉"爱"这个词太私人或温柔，你可以用"对个人真诚的关心"来代替。但我们仍将使用"爱"这个词，因为这是真正描述这些领导者对追随者的感受的唯一方式。

把它想象成你可能在伟大的父母或导师身上看到的爱，这种爱结合了对人的真正关心、对潜力的信念以及支持他们的承诺。这种爱能够对人产生深刻的影响，无论是个人的还是职业的层面。当一位领导者在你身上看到比你在自己身上看到的更多的潜力，并帮助你成长和发展时，这不仅仅是鼓励，而是变革。

韦格曼斯超市（Wegmans grocery stores）以其卓越非凡的品质、服务和创新水平闻名于世。他们的客户忠诚度很高，在盛大的开业仪式前，经常有人在他们的停车场露营。2016年，韦格曼斯在美国被评为"最佳雇主"第二名（仅次于谷歌）和"最受尊敬的公司"第二名（仅次于亚马逊）。这是一个惊人的成就。

2018年，科琳·韦格曼接替她的父亲丹尼担任首席执行官。在此之前，她几乎参与了该公司的方方面面。我们在她身边工作的时间并不长，但能感受到她的谦逊、决心和勇气。但科琳真正传达出的是爱，是对她所领导的人的真诚关心和信任的结合。这是一种渗透到整个组织的品质，而且并不局限于韦格曼斯的员工。我们作为外部顾问都感受到这一点。它让我们产生了如此强烈的忠诚感，以至于我们不会做出让他们失望的任何事情。

具有这一品质的领导者不会经常谈论它。员工手册里没有，营销信息里也找不到。你必须看到这一点，领导们一年中以上百种不同的方式表现出关心和关照，他们会在平安夜开着货车从一家超市开到另一家超市分发礼物。有一天你会明白，这就是他们给每个人的感觉。他们爱他们的员工。

意图比技巧更重要。

——马汉·卡尔萨

　　这本书包含了我们所知道的关于成功执行至关重要目标的一切，我们希望你能在每一章中发现价值。但最终，我们相信爱将是决定你成功的最大因素。这是一项无法衡量的资产。

　　我们祝你好运！

　　三十多年前，当史蒂芬·R.柯维（Stephen R. Covey）和希鲁姆·W.史密斯（Hyrum W. Smith）在各自领域开展研究以帮助个人和组织提升绩效时，他们都注意到一个核心问题——人的因素。专研领导力发展的柯维博士发现，志向远大的个人往往违背其渴望成功所依托的根本性原则，却期望改变环境、结果或合作伙伴，而非改变自我。专研生产力的希鲁姆先生发现，制订重要目标时，人们对实现目标所需的原则、专业知识、流程和工具所知甚少。

　　柯维博士和希鲁姆先生都意识到，解决问题的根源在于帮助人们改变行为模式。经过多年的测试、研究和经验积累，他们同时发现，持续性的行为变革不仅仅需要培训内容，还需个人和组织采取全新的思维方式，掌握和实践更好的全新行为模式，直至习惯养成为止。柯维博士在其经典著作《高效能人士的七个习惯》中公布了其研究结果，该书现已成为世界上最具影响力的图书之一。在富兰克林规划系统（Franklin Planning System）的基础上，希鲁姆先生创建了一种基于结果的规划方法，该方法风靡全球，并从根本上改变了个人和组织增加生产力的方式。他们还分别创建了「柯维领导力中心」和「Franklin Quest公司」，旨在扩大其全球影响力。1997年，上述两个组织合并，由此诞生了如今的富兰克林柯维公司（FranklinCovey, NYSE: FC）。

　　如今，富兰克林柯维公司已成为全球值得信赖的领导力公司，帮助组织提升绩效的前沿领导者。富兰克林柯维与您合作，在影响组织持续成功的四个关键领域（领导力、个人效能、文化和业务成果）中实现大规模的行为改变。我们结合基于数十年研发的强大内容、专家顾问和讲师，以及支持和强化能够持续发生行为改变的创新技术来实现这一目标。我们独特的方法始于人类效能的永恒原则。通过与我们合作，您将为组织中每个地区、每个层级的员工提供他们所需的思维方式、技能和工具，辅导他们完成影响之旅——一次变革性的学习体验。我们提供达成突破性成果的公式——内容+人+技术——富兰克林柯维完美整合了这三个方面，帮助领导者和团队达到新的绩效水平并更好地协同工作，从而带来卓越的业务成果。

　　富兰克林柯维公司足迹遍布全球160多个国家，拥有超过2000名员工，超过10万个企业内部认证讲师，共同致力于同一个使命：帮助世界各地的员工和组织成就卓越。本着坚定不移的原则，基于业已验证的实践基础，我们为客户提供知识、工具、方法、培训和思维领导力。富兰克林柯维公司每年服务超过15000家客户，包括90%的财富100强公司、75%以上的财富500强公司，以及数千家中小型企业和诸多政府机构和教育机构。

　　富兰克林柯维公司的备受赞誉的知识体系和学习经验充分体现在一系列的培训咨询产品中，并且可以根据组织和个人的需求定制。富兰克林柯维公司拥有经验丰富的顾问和讲师团队，能够将我们的产品内容和服务定制化，以多元化的交付方式满足您的人才、文化及业务需求。

　　富兰克林柯维公司自1996年进入中国，目前在北京、上海、广州、深圳设有分公司。

www.franklincovey.com.cn

更多详细信息请联系我们：

北京　朝阳区光华路1号北京嘉里中心写字楼南楼24层2418&2430室
　　　电话：(8610) 8529 6928　　　邮箱：marketingbj@franklincoveychina.cn

上海　黄浦区淮海中路381号上海中环广场28楼2825室
　　　电话：(8621) 6391 5888　　　邮箱：marketingsh@franklincoveychina.cn

广州　天河区华夏路26号雅居乐中心31楼F08室
　　　电话：(8620) 8558 1860　　　邮箱：marketinggz@franklincoveychina.cn

深圳　福田区福华三路与金田路交汇处鼎和大厦21层C02室
　　　电话：(86755) 8337 3806　　　邮箱：marketingsz@franklincoveychina.cn

柯维公众号

柯维视频号

柯维+

富兰克林柯维中国数字化解决方案:

　　「柯维+」(Coveyplus)是富兰克林柯维中国公司从2020年开始投资开发的数字化内容和学习管理平台,面向企业客户,以音频、视频和文字的形式传播富兰克林柯维独家版权的原创精品内容,覆盖富兰克林柯维公司全系列产品内容。

　　「柯维+」数字化内容的交付轻盈便捷,让客户能够用有限的预算将知识普及到最大的范围,是一种借助数字技术创造的高性价比交付方式。

　　如果您有兴趣评估「柯维+」的适用性,请添加微信coveyplus,联系柯维数字化学习团队的专员以获得体验账号。

富兰克林柯维公司在中国提供的解决方案包括:

I. 领导力发展:

高效能人士的七个习惯®(标准版) The 7 Habits of Highly Effective People®	THE 7 HABITS of Highly Effective People® SIGNATURE EDITION 4.0	提高个休的生产力及影响力,培养更加高效且有责任感的成年人。
高效能人士的七个习惯®(基础版) The 7 Habits of Highly Effective People® Foundations	THE 7 HABITS of Highly Effective People® FOUNDATIONS	提高整体员工效能及个人成长以走向更加成熟和高绩效表现。
高效能经理的七个习惯® The 7 Habits® for Manager	THE 7 HABITS FOR Managers ESSENTIAL SKILLS AND TOOLS FOR LEADING TEAMS	领导团队与他人一起实现可持续成果的基本技能和工具。
领导者实践七个习惯® The 7 Habits® Leader Implementation	THE 7 HABITS® Leader Implementation COACHING YOUR TEAM TO HIGHER PERFORMANCE	基于七个习惯的理论工具辅导团队成员实现高绩效表现。
卓越领导4大天职™ The 4 Essential Roles of Leadership™	The 4 Essential Roles of LEADERSHIP™	卓越的领导者有意识地领导自己和团队与这些角色保持一致。
领导团队6关键™ The 6 Critical Practices for Leading a Team™	THE 6 CRIRICAL PRACTICES FOR LEADING A TEAM™	提供有效领导他人的关键角色所需的思维方式、技能和工具。
乘法领导者® Multipliers®	MULTIPLIERS® HOW THE BEST LEADERS IGNITE EVERYONE'S INTELLIGENCE	卓越的领导者需要激发每一个人的智慧以取得优秀的绩效结果。
无意识偏见™ Unconscious Bias™	UNCONSCIOUS BIAS™	帮助领导者和团队成员解决无意识偏见从而提高组织的绩效。
找到原因™:成功创新的关键 Find Out Why™: The Key to Successful Innovation	Find Out WHY™ THE KEY TO SUCCESSFUL INNOVATION	深入了解客户所期望的体验,利用这些知识来推动成功的创新。
变革管理™ Change Management™	CHANGE How to Turn Uncertainty Into Opportunity™	学习可预测的变化模式并驾驭它以便有意识地确定如何前进。

培养商业敏感度™ Building Business Acumen™	 Building Business ——Acumen™	提升员工专业化，看到组织运作方式和他们如何影响最终盈利。

II. 战略共识落地：

高效执行四原则® The 4 Disciplines of Execution®	4DX The 4 Disciplines of Execution	为组织和领导者提供创建高绩效文化及战略目标落地的系统。

III. 个人效能精进：

激发个人效能的五个选择® The 5 Choices to Extraordinary Productivity®	THE 5 CHOICES to extraordinary productivity	将原则与神经科学相结合，更好地管理决策力、专注力和精力。
项目管理精华™ Project Management Essentials for the Unofficial Project Manager™	PROJECT MANAGEMENT ESSENTIALS™ For the *Unofficial* Project Manager	项目管理协会与富兰克林柯维联合研发以成功完成每类项目。
高级商务演示® Presentation Advantage®	Presentation——Advantage TOOLS FOR HIGHLY EFFECTIVE COMMUNICATION	学习科学演讲技能以便在知识时代更好地影响和说服他人。
高级商务写作® Writing Advantage®	Writing——Advantage TOOLS FOR HIGHLY EFFECTIVE COMMUNICATION	专业技能提高生产力，促进解决问题，减少沟通失败，建立信誉。
高级商务会议® Meeting Advantage®	Meeting——Advantage TOOLS FOR HIGHLY EFFECTIVE COMMUNICATION	高效会议促使参与者投入、负责并有助于提高人际技能和产能。

IV. 信任：

信任的速度™（经理版） Leading at the Speed of Trust™	Leading at the SPEED OF TRUST	引领团队充满活力和参与度，更有效地协作以取得可持续成果。
信任的速度®（基础版） Speed of Trust®: Foundations	SPEED OF TRUST. FOUNDATIONS	建立信任是一项可学习的技能以提升沟通，创造力和参与度。

V. 顾问式销售：

帮助客户成功® Helping Clients Succeed®	HELPING CLIENTS SUCCEED®	运用世界顶级的思维方式和技能来完成更多的有效销售。

VI. 客户忠诚度：

引领客户忠诚度™ Leading Customer Loyalty™	LEADING CUSTOMER LOYALTY™	学习如何自下而上地引领员工和客户成为组织的衷心推动者。

助力组织和个人成就卓越

富兰克林柯维管理经典著作

《高效能人士的七个习惯》
（30周年纪念版）（2020新版）

书号：9787515360430
定价：79.00元

《高效能家庭的7个习惯》

书号：9787500652946
定价：59.00元

《高效能人士的第八个习惯》

书号：9787500660958
定价：59.00元

《要事第一》（升级版）

书号：9787515363998
定价：79.00元

《高效能人士的执行4原则》

书号：9787515313726
定价：69.90元

《高效能人士的领导准则》

书号：9787515342597
定价：59.00元

《信任的速度》

书号：9787500682875

定价：59.00元

《项目管理精华》

书号：9787515341132

定价：33.00元

《人生算法》

书号：9787515346588

定价：49.00元

《领导团队6关键》

书号：9787515365916

定价：59.90元

《无意识偏见》

书号：9787515365800

定价：59.90元

《从管理混乱到领导成功》

书号：9787515360386

定价：69.00元

《富兰克林柯维销售法》

书号：9787515366388

定价：49.00元

《实践7个习惯》

书号：9787500655404

定价：59.00元

《生命中最重要的》

书号：9787500654032

定价：59.00元

《释放潜能》

书号：9787515332895
定价：39.00元

《释放天赋》

书号：9787515350653
定价：69.00元

《管理精要》

书号：9787515306063
定价：39.00元

《执行精要》

书号：9787515306605
定价：39.00元

《领导力精要》

书号：9787515306704
定价：39.00元

《杰出青少年的7个习惯》（精英版）

书号：9787515342672
定价：39.00元

《杰出青少年的7个习惯》（成长版）

书号：9787515335155
定价：29.00元

《杰出青少年的6个决定》（领袖版）

书号：9787515342658
定价：49.90元

《7个习惯教出优秀学生》（第2版）

书号：9787515342573
定价：39.90元

《如何让员工成为企业的竞争优势》

书号：9787515333519

定价：39.00元

《如何管理时间》

书号：9787515344485

定价：29.80元

《如何管理自己》

书号：9787515342795

定价：29.80元

《激发个人效能的五个选择》

书号：9787515332222

定价：29.00元

《高效能人士的时间和个人管理法则》

书号：9787515319452

定价：49.00元

《个人可持续发展精要》

书号：9787515344928

定价：39.00元

《公司在下一盘很大的棋，机会留给靠谱的人》

书号：9787515334790

定价：29.80元

《柯维的智慧》

书号：9787515316871

定价：79.00元

《高效能人士的七个习惯·每周挑战并激励自己的52张卡片：30周年纪念卡片》

书号：9787515367064

定价：299.00元